JN085904

子どもの話を聴く

司法面接の科学と技法

デブラ・A. プール —— 著

司法面接研究会 —— 訳

ちとせプレス

ジャックとジョンに。
ノナはずっと聴いていますよ。

謝　辞

　本書を刊行することができたのは，まずは，多くの聴取者，捜査官のおかげです。彼らは面接のガイドラインの根拠となる科学的証拠を，注意深く実践してくれました。また，個人的には，長い間，共に研究や執筆をしてきた研究仲間，ラリー・ホワイト，スティーヴ・リンゼー，アミーナ・メモン，レイ・ブル，エイミー・ウォーレン，ナリナ・ヌネズ，ローラ・メルニク，チャック・ブレイナード，ヴァレリー・レイナ，マギー・ブラック，マイケル・ラム，カミ・ロンドン，ジェイソン・ディキンソン，ソーニャ・ブルーバッカー，そして共著者となり，研究助手として貢献してくれた多くの学生に感謝いたします。アメリカ国立精神衛生研究所（NIMH）とアメリカ国立科学財団（NSF）は手厚く私の研究を支えてくれましたし，これらの研究は，子どもと話す最善の方法を明らかにするために，時間を割き協力してくださった保護者とお子様の助けなしには成し遂げられないものでした。本書の原稿をよりよいものにするために，多くの方が質問に答え，フィードバックをくださいました。マーティン・パウエル，カミ・ロンドン，デブ・コノリー，デヴィッド・トンプソン，ソーニャ・ブルーバッカー，マイケル・ラム，トム・ライオン，デイナ・ウォイオド，ジェイソン・ディキンソンによる貴重な情報提供に感謝いたします。APA叢書の開発編集者であるベス・ハッチにもお礼申し上げます。彼女は，私が細かい事柄に足をとられ，ストーリーがどこに向かっているのか読者に伝え忘れてしまったとき，優しくそれを指摘してくれました。最後にブレットとリンとその家族。私を支えてくれたことに愛と感謝を捧げます。

注：本書にある意見，知見，結論，あるいは推奨事項は，研究助成を受けた私の研究に基づくものであり，私に所属のものです。それらは必ずしも，ここで名前を挙げた助成機関の見解を反映しているものではありません。

は じ め に

　私が大好きな発達心理学研究の1つに，子どもが他者に何かを説明する能力を調べたものがあります。典型的な研究では，子どもは4つの図形の線画を見て，それを聴き手が正確に描くことができるように説明します。図形は大きさや色，互いの位置関係が異なっていて，課題を成功させるためには，子どもは多くのことを聴き手に説明しなければなりません。しかし，それは普通なかなかうまくいきません。ある研究では，3年生が言及した線画の特徴は平均6つであり，それは，聴き手が実際の図形を知る手がかりとしてはまったく不十分でした。目隠しをした聴き手に，ゲームの説明をしている子どものトランスクリプト（発話の書き起こし資料）を読むと楽しくなります。ある2年生はこのように言いました「こっち側は赤だから，それを置くの，うん，それ進めて。こっち側は青でしょ，だから，あなたはこれを進めて。みんな手にもって，うん，どのブタさんがいいか，うん，選んで。わかったよね！」(Flavell et al., 1975, p. 98)。

　私たちだって，自分の不慣れで（時には赤面してしまうような）道順の教え方や電子メールの文面を思えば，子どもを笑うことはできません。実際のところ，曖昧なコミュニケーションは子どもの専売特許ではありません。そしてこれこそが，子どもについても大人についても，私を何十年も魅了してきた問いなのです。それは，会話が伝えることのできるすべての事柄のうち，本当に伝えたいことに関する最良の伝え方とは何か，というものです。

　この問いが私の心を捉えたのは，1980年代，多くの子どもが一貫性のない，奇妙な告発をした幼稚園での虐待事件〔訳注：たとえば，マクマーチン幼稚園で園児が教師から性的虐待を受けたと申し立てた事件。多くの子どもが非現実的な証言を行った；バトラー他，2004〕を，世の研究者が目にしたときでした。当時の私は，学んできた基礎研究は退屈に感じられ，赤ん坊であったわが子の成長を見守るのに忙しい，方向性が定まらない研究者でした。しかし，事件の捜査官が子どもの証人に何を尋ね，子どもがどう答えているのかを知ったとき，私は自分の

もつユニークなスキルの目標を見出したのです。刑事捜査の過程で子どもたちがなぜあのようなことを言ったのか，その理由はわかりませんでしたが，いくつかの仮説を検討する方法はわかりました。

　この検討には，2つのアプローチをとりました。発達心理学者の家庭は即席の実験室ですから，何年もの間，私はしゃがみこんで息子や娘に質問を投げかけ，その結果に耳をすませました（のちに息子や娘は研究助手を訓練し，やがては第二世代の子ども予備実験が可能になりました）。もう1つの方略は，多くの子どもを実験室に招き入れることに関心をもつ有能な研究者と共同研究をすることでした。こういった子どもの大群は常に，私たちの仮説が誤りであることを示してくれました。最近まで，私は自分の研究結果を予測する，というようなことはせず，むしろ，他の研究者がありえそうもない仮説を立てては試す，その原動力に感嘆してきました。子どもはこうするだろうと私が考えることと，彼らが実際にすることとのギャップが，本書を書く動機となりました。本書は，科学的証拠に基づく実践が，司法場面での大人と子どもの会話にある曖昧さをいかに低減できるか，それを共有する私なりの方法だといえます。

　会話の科学は裾野が広く，本書で扱うトピックの領域も広いものとなっています。第1章では，大人は通常，子どもとどのように会話をするか，そういった会話スタイルはなぜ司法的な目標を妨げるのか，そして，解決を見出すために研究者が行う研究のタイプについて説明しました。第2章では，司法的な見方に関する全般的な特徴を紹介し，司法と臨床心理の役割の違いについて説明しました。また，事前情報をもたずに面接を行うことと，事前情報をもって面接を行うことの利点と制約について論じました。第3章から第6章では，司法的な見方を3つの「C」というスキルにまとめました。すなわち，会話（Conversation）の習慣（第3章），定型的な（Conventional）内容（第4章と第5章），そして，事案（Case）に応じた判断と調査（第6章）です。**会話の習慣**は，たとえば，子どもをリラックスさせるような非言語的な行動や，子どもが理解できる質問文をつくる一般的なスキルです。**定型的な内容**は，プロトコルにおける教示と面接の様相を指しています。**事案に応じた判断と調査**は，面接を事案に合うものにするために面接者が行う変更です。スキルをこのように3つのグループに分けたことで，一般的なスキル，すなわち習得が難しく，文脈に依存す

るスキルを学ぶ前のスキルを明確にできたと思います。最後に，第7章では面接プロトコルと効果的な研修プログラムの特徴について論じます。

　これらの章は，忙しい実務家 —— 本書を置くや否や，いま読んだばかりの内容を実践するとか，他者の実践を分析したりする人々 —— を意識して書かれています。子どもの証人を頼りとする司法面接者，臨床家，弁護士，その他多くの専門家の役に立つよう，本書は実践指向となっています。実践のための研究に基づく推奨事項は，会話例とともに示し，各章のまとめでポイントを押さえ，クイックガイド（中心的な概念とスキルを統合するセクションです）で繰り返し振り返ります。各章には実践のための原則というセクションも設け，そこでは，子どもへの面接に関する質問と私の回答を示しました。全体を通して，本書の目標は科学的証拠に基づく実践のあり方を示すことであり，どのような場面でもこのアプローチがベストだ，ということを示すものではありません。

　本書では，実践に焦点化したため，いくつかの難しい決定を余儀なくされました。読者のすべてが面接者となるわけではありませんから，私は，研修資料でよく見る方法に沿わない選択をしました（第7章を参照のこと）。それは，章の見出しを行動文ではなく名詞形にしたことです（「トピックを導入する」ではなく「トピックの導入」など）。また，先行研究は例示するに留め，本来ならば言及すべき多くの古典的，また近年の研究を割愛しました。この割愛についてお詫びするとともに，読者には，より深く背景を学ぶために，引用されている書籍や章を参照されることをお薦めします。また，読者が他の文献を探す際に助けとなると思われるときには専門用語を用いましたが，不必要に小難しい学術用語を用いることは避けました。

　本書に書かれていない事柄について述べておきます。専門職にある人たちが児童保護の職員，児童権利擁護機関〔訳注：CAC，ワンストップセンターなど〕の面接者，放火捜査官，検察官，弁護士，裁判官，精神保健に関わる職員，医師，学校において通告義務のある者としての役割を全うするうえで必要な膨大な知識は，明らかに，本書には含まれていません。また，子どもと話すときの一般的な原則はさまざまな場面に適用できますが，会話のスキルは，これらの現場で効果的な実践を行うのに必要な訓練の1つの要素でしかありません。

　また，科学的証拠に基づくガイドラインを支えるうえで十分な研究が行われ

ていない事柄も，本書では記述していません。たとえば，面接者は児童と青年とで異なる扱いをすべきですが，それがもたらす効果は，組織的な研究というよりも，未だ一般常識によるところが多いのです。同様に，広く使われている技法の多くは未だ適切に研究されていないため，本書では議論していません。こういったギャップが今後埋められることを願います。そうすれば，面接者にはより広い範囲の技法が選択肢として与えられるでしょうし，それは個々の事例に応じて実践の仕方を調整する，よりよい基盤となるでしょう。

　ガイドラインは日々進化していますが，子どもの証人と会話をする際の主たる目標は変わりません。それは彼らの生活にある出来事を，可能な限り，最初から最後まで，正確に，曖昧でなく話すように支援する，ということです。この目標を阻む障壁や，障壁を乗り越えるための技術が，司法文脈における会話の科学をつくり上げています。

目　　次

第1章

子どもの面接の科学

　マット・ソンダース捜査官は，訓練生と会うために廃屋となった学校に向かう途中であった。車を運転しながら，彼は，これから自分が教えようとしているスキルがいつの日か多くの命を救うことになるだろう，と思った。[1] コロンバイン高校での大量殺人事件ののち，アメリカの警察は，地域の警察や保安官に対し，SWAT チームが射撃犯と対決するまで待機するのではなく，連携して対応する訓練を開始した。マットの模擬犯罪対応クラスには複数の地域から警察官が参加していたが，マットはある目標を思い描いていた。それは，警察官が通常とは真逆のやり方で対応することを教える，というものであった。

　マットの挑戦は，すばらしいものであった。普通，恐怖の対象に接近することは自然の理に反する。そのため，警察官は銃弾が届かない距離に留まることが多い。その結果，彼らは「フェイタル・ファネル（死に至るじょうご）」，つまり出入り口のような一見防弾壁のようでありながらじつのところ一列に並び被害を被りやすい場所で固まることになる。一方，一度押し入ると，彼らは敵と戦うことで精一杯となり，他所での交戦に関する責任は吹っ飛んでしまう。私がインタビューするなか，マットは，自然な対応がなぜ死の危険を高めるのか，新しいガイドラインはどこでつくられたのか，なぜ経験豊富な警察官は新しいアプローチに抵抗することがあるのか，そして効果的な訓練とはどのようなものかについて説明した。私は何度も次のようにつぶやいていた。「私たちも同

---

[1]　本書全体を通し，語ってくれた，あるいは会話の例を提供してくれた実務家，親，子どもの名前を変更している。

じ。……それが，面接が本当に難しい理由です」。

　類まれな勇気を要求する課題と，面接とに共通するものは何だろうか。マットが取り組んでいる大きな挑戦 ── 経験豊かな専門家が自動的にとりがちな思考法や行動のあり方を脇に置くこと ── は他の専門家にとっても挑戦である。救急医療室の医師は，目立つ傷をいったん無視して小さくても命に危険をもたらしうるケガに対処しなければならない。法廷弁護士は異議を唱えるのが戦略的に妥当でなければ，その欲求を抑えなければならない。そして金融の専門家は市場の短期変動に過剰に反応してはならない。子どもへの面接でも，主要な反応を抑え別の反応で置き換えるという並大抵でない**努力によるコントロール**が要請される。司法面接の優れた専門家は，いつもの話し方を常に脇に置いておく。日常生活での会話の習慣は，事実発見のプロセスを損なう可能性があるからである。

　マットが訓練で用いるガイドラインが一連の問題に対処するよう策定されているのと同様，**司法面接**と呼ばれる会話の様式も，問題 ── この場合は大人が子どもと話すときに起こりうる問題 ── を軽減する技法の集成である。本書の終わりの部分で読者は再びマットの物語に出会い，トレーナーとしての彼の経験を目にすることになるだろう。本章では，大人が通常どのように子どもと会話するか，そして子どもの驚くべき応答の仕方を紹介し，子どもへの面接がなぜ専門的なスキルであるかを説明する。

不思議な大人
私が知りたいことを，いま話して

　メリッサと彼女の娘である6歳のクレアは，ある研究プロジェクトに参加し終えたところであった。私はそのとき，2人が会話するのをしばらく録音してもよいかと尋ねた。承諾を得たあと，私はメリッサに「クレアが最近体験したことを聴いてみて」と言った。以下は2人の会話の冒頭部分である。

メリッサ：えっと，ねえ，金曜日に学校で何した？
クレア：かぼちゃとって遊んでた。

メリッサ：かぼちゃ畑で？

クレア：それからパパが馬車に連れていってくれた。

メリッサ：馬車？

クレア：いや，トレーラーだよ。

メリッサ：トレーラーだった？ 馬が引いていたの，それとも……。

クレア：トラクターが引っ張ってたの。

メリッサ：トラクター？ 何人の子どもが乗ってたの？

クレア：わかんない。

メリッサ：うーんと，少しだったとか，それとも……。

クレア：道が3本あって，先生が，うーんと，先生だけが真ん中の道を行け
　　るの。

メリッサ：ああ，先生は真ん中にいないといけないんだ。子どもは外側にい
　　なくちゃいけないの？

クレア：うん，でも，子どもも真ん中に行った。

メリッサ：なんで？

クレア：わかんない。たぶん……そうしたかったんでしょ。

メリッサ：それであとはどんなことをしたの？ りんごを食べたとか？ 他に
　　は？

クレア：ドーナツ食べて，りんごも，サイダーも。

メリッサ：そうだったんだ。

クレア：うん。

メリッサ：それって，パパが話していたときのこと？

クレア：ううん。

メリッサ：ああ，あれは，あとのこと？

クレア：うん。それは前のこと。それは馬車のあと。

メリッサ：あれが，最初にやったこと？

クレア：う，うーん。

メリッサ：そうなの？

クレア：馬車。

メリッサ：そうか，よかったね。寒かった？

クレア：まあ，そうでもないよ。

　見てのとおり，話題を立ち上げたあと（「えっと，ねえ，金曜日に学校で何した？」），メリッサは詳細を求める質問を行い，ピースを1つずつ埋めていくようにして理解を進めている。金曜日に何があったのか，クレアに話すよう誘いかけるのではなく，メリッサの発話は「馬が引いていたの？」や「それって，パパが話していたときのこと？」というような，クレアがまだ話していないことに関する「はい／いいえ」質問である。おそらくメリッサは（その地域のよくある行事に出かけることについての不完全な知識に基づき）何があったかを推測しているのだが，質問に含まれる多くの情報はじつのところ誤りであった。

　この書き起こしが伝えきれていないのは，クレアに対するメリッサの圧力的な話し方である。クレアの話が途切れると，メリッサは1秒も経たないうちに別の質問をし，しばしば回答を待たずにマルチ質問を行った（「それであとはどんなことをしたの？ りんごを食べたとか？」など）。これに応じて，クレアはほんのわずかな言葉しか話さず，メリッサが話すのを待っている。

　子どもとの会話を親が方向づける，というのは真新しい知見ではない。多くの子どもは3〜5歳までは過去の出来事に関する長いナラティブ（語り）を産出することはなく，その年齢になったとしても，親は子どもに，語りの構造や内容を提供するような質問を行い情報を与える（Wang, 2013）。家庭では，こうしたプロセスを通じて，子どもに物語はどう構成すればよいか，どのような情報がよい物語をつくるのかを教えることになる。親は通常，子どもから何かを学ぼうとしているわけではないので，語りをコントロールすることで生じる問題はない。むしろ，共通の出来事や感情体験について会話することは，子どもに，人とどのように出来事を思い出すか，感情的な出来事にどう対処するか，感情を文化的に妥当な方法でどのように表明すればよいかを学ばせる道具となる（Fivush et al., 2003）。

　問題は，エイミー・ウォーレンらによる有名な研究が示しているように，この指示的な会話のスタイルが，職務を遂行する専門家の行動にも浸透していることである（Warren et al., 1996）。これらの研究者は，児童保護サービスの職員が子どもからどのように情報を引き出すか，性的虐待に関する面接を何十件も分

析した。面接者はメリッサの行動と同様，会話をコントロールしていた。たとえば，最初のラポール形成〔訳注：面接の本題に入る前に，面接者が子どもと話しやすい関係性を築くこと。通常は，何をするのが好きかなどを話してもらう〕で面接者は子どもの3倍も多く話し，詳細に焦点化した質問を数多く行い，犯罪に関する事実情報も面接者が先に言ってしまうことが多かった（人物の名前や行為も含め）。さらに，一部の面接20件だけを取り上げても，何百ものマルチ質問が用いられ，面接者は子どもが述べた曖昧な名称の半分以上を，明確にすることができなかった。さらなる研究は，教師や警察官も，子どもに多くの詳細な質問を行い会話を方向づけることを示している（Brubacher, Powell, Skouteris, & Guadagno, 2014; Smith et al., 2009）。

　もちろん，指示的な会話スタイルが常に事実の発見を阻むというわけではない。たとえば，メリッサとクレアの会話では，ターゲットとなる出来事はわかっているのであり（クレアは実際にかぼちゃ畑に行った），クレアは自身の体験を積極的に話そうとし，わからないことは迷うことなく「わからない」と言い，メリッサの誤りを訂正した。この低ストレスの状況では，メリッサの素人面接でもクレアは信頼できる証人であった。しかし，メリッサが用いたテクニックは，次に示す筆者のラボでの事例のような，より困難な状況ではうまくいくとは限らない。

　ある秋のこと，リンジー[2]という学生は子どもに「逆さま」ゲームをするように求めた。これは，コンピュータのスクリーン上に点が2つ現れたら，点が1つあるカードを指差し，スクリーンに点が1つ現れたら，点が2つあるカードを指差すゲームである。次に，彼女は「いくつか質問したいんだけど，質問に答えるときにルールがあります。ルールは，当てずっぽうでは言わない，ということ。もし私が質問して，あなたが答えを知らなかったら，ただ『知らない』と言ってください」と告げた。そしてリンジーは「あなたの好きな色は何？」のようなシンプルな質問を10個行ったが，そのうちの5つは子どもが知らない情報を求める質問であった。以下は，ペイジ（4歳）がこのひっかけ

――――――――――

[2]　リンジー・スキラーは2013年に，セントラル・ミシガン大学で，学部のオーナー研究〔訳注：選ばれた学生が行う研究〕としてこの研究を行った。

質問にどう答えたかを示している。

　リンジー：私の好きな色は何でしょう？
　ペイジ：白。
　リンジー：私はシリー・セブンというゲーム（架空のゲーム）が好き。あな
　　たはシリー・セブンが好き？
　ペイジ：ううん。
　リンジー：私たちはゲームを箱にしまっているの。あの箱の中にあるゲーム
　　は何でしょう。
　ペイジ：ミッキーマウス。
　リンジー：あの箱にはいくつゲームが入っているかな？
　ペイジ：10個。
　リンジー：この絵（家の前に犬がいる絵）は今朝のものよ。私が描いたのか
　　な？
　ペイジ：そう。
　リンジー：この犬の名前は何？
　ペイジ：プードル。

　ペイジの答えは珍しいものではない。アレックス（4歳）は，「箱に50個の
ゲームが入っている」と言い，サム（6歳）は，「助手（リンジー）は絵を描い
てない」と言った。また，複数の子どもが質問に含まれる情報を統合してあと
の質問に混入した。たとえば，マギー（4歳）は，「シリー・セブンは箱に入っ
ている」と言い，「その（犬の）名前をシリー・セブンってつける」とまで言
った。誤った回答をした子どもたちは，逆さまゲームをするのが難しかったが，
これは，意図的コントロールを行う脳のシステムが発達途上にあることを示し
ている。
　ジャン・ピアジェ（Piaget, 1928）は有名な発達心理学者だが，彼は，幼児の
驚くべき特性を「何事についても過剰な信頼をおいている」（p. 202）ことだと
記述している。知識がないにもかかわらずWH質問に答えようとするこの傾
向性は，子どもが成熟するにつれて消失するが，完全になくなることはない

（Pratt, 1990）。たとえば，ある研究チームは，男性と女性のいざこざに関する面接の中で，回答不可能な質問を行った（Poole & White, 1991）。面接者が最初の面接で「男の人の職業は何かな。どんな仕事をしているかな？」と尋ねると，4歳児と6歳児の4分の1以上が「私のお父さんと一緒に働いている」や「材木置場で働いている」などと推測で回答した。8歳児では，このような推測をする子どもは少なかったが，驚くべきことに，大人の半数以上が推測で回答した。つまり，年齢が高い証人であっても，自分が答えを知っているかもしれないと思えば，推測で回答するのである。

　ある形式の質問ないしプロンプト（**プロンプト**とは，「……について話して」のような質問として機能する発話を含む，子どもから情報を引き出すことを目指した質問や行動を意味する用語である）は，別の形式の質問ないしプロンプトよりも推測を生み出す，ということはよく知られている。面接者のプロンプトを分類する一定の方法というのは存在しないので，クイックガイド1.1には，マイケル・ラムやマーティン・パウエルらが用いている用語や，代替となる名称を示した（たとえば，Brown et al., 2013; Powell & Snow, 2007; Sternberg et al., 2001）[3]。促進子（facilitators）（**最小限の促し**〔minimal encouragers〕ともいう）には，面接者が「聴いているよ」ということを示すために，また，子どもが話し続けるように励ますために挟む「そうか」や「うんうん」，子どもが直前に述べた語をいくつか繰り返す，などが含まれる。第3章でも議論するように，これらの発話は明示的には情報を要請するものではないが，それでもなお，面接において重要な機能を果たす。

　オープン質問（**オープンな再生質問**；open-ended recall prompts）（**オープン質問**〔open prompts〕，**オープンなプロンプト**〔open-ended questions〕，**誘いかけ質問**〔invitations〕ともいう）は，何らかのトピックについて話すよう，子どもに誘いかける発話である。これらの発話には「あったことを全部話して」（オープンな

---

[3]　本書では，**詳細の再生**（recall-detail）という用語を，「それはいつのこと？」などの質問を表すのに用いている。このような質問は**特定的な質問**（specific questions）と呼ばれることが多い。パウエルらは**特定的な手がかり再生**質問（specific cued-recall question）という呼び名を用い（たとえば，Jones & Powell, 2005），ラムらは**指示的質問**（directives）と呼んでいる（たとえば，Andrews et al., 2015）。

　面接での質問（プロンプト）には，子どもの話を促す行動（促進子；facilitators），どの詳細を報告するか子どもが自由に選べる質問（オープン質問〔自由再生質問ともいう〕；open-ended recall prompts），特定の詳細について尋ねる質問（焦点化質問；focused prompts）などがある。子どもが当該の面接でまだ報告していない事柄を暗示する質問（暗示質問；suggestive prompts）は，用いない方がよい（プロンプトの特殊な機能の呼び方についてはクイックガイド 5.2 を参照）。

促進子（最小限の促し〔minimal encouragers〕ともいう）

　「そうか（Okay）」や「うんうん」，子どもが直前に言ったことの繰り返しであり，面接者は聴いていることを示し，子どもに話し続けるように促す。沈黙や頷きも非言語的な促しである。

オープン質問（自由再生質問；open-ended recall prompts）（オープンなプロンプト〔open prompts〕，オープン質問〔open-ended questions〕，誘いかけ質問〔invitations〕，自由報告プロンプト〔free-narrative prompts〕ともいう）

　どの詳細を報告するか，子どもに決めてもらう形で応答を拡張するよう求める促し。これらの質問には「あったことを全部話して」などの，トピックについて話してもらう最初の**オープンな広い質問**（open-ended broad questions）〔訳注：誘いかけ質問ともいう〕；「それから何がありましたか」のような活動の続きをさらに話してもらう**オープンな広げる質問**（open-ended breadth questions）〔訳注：それから質問ともいう〕，「（子どもが言及した活動）のことをもっと話して」と，子どもがすでに話したことについて話してもらう**手がかり質問**（cued invitations）（**オープンな深める質問**；open-ended depth questions）などがある。

焦点化質問（focused questions）

　面接者にとって関心のある詳細を，子どもに話してもらうための質問。

WH 質問（詳細再生質問；recall-detail questions）（Wh-questions，指示的質問〔directives〕，特定的な質問〔specific questions〕ともいう）

　子どもがすでに述べた人物，事物，あるいは出来事の特定の詳細を，思い出してもらうための質問。これらの質問の典型例は「いつ（when）あったの？」「その人はあなたのどこ（where）を触った？」のように W か H を含んでいる。

選択質問（option-posing questions）またはクローズド質問（閉じた質問〔closed questions〕，強制選択質問〔forced-choice questions〕ともいう）

　子どもに肯定あるいは否定を求める情報を提供することで再認記憶〔訳注：選択肢を与えられ，それを選ぶ形で回答する記憶。自発的に記憶を検索して思い出す再生記

憶と対比される〕を促す質問。**多肢選択質問**（multiple-choice questions）（例：「あなたが週末にいたのは，お母さんの家，お父さんの家，それとも別の場所？」）や**「はい／いいえ」質問**（yes/no question）（例：「あなたが火をつけたの？」）は選択質問（option-posing）である。

暗示質問（**suggestive prompts**）

面接で，子どもがまだ言及していない事柄を暗示する質問（例：「コンピュータの絵のことを話して」）〔訳注：子どもがまだコンピュータの絵のことを話していないにもかかわらず「コンピュータの絵のことを話して」と尋ねている〕や，**明らかな誘導質問**（explicitly leading questions）（例：「あなたはマッチで遊んでた，そうだよね」など）。

注：**促進子**（facilitators），**誘いかけ質問**（invitations），**手がかり質問**（cued invitations），**焦点化質問**（focused questions），**暗示質問**（suggestive questions）という語は，マイケル・ラムとその共同研究者ら（たとえば，Sternberg et al., 2001）が用いている。また，マーティン・パウエルとその共同研究者らはオープン質問を，広い質問，広げる質問，深める質問（broad, breadth, and depth questions）に分けている（Powell & Snow, 2007 など）。

訳注：原著の注にあるように，**プロンプト**は，「……についてお話しして」のような質問として機能する発話や，「そして」「それから」など，子どもから情報を引き出すことを目指した発話や行動である。「先行子」とも呼ばれるが，面接場面では「質問」の方がなじみがあると考えられるので，原則「質問」とし，必要に応じて「プロンプト」を用いる。

広い質問；open-ended broad question），「それから何がありましたか？」（オープンな広げる質問；open-ended breadth question）〔訳注：それから質問ともいう〕，「そのこと（子どもがすでに言及した活動）をもっと話してください」（オープンな深める質問；open-ended depth question）〔訳注：手がかり質問ともいう〕などの誘いかけが含まれる。これらの質問は，順に，子どもに広いトピックについて話してもらう，活動の流れを話してもらう，すでに言及したことを拡張してもらう誘いかけである（Powell & Snow, 2007）。オープンな再生質問に答えるための記憶検索の仕方は**自由再生**と呼ばれる。自由な再生という理由は，被面接者は，ターゲットとなる記憶に関する手がかりに頼ることなく記憶を検索するからである。

自由再生は，原初的な記憶検索〔訳注：親近性に基づく判断など。検索は記憶をサーチすること〕よりも遅れて発生する（Newcombe et al., 2007）。そのため，個々のオープン質問（open-ended prompt）に対し，幼児は断片的な情報しか再生しないことが多い。非専門家はさらなる多くの情報を引き出そうと，多くの**焦点**

化質問（focused prompts; 出来事の特定の詳細を思い出す手がかりとなる質問）を行う。焦点化質問の 1 つは **WH 質問**（詳細再生質問；recall-detail question）であり，これは W〔訳注：「いつ」「どこで」「誰が」「何を」「なぜ」〕や H〔訳注：「どのように」〕という文字を含んでいる。たとえば，「それはいつのこと？」「その人はあなたのどこを触ったの？」「その人はどうしてこんなに長い間，そんなことができたと思う？」（司法面接では「なぜ」という質問はできるだけ用いない；第 5 章参照）などである。WH 質問は，人物，事物，あるいは出来事の特定の側面に注意を焦点化させることで，記憶検索の手がかりを提供する。心理的課題として見ると，手がかり再生〔訳注：人物，事物などの手がかりに対して再生を求めること〕は自由再生よりも容易であり，子どもがオープン質問に応答しなくなったあとは，この種の質問を行うことで報告される情報の量を増やすことができる。

　面接者の方から詳細な内容に言及し，その詳細な内容が存在したか否かを尋ねるとすれば，子どもは再認記憶に取り組むことになる。**クローズド質問**（選択質問；option-posing question），すなわち答えを選ぶ質問（例：「その人があなたの写真を撮ったのは 1 回，それとも 1 回よりも多かった？」）や，はい／いいえ質問（例：「その人はあなたに，人に話してはいけないと言いましたか？」）は，再認記憶を問う質問である。最後に，**暗示質問**（suggestive questions/prompts）には，明らかな誘導質問（例：「あなたはマッチで遊んでいましたね」）や子どもが面接の中でまだ言及していない詳細を含むコメントが含まれる。たとえば，子どもがコンピュータや写真について何も報告していないのに「コンピュータの写真について話して」と言うのは暗示的である（弁護士と記憶の研究者とでは**誘導質問**は異なる意味をもつので，情報を暗示する質問を指すより一般的な用語としては，**暗示質問**〔suggestive question〕が用いられる）。

　オープン質問に比べ，焦点化質問は，子どもに推測や，捜査対象となっている出来事に由来しない情報の想起を促す。焦点化質問が子どもの目撃記憶の正確性を低下させる理由はたくさんある。たとえば以下の 5 つもそうである。

協力的な行動

　権威ある人の質問には，それがどんな質問であっても答えようとする習性が子どもにはある。質問に答えることで協力したいという欲求は大変強く，子

どもは（大人でも）「カップはオレンジよりも悲しいですか？」のような不可解な質問に対し，おかしいとは思いながらも，何らかの回答をすることがある（Pratt, 1990, p. 170）。推測で話していることに気づいていることも，ないわけではない。たとえば，リンジーが犬の名前を尋ねたところ，ある少年は「わかんないから僕はプードルさんって言ってみたんだよ」と言った。しかし，司法面接者にとって難しいのは，不確かであっても子どもはそのような様子を示さないことが多い，ということである。オープン質問は焦点化質問よりも推測を引き出すことは少ないが，それはオープン質問の場合，子どもは自分がよく覚えていることだけを話すことができるからである〔訳注：焦点化質問の場合，子どもは何らかの回答をするよう求められるため，よく覚えていないことでも話してしまうことがある〕。

言葉の混乱

面接で子どもが示す多くの誤りは，自動的に，間違っているという気づきもなく生じる。質問を誤解する，というのもその１つであり，こういったことは，注意力が足りなかったり，言語的なスキルが脆弱であるために生じる。たとえば，先述した女児ペイジが犬の名前を勝手につけたのか，それとも犬の種類を尋ねる質問だと思ってそう答えたのかは不明である。明らかな誤解は別の研究でも確認されている。そこでは数人の子どもが「私の犬の名前は何？」に対して「私，犬飼ってないもん」と答えたが，これは「私の」と「あなたの」の混乱が起きていることを示唆している（Dickinson et al., 2015）。「何があったか話して」のようなオープン質問とは異なり，焦点化質問には子どもをまごつかせる概念，言葉，文法構造が含まれていることが多い。そのため，子どもは面接者が意図したのとは異なる問いかけに答えてしまう，ということが起きる。

記憶の侵入

脳は記憶を個別の永久的な痕跡として貯蔵するのではなく，体験のさまざまな側面を束ねる過程を通じて関連づけ，まとめることで記憶を構成する（Newcombe et al., 2012; Raj & Bell, 2010）。脳画像研究やその他の証拠が示すところによれば，脳の特定の部位（海馬）は，脳のどの下位組織の細胞がどの

記憶を構成しているかを特定するうえで重要な役割を担い，新しい自伝的記憶を蓄えたり古い記憶を思い出したりするうえでクリティカルな役割を果たしている。しかし，私たちの記憶は静的ということからは程遠い。**再固定化**（reconsolidation）と呼ばれるプロセスにより，記憶は私たちがアクセスするたびに更新され，関連する記憶はブレンドされ，欠けている詳細は一般的な知識により補われる。言い換えれば，記憶は「図書館というよりは，参照されるたびに書き込みが可能なウィキペディアのようなものである」（Miller, 2012, p. 31）。

　記憶の更新プロセスに関する研究は，焦点化質問がなぜ望ましくもあり呪わしくもあるのかを説明してくれる。記憶テストでオリジナルの体験と合致する手がかりが与えられれば，人は記憶をよりよく思い出すことができる。しかし，これらの手がかりは，オリジナルの体験と概念的に関連する偽りの記憶，すなわち**侵入**（intrusions）を増やす可能性もある（Hupbach et al., 2007; St. Jacques & Schacter, 2013）。言い換えれば，子どもに再生させようとして特定の詳細を含む手がかりを示せば，不正確な情報が記憶システムに侵入し，想起される内容が変化してしまう可能性がある。

ソースモニタリングのエラー

　ソースモニタリングとは，いつ，どこで，どのように学んだか，ということを知るプロセスである（Johnson et al., 1993）。車に鍵をかけたか鍵をかけようと思っただけか，レストランを提案したのは私だったか友人であったか，飛行機事故はテレビで見たのか新聞で読んだのか，こういうことを気にかけたとすれば，それはソースモニタリングをしているのである。知識のソース（情報源）を特定できる文脈的詳細を思い出し，その詳細が何を意味するかうまく判断できれば，人は，知識がどこから来たかを思い出すことができる。たとえば，「ピッと鳴ったのを思い出せるから，私は車に鍵をかけたに違いない」というように思うかもしれない。出来事の詳細を思い出してソースを正確に決定する能力は，児童期において，ソースの判断を支える脳の部位，たとえば海馬や前頭前野の成長に伴い徐々に発達する（Foley, 2014; Ghetti & Angelini, 2008）。

　子どもは多くのソースに由来する知識，たとえばテレビの映像，本の情報，誰かが話した内容などを携えて面接室に入ってくる。面接者は子どもが実際に

体験したことを知りたいのだが，関連性のない情報を取り除くのは難しい。な ぜ難しいかを理解するために，ディズニーワールドについていくつもの表象を もっている少女のことを頭に思い浮かべてみてほしい。この少女は自分でも何 度かディズニーワールドに行ったし，他の人がディズニーワールドに行った体 験も聴いている。彼女が実際に体験したことを区別して話せるようになるには 多くの能力の発達が必要である。正確な決定を行うため表象に関する詳細を 十分に思い出す，という能力もその1つである。こういった決定プロセスには， 記憶の働きに関する高度理解が必要である。たとえば，子どもは，どう見え たか，どんな味がしたかといった詳細な記憶は体験を支える情報として有望で ある，ということにまだ気づいていないかもしれない（Poole et al., 2015）。

　ソースモニタリング判断に含まれるスキルの発達には時間がかかるため，子 どもは知識のソースを正確に報告できるとは限らない。実際，幼児は数分前に 学習したことであっても，誤った報告をすることがある。ある研究チームはこ の現象を，4〜5歳児に新しい知識が含まれる物語を読み聞かせる，という方 法で示した（Taylor et al., 1994）。彼らは子どもに物語〔訳注：猫のヒゲの役割に関す る知識が含まれる〕を提示した直後，この新しい知識が定着したかどうかを確認 した（「猫は何のためにヒゲを使う？」など）。そして，「それでは，あなたが［質 問に対する子どもの回答］をどのくらい長い間知っていたか聴きますね。あな たはこのことをずっと前から知っていましたか，それともいま知ったばかり ですか？」（p. 1584）と尋ねた（その際，〔訳注：質問の順番による偏りが出ないよう に〕半数の子どもには質問の順番を入れ替えて尋ねた）。子どもはいま知ったばかり のことを「ずっと前から知っていた」と言い，また，「他の子も知っている」 と答える傾向があった（Drummey & Newcombe, 2002 も参照）。とはいえ，情報を いつどのように学んだかという気づきの欠如は，初期の発達，すなわち，子ど もが世界に関する一般的な知識を急速に獲得するのには有益である（Bjorklund, 2007）。

　ソースモニタリングが困難であるため，子どもは時折，問題となる出来事以 外のソースから得た情報を報告することがある。たとえばある研究では，7歳 児の4分の1以上，そして，8歳児の9％が，自由再生において「男性の助手 からタッチされた」と報告した。しかし，実際には，このタッチは子どもたち

が聴いた物語に含まれていただけであった（Poole & Lindsay, 2001）。暗示された
タッチについて面接者が「はい／いいえ」質問で尋ねたところ，およそ3分の
1の子どもはタッチがあったと誤った回答をした。そして，より多くの子ども
がこれらの架空の出来事を話し続け，物語の数行に関し驚くべき記憶を披露し
た。今日では，焦点化質問に含まれる文言が，面接で問題にしている出来事以
外のソース（たとえば，親や友達との会話など）から獲得された記憶を刺激した
場合，幼児の誤答率は跳ね上がることが知られている（Principe et al., 2014）。

　子どもが類似した出来事を繰り返し体験している場合にも，ソースモニタリ
ングの問題が生じる。出来事を一度だけ体験した子どもの記憶のナラティブと
比較した場合，体験を繰り返した子どものナラティブは一貫性が低くなる。と
いうのは，子どもは出来事の詳細を報告しているときに，別の出来事の詳細を
取り入れてしまうことがあるからである（Price, Connolly, & Gordon, 2015）。このよ
うな混乱——これを専門家は内的侵入（internal intrusion）と呼ぶ——は焦点化
質問に対して生じやすい（Gomes et al., 2015）。

作　　話

　どの年代の人であっても，脳の前頭葉のダメージはさまざまな記憶の混乱を
生じさせる。その1つは**作話**（confabulation）という変わった行動である。そこ
では人は質問に対して作り話を答え，空想的な虚偽の報告をする（多くは自分
の人生に関するものである；Borsutzky et al., 2008）。作話患者の荒唐無稽な報告は記
憶に基づいていると考えられている。というのは，彼らの空想的な報告は時間
や場所には誤りがあっても，本当の記憶の断片からつくられていることが多い
からである（Nahum et al., 2012; Schnider, 2003）。当然のことだが，環境的な手がか
りは，進行中の課題や目標とは無関連な記憶を連続的に活性化させる。しかし
健常な成人の脳は，通常，不要な記憶が意識に侵入しないようにしている。こ
れに対し作話患者の脳では，フィルタリングがうまく働かない（Ciaramelli et al.,
2009）。

　おそらくは脳の未熟さゆえに，幼児は年長の子どもや成人に比べ，あまり
関連のない思考を会話の中に混入させてしまう（Schacter et al., 1995）。報告があ
まりにも現実離れしているために（それがすばらしく聴こえることもあるのだが），

私たちは子どもが「心理的サーフィング」[4]をしているのだとわかる。ある研究では，面接者（実験助手）が身体図（ダイアグラム）〔訳注：人の体の比較的リアルな線画〕を示しながら次のように尋ねた。「最初，あなたが私とゲームしに来たとき，私はあなたのどこか，絵に描かれているどこかを触った？」（Poole, Dickinson, Brubacher et al., 2014, p. 104）。「うん」と答えるか，あるいは身体図のどこかを指した子どもには何があったかと尋ねる。すると子どもと面接者はたった数分前に出会い，テーブルをはさんで座っていたにもかかわらず，子どもは助手が彼らを触ったと報告した。たとえば，ある男児は「あなたは僕のここを触ったでしょ。熱があるか調べるために」（Poole, Dickinson, Brubacher et al., 2014, p. 106）と言った。この例は，一般的な知識（この場合は，熱があるかどうかを大人がチェックするという記憶）がいかに記憶に侵入するかを示している。全体として，発達課題の検査バッテリーで成熟度の低い反応を示した子どもは作話する率が高かった。

　自分でつくり出した情報から特定の出来事の記憶を区別する能力は，ソースモニタリングの一種であり，**リアリティ・モニタリング**と呼ばれる。成人では，情報が少し前に提示されたものか，手がかりに対して自分がつくり出したものなのかを正確に報告する能力は，脳の前頭皮質領域の能力と関わっている（Buda et al., 2011）。法的な事案では，子どもの証人による（子どもの報告の質以外の，事案に関する特徴に基づけば）ありえそうにない申し立てでは，出来事の記憶と作話情報とを区別するのに役立ちそうな知覚的，文脈的，その他の特徴が少ない（Roberts & Lamb, 2010）。以上のことから，こういえるだろう。リアリティ・モニタリングは実験室でも現実世界の聴取でも低下することがある。そして，こういったエラーを起こしやすい人たちとそうでない人たちがいる。

　これらの子どもの特性，すなわち，会話で協力的でありたいという欲求，言語の不完全性，記憶手がかりに対し不正確な情報を検索するリスクが高い，といったこととを踏まえれば，焦点化質問をたくさんしてしまう大人の習慣は，子どもの発達途上にある脳の構造と相容れない，ということになるだろう

---

[4]　この言葉は，NATO 高等研究所（1992 年 5 月，イタリアのバルガで開催された文脈における子どもの証人会議）でステファン・セシと会話した際，子どもがある思考から別の思考へと，いかに言語的脱線をするかを言い表すときに，彼が用いた言葉を拝借したものである。

(Poole, Dickinson, & Brubacher, 2014)。オープン質問をより多く用いることは方針としては正しいが，子どもとうまく会話するには他のスキルも必要である。たとえば，オープンな誘いかけにより得られた応答であっても，曖昧さや誤りが含まれている。そのため面接者には，子どもの報告を明確にしたり，確認したりする方略が必要である（Ceci et al., 2007）。また，面接者が直面しなければならない課題は，信頼性の低い供述を引き出す社会的・認知的プロセスのみではない。まったく話したがらないという子ども自体が，課題となることもある。

話したがらない子ども
何もなかった，わからない

　初対面の大人の前でもおしゃべりをする子どもはいるが，もどかしくなるぐらい話さない，という子どもも多い。以下のような問題は沈黙を生じさせうるが，そういった問題に取り組む専門家を助けるため，面接ガイドラインには，そのような事柄から生じる沈黙を乗り越えるための方略が含まれている。

大事になることへの恐れ
　火事で寝室が焼けたあと裏庭でしゃがみ込んでいる少年がいたとすれば，この少年はおそらく話をしたがらないだろう。性感染症が見つかったばかりの10代の女子も同様である。こういった状況のダイナミクスは，大事になることへの恐れがいかに子どもの報告を抑圧するかを示している。
　驚くべきことだが，アメリカの放火事件の半数は少年によるものであり，家庭で子どもが起こした火事の火元場所で最も多いのは寝室である。これらの事件の犯人は6歳未満の男児であることが最も多い（Evarts, 2011）。裏庭の火事の多くはより年長の子どもが意図せずに起こしているが，損壊を目的とする10代の放火魔もいる。火事が意図的か否かによらず，子どもは自分の行いを隠そうとするだろう。ある捜査官は「最初，子どもたちは敵対的な行動をとることが多い」と述べた（Bouquard, 2004, p. 107）。捜査官の職務は複雑である。というのは，多くの少年放火犯が大人に関して否定的な経験をしており，面接に応じてもらうのが難しいからである（Gaynor, 2002）。

子どもが性的虐待を明かしたがらない理由はたくさんある。たとえば，家族に迷惑をかける，虐待に関して非難される恐怖，犯人との飲酒などの違法行為が発覚する恐れなどである。多くの要因が開示のしやすさと関わっている (London et al., 2008)。面接の構造も然りである (Lyon & Ahern, 2011)。時間をかけて子どもの信頼を得ることなく繊細な話題に入り，会話をするのは，どのようなときでもやりとりの妨げになるが，そういった唐突なやり方は子どもが不安を抱えているようなときには特に非生産的である。

抑制的な気質

見知らぬ人や場所に直面すると固まってしまう子どももいる。こういった抑制的な子どもは，同年代の他の子どもに比べ，新しい事柄や挑戦に応答する心理的回路〔訳注：フリーズするなど〕が活性化する閾値が低い (Kagan et al., 1984)〔訳注：つまりすぐに固まってしまう〕。支持的な子育て（ペアレンティング）が，新規な状況に対する極端な応答を乗り越える助けとなることも知られているが (Fox et al., 2005)，抑制的な行動の個人差は一部遺伝的なものである (Dilalla et al., 1994)。

筆者の研究室でも，助手は子どもの躊躇するようなサインを見逃さないようにし，抑制的な子どもを親から離す前には，より多くの時間と支持的な社会的接触を行うようにしている。話したがらない態度——恐れによるものであれ，気質であれ，他の理由によるものであれ——は面接の初期段階でわかる (Lamb et al., 2008，第8章)。非専門家は抑制的な子どもに対し，手振り身振りを大きくし，侵襲的になりやすい（そのことが子どもを怖がらせ無口にさせてしまう）。これに対し，司法面接者は本書の第3章や第4章で述べる方略を用い，抑制的な子どもとのラポールを形成する。

正常な記憶の錯誤

記憶がうまく働かない理由はたくさんある。出来事の特定の部分に注意が集中すれば，他の部分の記憶はつくられないだろう。強化されない記憶は減衰するかもしれないし，しっかりした記憶をもっていても，必要なときにそれを思い出すことができないかもしれない。記憶を形成したり，貯蔵したり，必要な

ときに検索できなかったりするために，協力的な証人への面接でも，質問は適切な記憶を引き出せないことがある。実際，会話が始まるや否や質問を突きつけられると，大人であっても重大な出来事――たとえば，1年以内に起きた交通事故で，誰かがケガをして入院したというような個人的に重要な出来事――を思い出すことができない（Loftus et al., 1994）。

　子どもは特に，記憶検索で失敗しやすい。その理由を理解するには，私たちが**記憶**と呼んでいるものは，じつは異なる速度で発達するシステムの集合であることを説明するのがよいだろう。**潜在記憶**〔訳注：手続き的記憶と呼ぶこともある〕は，意識的な気づきなしに学習される記憶である。この種の記憶は出生時から機能している。この種の記憶には，歯の磨き方のような手続き的スキルや，暴力的な手が迫ってきたら身を縮める，などの条件づけを通して獲得された反応が含まれる。**顕在記憶**〔訳注：宣言的記憶と呼ぶこともある〕は面接で問題にするような，個人の自伝的体験に関する情報を保持する。この種の記憶は1歳頃から機能するようになり，潜在的な記憶に比べ，十分に発達するのに長い期間を要する（Newcombe et al., 2007, 2012）。

　顕在記憶は発達の初期にも機能するが，児童期初期・中期を通じて発達が続くために，記憶の専門家は，子どもの目撃者としての能力を「優れているが欠陥もある」と記述している。たとえば，2歳児でも，6カ月前に救急医療室に入ることになったケガについて何かを言うことはある。しかし，半数はその出来事についてほとんど思い出すことができない（Peterson & Rideout, 1998）。年齢とともに，子どもは特定の出来事の記憶を検索することがうまくなり，報告の充実度（completeness）も向上する（Peterson, 2002, 2012）。

　記憶手がかりは必ずしも記憶を想起させるとは限らず，次のような興味深い現象も生じる。子どもに出来事の報告を求めた数分後，別の質問をすると，子どもは「その出来事はなかった」と言う――これは珍しいことではない。たとえば，トム・ライオンと助手，共同研究者は，子どもにおもちゃが壊れたことを打ち明けないようにと教示した（Lyon et al., 2014）。最初の質問は助手が行い，その後，別の面接者が子どもに「おもちゃに何かありましたか」と尋ねた（Lyon et al., 2014, p. 1760）。驚いたことに，最初おもちゃが壊れたことを報告した子どもの多くが「いいえ」と回答したのである。別の研究でも同様である。子

どもは最初，ボニーという女性が犬のエプロンをどのように見せてくれたかを説明したが，その後，「ボニーさんは，この部屋で何か（anything）見せてくれた？」と尋ねると，多くの子どもが「ううん」と答えた（Poole & Dickinson, 2014, p. 196）。このような焦点化した質問は問題があり，一貫性のない証言を引き出す。その理由は，子どもは「何か（anything）」〔訳注：私たちは中学校で，平叙文ならば something，否定文や質問文では anything を使うと教わる。anything と聴かれれば「なかった」と回答しやすくなる〕という言葉が含まれる質問に「いいえ」と答えがちだということもあるが，質問に含まれる言葉自体が，質問の意図とは異なる意味を示唆するからでもある[5]〔訳注：たとえば，犬のエプロンというよりも，部屋に備わっている事物を見せたか，という意味に解釈されるなど〕。なじみのある質問形式であっても，関連する記憶を思い出させるベストの形式ではないかもしれない。そのため，司法面接のガイドラインには，子どもに記憶を最初から最後まで検索してもらうよう支援する技法が含まれている（証言の矛盾に寄与する言語の問題については，Walker, 2013 を参照のこと）。

不十分な努力

　子どもが必要とされる詳細情報の報告を拒んだとしても，問題となる出来事を認めてもらうことができれば，小さな勝利である。面接者はしばしば面接の最初の段階で会話のコントロール権を握り，多くの焦点化質問（「何歳？」「きょうだいは何人？」「何年生？」）を行い，意図せずして子どもの話す意欲をくじいてしまう。このようなやりとりのあとでは，子どもは，面接者がたくさん質問し自分は短い文で回答すべきなのだと決め込んでしまうこともある（Brown et al., 2013; Sternberg et al., 1997）。この種の質問形式は，面接者が尋ねる質問以外のトピックについて子どもが自発的に情報を提供する機会を減らしてしまう。その結果，面接者は裏づけとなる情報や，関連のない，しかし子どもの安全と

---

[5] 筆者は病院で問診票に手術の履歴を書いているとき，びっくりするような記憶の検索失敗を体験した。筆者は最近，インプラントで傷ついた歯を置き換えるために骨の移植を含む治療を受け，数カ月間，不便な義歯を使わなければならなかった。この治療は我慢のいるものだったが，筆者はこの手術のことを病院の診察室を出たあとに思い出した。**手術**という言葉は明らかに，首より上の出来事の記憶を想起させなかったのである。

第 1 章　子どもの面接の科学

19

いう観点からは懸念されるような事柄，その他重要な内容を取り逃してしまう。

情報量を減らす条件と履歴

　証人となる子どもには，他の子どもに比べ，面接で抑制的な態度をとることにつながる背景要因や個人的事情があることが多い（Jones et al., 2012）。たとえば，衝動性や関係性構築に関わる問題は放火のリスク要因となる（Gaynor, 2002）。また，性的加害者は脆弱な子ども，すなわち問題のある家庭生活を送っていたり，うつであったり，その他，被害を打ち明けるリスクの低い子どもを選ぶことが多い（Lyon & Ahern, 2011）。そのため，司法面接者には，話題を維持したり，質問をうまく理解できない子どもや話すことに興味を示さない子どもと会話するための方略の道具箱が必要である。子どもの報告を妨げる障壁を法的に適切な方法で乗り越えることは，子どもの司法面接研究の重要な目標である。

実践的なガイドラインはどのようにしてつくられてきたか

　ここまでの議論で明らかなように，大人の一般的な会話スタイルは子どもの証言記憶の質や量を最大限にするようなものではない。面接者になる訓練を受ける際，専門家は会話における独特のスタイル，すなわち「概念的にはシンプルだが，……子どもにとって社会的，言語学的意味をもつように構成されている」会話スタイルを学ぶ（Poole & Lamb, 1998, p. 153）。

　このような話し方のガイドラインはどこからきたのだろうか。そして，なぜ専門家は時折どの方略がベストかということについて意見が一致しないのだろうか？　どのようなフィールドでも，私たちの知識には水準の高い多くの研究から集められた情報や，基盤がまだ脆弱な情報が含まれている。種々の科学的証拠の強みと限界を理解しておくことは，――新しい科学的証拠により不一致が解消されたり面接ガイドラインが進化したりするのに応じて――面接者は実践を修正する必要がある，ということを理解する助けになるかもしれない。

専門家の直感の限界

　職務上の経験から世の中がどう動くかについて直感を得る，というのは自然なことである。しかし，直感は有用だがエラーも招きやすいという問題に気づいておくことも重要である。人は，①経験が繰り返され，②十分に規則正しい環境で，③フィードバックにより学ぶ機会が与えられているときに，有用な直感を獲得する (Kahneman, 2011)。たとえば，経験豊かな消防士や麻酔科医は問題を引き起こしそうな兆候を見つける称賛に値する能力をもっている。同様に，私の助手たちは〔訳注：実験室に来てくれた〕子どもが親から離れる準備ができているか否かを見極めるすばらしいセンスをもっている。このようなとき，彼らは特定の手がかりが存在するか否か，その後どうなったかを観察する豊富な機会を有している。その結果，どのような手がかりが否定的な結果をもたらすのか，手がかりに対する応答は結果にどのような影響を及ぼすのかを学ぶのである。

　しかし，有用な直感を築くための条件が，常に私たちの仕事に備わっているとは限らない。たとえば，いつも同じセラピーを用いる臨床家は，別の方法を用いた場合に何が起きるかについて情報が得られない。多くのクライエントが時間経過とともに改善したならば，臨床家はセラピーがうまくいったのだという誤った結論を導き出してしまうかもしれない。しかし，セラピーを受けなかったクライエントの方がむしろ改善していたならば，セラピーは実際にはクライエントにとって有害だったということになる。緊急事態ストレス・マネジメント（critical incident stress debriefing）はまさにそうであった。この方法は，恐ろしい出来事を体験した人に見られる PTSD（心的外傷後ストレス障害）の症状を緩和すると信じられてきた介入法である。しかし，この介入を受けたクライエントは対照群に比べ，類似した，あるいはもっと悪い症状を呈することが諸研究によって示され，このセラピーは害を及ぼす可能性がある治療法のリストに加えられた (Lilienfeld, 2007)。同じ理屈により，特定のプロトコルを常に用いている面接者は，他のアプローチを用いた場合に子どもが示すかもしれない行動について十分な情報をもてないことになる。

　しかし，たとえ面接者が異なるアプローチを用いたとしても，第一線での現場体験は，競合する他の技法のリスクや利点を評価するまでには至らないかも

しれない。子どもから情報を引き出す特定の技法を面接者がよいと思ったとしても，その応答が正確かどうかは不明だという問題がある。また，子どもの行動は変化が大きい。正確な直感をつくり出すための認知機構は，情報が十分に規則的でない場合はうまく働かない（Kahneman, 2011）という問題もある[6]。その結果，一時は人気のあった技法が組織的な研究の結果，生き残らないということも起きる[7]。最前線の経験に基づく示唆は価値が高いが，それは得られた印象が効果的な方略の証拠となるからではなく，その考えをテストする研究を動機づけるからである。

介入研究の諸段階

　医学分野と子どもの面接では共通項はほとんどないように見えるかもしれない。しかし，実践的な基準が進化してきた過程は似通っている。たとえば，基礎研究や臨床観察により新しい薬品の可能性が示されると，新しい薬品治療が生まれる。初期の研究段階では，研究者は薬品を健常な志願者の小さなサンプルに投与し，次に患者の小さなサンプルに投与して，薬品が期待どおりの効果を示すかどうか検討する。この治療法が有望そうであれば，科学者は多数の患者，さまざまな治療場面を対象とした後期の研究段階へと進む（U.S. National Institutes of Health, 2007）。こういった介入検査のプロセスは科学的証拠に基づく面接ガイドラインをつくり出す道のりでもある。このことを理解するには，基礎研究で得られた知見の限界や，科学者がフィールドでの予備調査やアナログ

---

[6]　**錯誤相関**（illusory correlation）と呼ばれる興味深い現象は，観察から正確な結論を導き出すのがいかに難しいかをよく表している。この現象をよく示しているある研究（Chapman & Chapman, 1967）では，判断者に，架空の患者に関する2つの情報，患者の症状と患者が描いたとされる人物の絵が提示された。その後，判断者は，疑ぐり深さと奇妙な目つきというような，症状と（関係しているように見える）描画の特徴との関係性を過大評価した。関連性がないのにあるかのように見てしまうのは，多くの人が犯す錯誤の1つである。そのため，科学者は確かな証拠のない申し立てに対しては懐疑的である。

[7]　ウッドら（Wood et al., 1996）は，「面接の手続きはインフォーマルな政策のようになっている……何年もの間にその基盤となる目的は失われ，忘れられているのに」（p. 224）という興味深い観察を行っている。たとえば，ある機関では常によいタッチ／悪いタッチを行っていたが，ウッドらが見たところ，面接のこの部分で開示した子どもはいなかった。

研究〔訳注：現実場面を模した実験室での研究〕でどのように情報を収集するのか，そして，大規模な現場での試行ではまだ決定的な証拠が得られていない段階において，政策決定者はどのようにガイドラインをつくるのかを理解することが有用である。

基礎研究の成果はスタートにすぎない

基礎研究の目標は，私たちの住む物理的，社会的世界を支配する基礎原理を発見することであり，その原理が実務に応用可能かどうかは（可能であることは多いが）関心事ではない。科学的基盤をもつ面接ガイドラインのいくつかは，主として基礎研究から得られた知見に基づいている。たとえば，言語発達の研究には，幼児を混乱させる言葉や質問形式に関する豊かな情報が含まれており，専門家は例外なく，そういった言葉や質問形式を使うべきではないというアドバイスを面接者に提供する。子どもが司法面接の最中，突然難しい言語構造を理解するようになるとは考えにくいので，司法面接の文脈において子どもの言語能力の欠如を示した研究がないとしても，上記の推奨事項は適切である。

自然場面で子どもに困難な課題は，面接の最中でも同様であろう。しかし，逆は必ずとも真とは限らない。あるスキルを獲得する年齢，あるいはそれよりも上の年齢の子どもが面接場面でそのスキルを使えるかというと，必ずしもそうではない。たとえば，2歳半の子どもの大半は*私の*（my）という言葉を適切に使うが，より年長の子どもであってもこの言葉が含まれる質問を誤って理解することがある。子どもが言葉，概念，スキルを一般的にマスターできる年齢を確立するための研究は，面接技法を選ぶ際の十分な基盤とはならない。その理由は，いくつかある。

● 多くの子どもは個別の言葉，概念，スキルをまず獲得し，その年齢以降にそれをマスターする（流暢に使いこなせるようになる）。子どもの専門家は，ほとんどの子どもが，ほとんどの場合，それを流暢に示せるようになる年齢を獲得の年齢と定義するが，（「ほとんど」を表す）パーセンテージは，（研究者に応じて）50%であったり，75%であったり，それ以外の値であったりする。子どもの25%がマスターしていないスキルは，司法面接で用いることができないのは明らかである。

● 子どものパフォーマンスは文脈に応じて変化する。実験室でのシンプルな課題ではスキルを使えても，認知的要請の大きい司法面接場面では使えない，ということもある。

● 特定の面接技法が効果をもつための認知的必要条件は，不明であることが多い。たとえば，5歳以上の子どもはドール〔訳注：性器などを備えた人形。アナトミカル・ドールと呼ぶこともある〕や身体図を指差すことでタッチを正確に報告できると，かつては想定されていた。というのも，彼らは通常，本物の代わりに小道具を用いるという小道具の目的を理解しているからである。しかし，第6章の研究は，小道具の表象的機能を理解していれば小道具の利用は発達的に適切である，とする仮説に挑むものである（発達的な基準以外の議論については，第6章の実践のための原則を参照）。

　基礎研究の知見には限界がある。したがって，基礎研究に基づいて合理的だとされる面接技法は，その技法を証言の文脈に埋め込んだ研究によりテストされなければならないだろう。予備的なフィールド研究やアナログ研究は，通常，このようなテスト段階で行う。

予備的なフィールド研究とアナログ研究

　フィールド研究では，子どもと面接者を自然環境で観察する。面接の書き起こし資料をコード化し〔訳注：発話の分類をすること〕，自然に生起した出来事に関する子どもの記憶を記述する，といったことは，この研究手法の一例である。

　フィールドでは通常，研究対象となる子どもが経験する出来事は多様であり，詳細は不明であり，面接者はスクリプト化された〔訳注：文言が明示化された〕手続きに厳密に則って面接をするわけではない。このように統制がとれていないので，研究チームがフィールド研究の成果を公表する際はいくつか但し書きをつけるのが普通である。たとえば，マロイら（Malloy et al., 2014）は，収監された少年の真実および虚偽の自白（真実か虚偽かは本人の申告による）と関わる現実の尋問についてすばらしいデータを報告している。予想どおり，虚偽自白は長時間にわたる尋問や，休憩を求めても与えない，などの強圧的な尋問の使用と関連していた。研究対象となる事案は明確な基準により選択されていたが，研究チームはそれでも，回答者が自分の自白は虚偽だと嘘をついた可能性や，

虚偽の自白をしたと正直に報告した者でも尋問の圧力を誇張した可能性があることを注意深く指摘している。ただ，この研究の自己申告という特性は，研究者にとりそれほど悩みの大きい問題ではない。なぜなら，強圧的な尋問が自分が関与していない事件の自白を導くという結果は，集積しつつあるからである（Kassin & Gudjonsson, 2004）。科学者は異なる方法——たとえば，基礎研究，事例研究，フィールド研究，そして**アナログ研究**と呼ばれる研究——の成果が同じ結論を指し示しているときに，証拠が集積しているという。

　アナログ研究では，研究者は現実世界の状況を模擬し，結果に影響を及ぼしそうな要因をより統制する。典型的な研究では，研究者は現実の出来事を設定し，子どもにいろいろな方法で面接を行う。時には出来事の前やあとに，子どもが接する情報を操作したりもする。アナログ研究は介入研究の重要な段階である。というのは，この方法は興味深い現象の背後にあるメカニズムに関して情報を提供してくれるからである（Poole & Bruck, 2012）。

介入研究の最終段階

　面接研究の最終段階は，現実の捜査における新しいアプローチと従来のアプローチを組織的に比較する，というものである。無作為化して統制したフィールドでの試行を行うため，研究者は参加者を2つの（あるいはより多くの）アプローチのどれか1つに割り当てる。そして，新しい介入を使用しようとしている現実の環境で，人がどのように振る舞うかを観察するのである。司法面接においてこのような統制を行うのは困難なので，大規模フィールド試行では，完全に統制されていない研究計画を用いることもある。たとえば，研究者は，機関が実務で変更した前後2つのプロトコルにより引き出された供述を分析するかもしれない。マイケル・ラムが率いる研究チームは，大規模フィールドでの科学的証拠の蓄積に多大な貢献をしてきた。彼らの研究は，NICHD プロトコル（the National Institute of Child Health and Human Development interviewing protocol; プロトコルの初期バージョンをつくったときにラムが勤務していた機関にちなみこう名づけられた; Lamb et al., 2008）の効果を支持する貴重な情報を提供してきた。他のプロトコルと同様，このプロトコルも新しい研究成果が改善をもたらし，持続的に進化している（第7章を参照）。

介入研究を行う専門家はフィールド試行に先立つ研究，すなわち小規模のフィールド研究やアナログ研究を省略してはならないという。そこで得られた情報は，参加者を傷つけるリスクを減らし，技法がどうしてそのように機能するかに関する情報を提供してくれるからである（Rogers, 2009）。面接における科学的証拠に基づく実践を志向する全国的な動きは，記憶，発達，その他の基礎研究，初期のフィールド研究やアナログ研究，そして大規模なフィールド試行を含む基盤に依拠している。実践上の問いがこのテスト・プロセスの全段階で扱われていない場合，倫理学者は現段階での最良の科学的証拠に基づく実践を行うよう推奨している。それは，諸段階の連続線上のどこかに位置していると考えられる（APA Presidential Task Force on Evidence-Based Practice, 2006; Stuart & Lilienfeld, 2007）。子どもの面接分野に関していえば，本書がそういった科学的証拠のセットとなっている。

ま　と　め

　子どもの司法面接は，専門家が子どもの証人と会話するときに起こりうる問題を軽減するためのガイドラインの集積である。大人が子どもと話す際の通常のスタイルは，法的な文脈では不適切である。直接的な質問スタイルは，推測，質問の誤解，記憶の侵入やソースモニタリングの誤り，作話のために誤った回答をする，といったリスクを高めるからである。また，こういったスタイルでは，怖がっている子どもや，その他の理由で緘黙な子どもに対する支援的な環境がつくれない。子どもの証言の正確性，充実度を向上させるガイドラインは，認知その他の課題を扱う基礎研究，予備的なフィールド研究やアナログ研究，そして大規模なフィールド試行による新しい知見の蓄積により進化している。

第2章

司法的な見方

　世界中の大人は，毎日以下のような会話を通して，子どもの生活について知ろうとしている。

父：それでお泊まり会で何をしたんだい？

息子：ジェイクのお母さんが僕たちをボウリングに連れていってくれて，僕が飲み物をこぼしたんだ。

父：おまえがこぼしたのかい？　アダムはまたおまえと取っ組み合いをしようとしたのかい？

息子：ううん，僕がただこぼしただけ。リントンさんを見つけるのに少し時間がかかったけど，リントンさんが別のものを僕に買ってくれたよ。

父：楽しかったかい？

息子：うん。

　この質問様式は，私が**物語面接**（story interview）と呼ぶものである（Poole &

---

[1]　疑うことを知らなかったために心を痛めた，という話をしてくれる親は多い。典型的な話としては，教師や近所の住人に，子どもが巻き込まれたと思う状況について問いただしたところ，その出来事についての彼らの思い込みは大きく間違っていたことを知った，というものである。ここでは架空の話ではあるが，結論を急ぐと，2つのタイプの誤りにどのようにつながりうるかを説明した。つまり，大人は誰かを誤って非難する可能性もあるし，実際のリスクや被害を見逃してしまうこともある，ということである。

Dickinson, 2013）。物語面接では，子どもが出来事の話をするのを大人が促し，質問者は背後にある特定の物語に関心をもつことが多い。この父親は，最近，息子が年上の少年とケンカするのを見ており，そのため，取っ組み合いについて尋ねたのだ。

　子どもに出来事の説明を求めること自体が司法面接ではない。このことを理解するために，冒頭の話の中では，じつは息子が飲み物をこぼす前にアダムに（もう一度）つかみかかったのだ，ということを考えてみよう。父親は誰が取っ組み合いを始めたかの代替仮説を考えなかったので，こぼしたという出来事のきっかけが何であったかわからなかった。父親はまた，息子にくわしく説明するよう促すこともなく，他に飲み物がこぼれたのを見た人がいたかどうかも尋ねなかった——尋ねていれば，目撃者が明らかになったかもしれないのだが。最も重要なことは，リントンさんを見つけるのがなぜ難しかったのかについてまったく詮索しなかったことである。その結果父親は，その出来事の夜，リントンさんが友人とバーですごしており，子どもたちが危険にさらされていたのに気づかなかった，ということを見逃した。多くの大人がそうであるように，この父親は司法的な見方をとらなかったため，予期しない真実を見つけることができなかった。以下では，司法的な見方について概観する。そうすることで，子どもの司法面接を自然な会話と区別する特徴や，司法的な見方が司法的役割と臨床的役割をどう分かつのか（「自分の役割をとること」の推奨），そして，司法的な会話を始める前に面接者が説明するさまざまな手続きが，いかに多様な目標を達成するうえで役立つかを説明する。

子どもの司法面接の特徴

　専門家の中には，面接者が暗示的な質問を避けプロトコルで定められた一連の段階を踏みさえすれば面接は適切に行われる，と誤って信じる人がいる。実際，大人は子どもと中立的な会話をすることもできるが，捜査の役に立たない会話を未だに行っている。面接者は，仮説検証，子ども中心のアプローチ，広範な捜査を支援する探究，そして司令官の意図に目を向けることという4つの特徴を会話に組み込むとき，物語面接から司法的な面接に移行できる。

仮説検証

　司法的な見方の特徴は**懐疑主義**であり，それは，専門家が証拠や目撃者の供述に疑いをもち続けるという，問いを発する態度である。懐疑主義者の道具箱に入っている重要なスキルは，代替的な仮説を生み出し検証する能力である。司法面接を行う者は証拠が意味するところに関して，もっともらしい可能性を一覧にし，それぞれの可能性を高める，あるいは低める情報を探すことで**仮説検証**に取り組む。子どもの司法面接では，2種類の仮説検証が行われる。すなわち，ⓐ捜査中の事態に関する代替仮説の検証（主たる問題に関する仮説検証）とⓑ面接中の子どもの発話に関する代替的な解釈の検証（曖昧さの解消）である。

　主たる問題に関する仮説検証の性質は，罪種や事案の特徴によって決まる。たとえば放火の捜査では，主たる問題に関する仮説は火事がどう発生したかについての可能な説明である。性的虐待の捜査における申し立てに関する代替仮説は，大人が子どもの報告を誤って解釈した，子どもが嘘をついている，などかもしれない。特定の罪種のダイナミクスに関する知識は，専門家が代替仮説を立てるのに役立つ。たとえば，打撲傷の特徴的なパターンに関する1つの仮説は，似たような傷跡を残すことで知られる一般的な民間療法を親が使用した，ということかもしれない。

　捜査中の問題について代替仮説を立てたならば，面接者はそれを検証する戦略を練る。仮説検証の戦略には巧妙なものもある。たとえば，何かが起きたときに子どもが何をしていたかを尋ねることで，仮説の変更を余儀なくさせるような文脈情報が明らかになることもある。同様に，子どもに見たり聴いたりしたことを説明するよう求め，その回答が物的証拠につながるのであれば，それは仮説検証のための質問だということができる。可能なシナリオをすべて扱うことは現実的ではないため，主たる問題に関する仮説検証の目標は，子どもの年齢や事件の特徴を考慮しつつ合理的にカバーできる事柄を網羅することである。[2]　この種の仮説検証は，子どもの権利擁護センターの面接の目標

---

[2]　疑いの端緒，可能な代替仮説，検証のための質問，仮説検証の計画シートの例については，ミシガン州の児童虐待とネグレクト対策委員会および福祉省（State of Michigan Governor's Task Force on Child Abuse and Neglect and Department of Human Services, 2011）を参照のこと。

であり（たとえば，Child Advocacy Center, 2014），いくつかの司法面接のプロトコルで期待されていることであり（たとえば，State of Michigan Governor's Task Force on Child Abuse and Neglect and Department of Human Services, 2011），性的虐待の査定に関する資料で繰り返し取り上げられているトピックとなっている（たとえば，Ceci & Bruck, 1995; Faller, 2003; Kuehnle & Connell, 2009）。

　3つの障壁が初期の問題の仮説検証を妨げている。第1に，子どもの説明に代わるものを検討することは，その子どもを信用しないことに等しく，それゆえ反権利擁護であると考える人々がいる。これに対応するために，懐疑主義的なアプローチを擁護する人々は，子どもの信頼性を高める強力な方法は別の説明を除外することであると指摘している。また，子どもが大人や仲間に誤解されたり操られたりしているときには，その誤解や操作を明らかにすることが権利擁護になる。

　第2の障害は克服するのがさらに難しい。多くの場合，仮説検証は，大人にとっても自然に身につくものではない。仮説検証がいかに困難かを示す古典的な例に，図2.1のような4枚カード問題がある。この問題を自身で試すには，4枚のカードの一方の面には文字が，裏面には数字が記されていると仮定する。次の問いに答えてみてください。カードの下部に書かれた命題（仮説）（「一方の面にDが記されているカードはすべて，裏面に3が記されている」）の真偽を判断するには，図2.1中のどのカードをめくる必要があるだろうか。多くの人が答える2つの回答（どちらも誤りである）と正解（ある研究では4%の人しか答えられなかった；Wason & Shapiro, 1971, 表1）は脚注に記載されている[3]。

　4枚カード問題は，**確証バイアス（マイサイドバイアスともいう）**を示している。それは，みずからの信念と一致しない証拠を無視もしくは軽視する一方で，信念と一致する証拠は積極的に探し信念を支持するものとして解釈する傾向で

---

[3] 「Dと3」が最も多い解答であり，続いて「D」が多い。正しい解は「Dと7」である。裏面に3が書かれているかどうかを確認するにはDのカードをめくる必要があり，また，7の裏面にDがあればルールが誤りであることを証明できるので，7もめくらなければならない。3の裏面が何であるかは問題ではない。たとえば，Fであったとする。「Dの裏面は3」というルールは，D以外の文字の裏面に何が書かれていなければならないかについて，何も述べてはいない。

図2.1　4枚カード問題（Wason & Johnson-Laird, 1972）の一例：4枚のカードがある
としよう。どのカードも，一方の面には数字が，裏面には文字が記されている。次の命題，
すなわち「一方の面にＤが記されているカードはすべて，裏面に３が記されている」の真
偽を判断するにはどのカードをめくらなければならないか。

ある。どのカードをめくるかを決めることは，子どもにどの質問をするかを決
定することとよく似ている。一方の面に７が記されたカードを無視することは，
人がしばしば重要な証拠を探せない，ということを示唆している。専門家にも
一般の人にとっても，司法的な作業に必要なオープンマインドな見方を維持す
るのは難しい，ということが多くの研究により示されている（推論のバイアスの
レビューとして Kahneman, 2011 を参照のこと，確証バイアスに関する司法的な意義に関
しては，Kassin et al., 2013 を参照のこと）。

　初期の問題の仮説検証に対する第３の障害が，思考プロセスにおける「ボト
ルネック」，つまりワーキングメモリの容量の限界である〔訳注：ビンの先，ボ
トルネックのように一定の情報しか処理できない〕。ワーキングメモリは，私たちが
話したり聴いたり次の質問を練ったりしながら考えている情報の，一時的な保
管場所と考えることができる。この場所は，常に一握りの項目しか入れておく
ことができない（Cowan, 2010）。その結果，面接者が代替仮説を検証する計画を
立てたとしても，会話に伴う認知的要求のために，重要な問題を検討する前に
面接を終わらせてしまうことがある。司法的な会話において記憶の制約を克
服するための方略としては，面接の休憩時間（ブレイク）を用いてバックスタ
ッフからのフィードバックを受けたり（第５章），チェックリストを参照したり
（第６章）することが挙げられる。

　主たる問題に関する代替的な仮説に加え，司法面接者は常に，子どもが話し
ていることの解釈の可能性に向き合い，曖昧さを解消する作業を行わなければ
ならない。この２つ目の仮説検証である**曖昧さの解消**は，性的虐待に関する面
接の中で頻繁に行われる。なぜなら子どもたちは，身体部位や性的な行為に対

してとても多くの名称を用いるからである。たとえば，面接者が「あなたのいう鳥って，何に使うの？」あるいは「あなたのいう鳥って，ほかの言葉で言い換えられる？　言っていいんだよ」と面接者が尋ねるとき，子どもが鳥で意味する事柄について検証している。同様に，子どもが，人が「セックスする」のを見たと報告すると，面接者はその子どもがセックスとキスを同一視している可能性を探るために，「セックスするとき，その人たちは何をするの？」と言うかもしれない。子どもが特定の話題についての会話を終えたならば，意味のチェックを行うことが必要である。たとえば，「それ（子どもが言ったこと）はジョンと一緒にいたときのことですか，それとも，別のときでしたか？」というような質問も曖昧さの解消であり，子どもが関係のない人，場所，出来事を会話にもち込むことで疑惑が膨らむのを防ぐ（この種の仮説検証が NICHD プロトコルにどのように組み入れられているかの例については，Lamb et al., 2008, pp. 293-294 を参照のこと）。

　大人と子どもの会話のダイナミクスに関する興味深い一連の研究は，事案の全期間を通して懐疑主義と仮説検証が必要であることを示している。こうした研究は，性的虐待の事案の解明を目指したものであり，これらの事案では，子どもが情報を開示したと大人が主張し，子どもは 1 回または複数回の面接を受け，面接者はメモをとりその結果を要約している。研究者の問いは，こういったプロセスで情報がどの程度正確に維持されるのか，ということである。ある研究によると，たとえほんの 3 日以内に起きた会話でも，母親は自分や子どもが特定の発話をしたかどうかを思い出すことが難しかった（Bruck et al., 1999）。経験豊富な捜査官もまた，逐語的に質問と回答を思い出すことが難しく（Warren & Woodall, 1999），メモをとっても記憶の限界を完全に解決することはできない。たとえば，ラムら（Lamb et al., 2000）は，訓練された司法面接者が記録したメモでも（たとえ面接者が逐語的に質問と回答を書き留めていたとしても），子どもが報告した内容の半分以下しか正しく引き出された発言がなかったことを見出している。しかし，発言内容に対する記憶の乏しさだけが懸念事項なのではない。大人がしばしば子どもの言うことを聴き間違えたり，子どもが言ったことではない情報を面接中にフィードバックし，それに応えて子どもが面接者の歪曲に同調してしまうことがある，ということが，録音から明らかになっ

ている（たとえば，Hunt & Borgida, 2001; Roberts & Lamb, 1999）。

　子どもの証言は聴き間違えられたり，誤って思い出されたり，会話の中で変えられたりする可能性があるため，専門家が録音録画のない報告を**開示の申し立て**ではなく，**開示**だと考える（この場合，懐疑的な態度は失われている）ことは問題である。仮説検証の考え方をもつ個人であれば，先に開示された報告について，いくつかの可能性を述べるだろう。それは，子どもが報告を正確に述べた可能性，報告が子どもの述べたこと（正確な情報もあれば不正確な情報もある）が歪曲されたものである可能性，そして，開示がまったく起こらなかった可能性を含んでいる。後者の場合，それは誰かが嘘をついているというのではなく，第１章で述べたように，特定の質問に対して子どもが示す協力的な行動が，他の要因と結びついて大人を惑わせているだけかもしれない。司法的な見方に従えば，面接は単に子どもが他者と話し合ったかもしれないことを繰り返す機会ではない。そうではなく，これらの会話は申し立ての源泉が何かを探る機会なのである。

　仮説検証は原則的には有益なように思えるが，仮説検証の程度が事案によって異なることにはそれなりに理由がある。たとえば，未就学児は何かをどこでどのように覚えたかという質問に確実に回答することができない。そういった情報にアクセスするには間接的な方法に頼らざるをえない，ということについて異議を唱える人はいないだろう。そのため，面接者が幼い子どもと協働する際の最優先事項は，子どもからまずは十分に詳細な説明を引き出すことである。そうすることで，捜査チームは報告された開示全体にわたる情報のもっともらしさや首尾一貫性を評価することができる。このような面接における仮説検証では，子どもが自分たちが用いている司法的に意味のある言葉を理解しているかどうかを評価したり（テレビや他の情報源からの言葉を単に繰り返しているだけかどうかを探り），言葉の特有な使用や発音による誤解がないことを判断する質問が含まれる。

子ども中心のアプローチ

　日常生活における大人と子どもの会話（第１章）と，司法的な文脈における会話とのもう１つの顕著な違いは，司法面接者が子どもの参加に特権を与える

ために用いる戦略である。あるプロトコルでは，次のように説明されている（State of Maine Child and Family Services, 2010）。

　面接者は，（面接者ではなく）子どもが情報提供者となるように，オープン質問を用いて会話の「コントロール権を移譲」する。面接者は一連の段階（ステップ）を通して会話の流れを方向づけるが，会話で用いる語彙や会話の具体的な内容を決めるのは，子どもである。事実確認の面接者は，発達や文化に配慮した方法で質問を組み立てるよう心に留める。彼らは，子どもが繊細ともなりうる情報を安心して話すことができるような技法を選ぶ。(p. 2)

子ども中心のアプローチは，専門的な子ども面接を特徴づけるものとして言及されることが多い。ある研修機関は次のように説明している。

　司法面接における子ども中心のアプローチの理論的根拠は，子どもの情緒的，認知的，発達的能力に基づいて面接の戦略が構成されると，子どもの能力，意欲，面接に参加する適格性が大幅に高まるという前提に根差している。(National Association of Certified Child Forensic Interviewers, 2014, p. 1)

子ども中心のアプローチをひもとけば，熟達した面接の基礎となるとてつもない知識，ということになる。そこには，子どもの報告を妨げる感情的な障壁への気づき，異なる年齢集団の認知的な強みと限界，被害・障害・文化的背景の個人差が面接の選択にどのような影響を及ぼすか，などが含まれる。面接でこれらの要因を考慮するには，2つのアプローチがある。1つは，子どもの言語発達や，面接で取り上げられる可能性の高い概念に関する知識（たとえば，数，in か on かといった前置詞の知識），そして，さまざまなタイプの質問に答える能力を評価するために発達のアセスメントを実施することである。このアプローチの目標は，子どもの強みと弱みに関する情報を用いて，面接計画を調整することである（Morgan, 1995）。

　今日，発達のアセスメントは次のようなときに最も意味がある。すなわち，子どものアセスメントにおいて専門的な訓練を受けた専門家が，複数回のセッ

ションを通じて子どもやその家族と交流するとき，子どもの発達段階に関する懸念が事案の分析に影響を及ぼす可能性があるとき，そして，アセスメントの内容がこうした分析に有用であるときである。しかし，アセスメントによって得られる情報は役立たないことが多いため，司法面接の大半では上記のような状況は起こらない。たとえば，子どもは数の暗唱や小さな数を数えることはできても，生活の中で繰り返される出来事の頻度についての質問に答えることは困難である（Connolly et al., 1996）。同じ理由により，簡単な概念の確認（たとえば「私はいくつブロックをもっていますか？」「今日は平日ですか，あるいは週末ですか？」）は，単に基礎的な知識を検査しているだけであり，目撃状況においてその知識を適用する能力を検査しているわけではない。マイケル・ラムと私が指摘したように，「冗長な評価の存在は，せいぜい面接過程に見かけ倒しの信頼性を添えるだけである」（Poole & Lamb, 1998, p. 132）。

　発達のアセスメントに代わる方法は，子ども中心の戦略を面接構造の中に組み込むことである。たとえば，司法面接の会話の従来の技法は，ほとんどの子どもが理解する方法で面接者が話すことに役立ち（第3章），面接の初期段階は子どもが話すことを促し（それによって，子どもの発話と語り方のスキルを観察することができる；第4章），事案に応じた判断は子どもの個別のニーズを満たすことができる（第6章）。子ども中心のアプローチは，得られる情報が有用である場合はアセスメントの質問を妨げはしないが，ほとんどの事案ではその必要性はない。

広範な捜査を支援する探究

　仮説検証と子ども中心のアプローチに加えて，司法面接者は，物的証拠や追加の目撃者，その他面接以外で探究可能な情報を子どもに質問することで，物語面接の先に進む。あるプロトコルは次のように述べている。「事実確認面接は，ときに物的証拠の回収や家族や親類と会って話すこと，追加の事実確認の努力を伴うより広いアセスメントも含む。したがって，面接者は，裏づけとなる証拠につながる可能性のある話題を探るべきである」（State of Maine Child and Family Services, 2010, p. 2）。そうした手がかりを集めたならば，面接者は——たとえ面接が録音されていたとしても——面接の概要説明にこの情報を含め，捜査

チームを支援する必要がある（Ministry of Justice, 2011）。

　より広範な捜査を支援することの重要性はいくら強調してもしすぎることはない。たとえば，子どもに対する性的虐待の事案において，詳細な語りは自白を引き出すうえで重要なツールであり（Staller & Faller, 2010），自白や他の裏づけとなる証拠は起訴の決定を高める（たとえば，Moore, 1998; Walsh et al., 2010）。5件のフィールド研究では，子どもが虐待を明かさなかった場合でも，ほとんどの評価者が証拠（たとえば，医学的な所見，写真やビデオ，その他の物的証拠，被疑者の自白など）に裏づけられた申し立てを「真実である可能性が高い」と判断しており，意思決定プロセスにおいてこうした証拠がどれほどの重みをもっているかが明らかになっている（Herman, 2010）。裏づけとなる証拠はまた，被害を受けた子どもが感じるストレスを減らし，児童保護や刑事司法制度への子どもの関与期間を最小限にすることで直接的な利益をもたらす（Goodman et al., 1992）。

　より広範な捜査活動を支援するため，司法面接者は面接のペースや方向性を完全に子ども任せにはしない。そうではなく，面接者はどの話題をカバーすべきかを，子どもの年齢や事案の種類，事案特有の情報によって決定する。たとえば，2人の10代の子どもが教師を性的虐待で告発したならば，面接者はおそらくそれぞれの子どもと被疑者とのそれまでの関係を明らかにしたい，と思うだろう。この方向で会話をすることは，子どもたちがそれぞれ首尾一貫したグルーミング行動〔訳注：下心を隠して相手の警戒心を解き，信頼を得ようとする行動〕のパターンを話すかどうか，他の方法によって確認できる具体的な場所，人，および物証に関する情報があるかどうかを明確にする。

　面接を，物語モデルから捜査を十分に支援しうるものへと移行させるには課題がある。面接者の中には，証拠収集に関して警察的な見方ができない人がおり，そこには，捜査では裏づけとなる証拠が得られにくい，という根強い固定観念がある。性的虐待の事案では，事実上すべての事案が子どもの証言のみに依存していると広く信じられているため，たとえそのような証拠が含まれている事案であっても，面接者は裏づけとなる手がかりの探究を躊躇してしまう（Cross et al., 1995; Herman, 2010）。換言すれば，さまざまな証拠が子どもの証言をいかに裏づけるかを繰り返し検討し，可能性を探る質問を行い，結果を概要報告書に記録するとき，それは捜査活動の支援となる。

司令官の意図に目を向けること

　これまでのところで重要なことは，司法面接が会話に埋め込まれた問題解決だ，ということである。しかし，問題はすべて同じというわけではない。たとえば，料理のレシピにある分量をアメリカの単位（パウンド）からメートル法（グラム）に変換するような課題は，よく構造化されている。これらの問題には明確な初期状態，定義された最終目標，そして A から B に到達するための決まった戦略がある。それに対して，医学，法学，そして児童保護におけるほとんどの課題は構造化されていない。このことは「知識を適用する個別事案は，多次元的であることが多く，同じ名目の事案間でも構造と内容にかなりのばらつきがある」ことを意味している（Spiro et al., 1996, p. 51）。問題解決の課題が構造化されていないと，初期状態が完全に記述できず，問題解決者のできることに対する制約は不明確で，最終状態も不確かとなる。

　司法的な取り組みは構造化されていないため，面接者は面接で収集した情報を使う人たちの高次の目標を常に認識しているわけではない。この問題が表面化するのは，次のような場面である。子どもがいきなり事案の主たる問題と無関係に見える発言をし，──それは面接者の業務の全体目標と強く関連しているにもかかわらず──面接者が無視する，などである。たとえば，身体的虐待の疑いについて面接していた児童保護のワーカーが，親が子どもを放置し，もしくは学校に行かせていなかったことを示唆する子どもの発話を無視してしまった，そのような面接会話を私は聴いたことがある。こうした面接会話を聴いて私は，話を聴いたり，質問を計画したり，問題を常に念頭に置いておいたりするための心理的資源が，面接者に予想外の発言について考えたり対応したりすることを困難にしていることに気づいた。最終的には，きっかけとなった申し立てについての情報は十分に得られたものの，子どもが全般的に安全で適切なケアを受けているかどうかについては深刻な疑問を抱えたまま，面接は終わった。

　子どもが安全であり適切なケアを受けているかどうかは，ほぼ間違いなく，児童保護機関での面接の「司令官の意図」である。司令官の意図という概念は，オペレーションの計画がたとえ完璧でも「役立たないとわかることが多い」という事実に対処するために，軍隊によって開発された（Heath & Heath, 2007, p. 25）。

『粘り強く——なぜいくつかのアイデアが生き残り，他のアイデアが死ぬのか』（*Made to stick: Why some ideas survive and others die*）にてチップ・ハースとダン・ハース（Heath & Heath, 2007）は，ある大佐がこの問題をどのように説明したかを紹介している。

　「私たちがいつも使うありふれた表現は，**敵との接触に耐えうる計画などない**，である」とウエストポイント陸軍士官学校の行動科学部長トム・コルディッツ大佐は言う。「最初は自分の計画どおりに戦おうとしても，敵に一票を投じてしまう。天候が変わったり，重要な武器が破壊されたり，敵が予想外の反応を示したりと，予測できないことが起こるのだ。多くの軍隊が失敗するのは，戦いが始まって10分後には役に立たなくなってしまうような計画づくりに力を入れているからだ」……トム・コルディッツ大佐は「時間が経つにつれて，私たちは，複雑な作戦を成功させるためには何が必要なのかが理解できるようになった」という。彼は，**計画**した，ということの証拠となろうという意味では計画は有用である，と考える。計画を立てる過程で，人々は適切な問題について考え抜くことを余儀なくされる。しかし，計画そのものについては，コルディッツいわく「計画は戦場では役に立たない」。そこで，1980年代に陸軍は計画プロセスを改良し，司令官の意図（CI）という概念を創案した。

　CIとは，あらゆる命令の最初に示される，きびきびしたわかりやすい命題であり，計画の目的，すなわち，オペレーションの理想的な最終状態を明示する。陸軍の上層部では，CIは「南東部地域で敵の意志を打ち砕け」という比較的抽象的なものである可能性がある。戦術的なレベルでは，大佐や司令官にとって，それははるかに具体的である。「私の意図は，第3部隊を4305番の丘に配置し，丘から敵を排除し，無力な残存者だけを残すことだ。そうすることによって，第3部隊が戦線を通過するときに第3部隊の側面を保護することができる」と。

　CIは，予測不能な出来事によって陳腐化するリスクがあるほど，詳細をけっして明示しない。「あなたはもとの計画を遂行する能力を失う可能性があるが，意図を遂行する責任はけっして失わない」とコルディッツは言う。

(pp. 25-26)

　司令官の意図という命題の必要性は，面接の専門家の心を打つ。なぜならば，子どもは面接の計画を妨害する達人であるからだ。面接において，捜査チームが司令官の意図を共有していれば，面接者が柔軟性を維持できるような目標——それは，予想外の情報に対応して新たな会話の筋道を立てるようなときに必要である——を実行することも可能である。

　司令官の意図という概念が抽象的に思われるのであれば，犯罪捜査の一環として行われる性的虐待の面接の目標を考えてみてほしい。狭義の目標は，年輩の隣人であるジョーンズが12歳の少年に性的虐待をしたという仮説に関連した証拠を収集することである。この目標を念頭に置くと，その少年が他の加害者からも被害に遭ったことがあるか，その被疑者による他の子どもへの虐待を知っているか，といったことを尋ねることを容易に忘れがちである。より広義の目標は，少年が子ども（たとえば，彼自身，あるいは他者）への性的虐待に関する知識をもっているかどうかを探ることであるだろう。この目標を念頭に置いた面接者は，他の被害者の可能性については調べるであろうが，無謀な危険行為もしくは他の犯罪行為を示唆する発言については調べないかもしれない。さらなる目標は，少年自身あるいは他者に対する犯罪行為に関する少年の知識を明らかにすることかもしれない。しかし，これでは期間を限定しない身体的な暴行や薬物犯罪までを含み，捜査の目的をはるかに超えて会話を引き延ばしてしまうため，この目標は広すぎるといえる。折衷案としては，この少年が性的虐待の被害者であったかどうかを調べ，他の犯罪行為に関する発言があれば，そうした発話についても十分に探る，ということになるだろう（少年が加害者や被害者について知っているかどうかも含まれる）。

　こうした可能性のリストは，面接の目標が常に明白であるわけではない理由を示している。現実的には，特定の面接に対する司令官の意図は，事案の種類や地域的な要件により異なる。しかし，どのような状況であっても変わらないのは，高次の目標を認識し続ける必要があるということである。まとめると，物語面接（たとえば，本章の冒頭の会話）を司法的な文脈における専門的な面接と区別するのは，仮説検証，子ども中心の見方，広範な捜査を支援する探究，

第 2 章　司法的な見方

そして司令官の意図の在り方である。

自分の役割を演じることの推奨

　メンタルヘルスの専門家は適切な訓練と経験により，さまざまな立場で，被害者や被害が疑われる人，居合わせた証人が関与する事案に倫理的に取り組むことができる。たとえば，症状の査定や治療計画策定のための臨床的評価，子どもや親へのセラピーの提供，司法的評価，弁護士との協議，専門家証人としての役割などである。しかしながら，一般に合意されている，次のような注意事項がある。臨床的な役割と司法的な役割にはそれぞれの目的と実践上の基準があり，それらは対立する可能性があるため，1人の専門家が1つの事案で治療的サービスと司法的サービスの両方を提供すると，不適切に二重の役割を果たしてしまう，というものである。あるプロトコルでは次のように説明している。

　　捜査面接から得られた情報は，治療の決定に役立つかもしれないが，面接は治療プロセスの一部ではない。司法面接は，子どもと継続的または計画的な治療関係にある専門家が行うべきではない。(State of Michigan Governor's Task Force on Child Abuse and Neglect and Department of Human Services, 2011, p. 1)

　臨床的な目標と実践の記述はすべての状況に当てはまるわけではないが，臨床的な活動はしばしば次のような特徴をもつ。症状の査定や治療の提供が目標であること，子どもや親がクライエントであること，共感の表現や治療同盟の確立が重要であること，事実に基づく正確さよりもクライエントの出来事に対する認識に焦点が当てられることがあること，臨床家はクライエントの同意なしに他の資源に情報を求める権限をもっていないこと，共有される情報は私的なものであり秘密保持の制約を受けること，臨床家は治療技法の選択に関してかなりの自由度をもっていることなどである。治療関係において，臨床家の責任は「クライエントの最善の利益を促進する」ことであり，それは司法的な分析に求められる客観性とは相いれないものである (Clark, 2009, p. 73)。

これに対して，司法面接は，法的プロセスを支える事実確認を目的としている。そのプロセスを顕現するのはクライエントであり，中立性と先入観のない見方が不可欠で，目標は可能な限り信頼性の高い証拠を収集し，より広範な事実確認の取り組みを支援することである。確認した結果の機密性には限界があり，情報を引き出して記録するために使用される技術は，科学的に正当と認められなければならず，また地域（たとえば，機関）の実務と一貫していなければならない。臨床家が司法的なサービスを提供するとき，複数の関係性（1つの事案に複数の役割があるとして）は，専門的な効力を脅かすものである。その他の脅威としては，客観性を損なうような経歴もしくは感情的な問題，すなわち，適切な訓練や技能が欠けていること，そして，有効でないあるいは信頼できない方法の使用がある（Clark, 2009; Koocher, 2009）。役割葛藤や個人の知識と経験の範囲を越えた実践などのいくつかの脅威は，心理士，精神科医，ソーシャルワーカー，カウンセラーのための専門組織の倫理規定にも記載されている。
　治療を提供する臨床家が一線を超えて捜査の領域に入り，情報開示を求めて根掘り葉掘り尋ねたり，情報開示後に司法的な役割を担ってしまうと，うかつにも子どもの申し立ての信頼性を損なってしまうことがある。クエンレとコネル（Kuehnle & Connell, 2010）は次のように説明している。

　治療者が直接的に捜査的役割を担い「情報開示を促す」ために質問をすると，司法的な捜査に支障をきたす可能性がある。そうした状況では，子どもの記憶や供述が非常に汚染されたり不正確なものとなり，裁判で誤判が生じる危険性がある。虐待された子どもの供述は，信頼できないものと見えるようになるかもしれず，あるいは，セラピストは知らず知らずのうちに虐待されていない子どもの誤った供述を形づくったり補強したりするかもしれない……。さらには，継続的な質問や厳密な調査にさらされている子どもは，まだ確認されていない性的虐待の申し立てについて，中立性を前提とした関係の中で行われる必要な治療的サポートを事実上受けられていない，ということになる。たとえば，親が，子どもが不適切に接触されたことについて具体的な発言をしたことをセラピストに報告したとき，セラピストは義務化された報告法に従って，CPS（児童保護機関）にただちに報告をするべきである

が，その発言に関して子どもに面接をするべきではない。ただし，もし子どもがセラピーのセッション時に，自発的に，疑わしいが曖昧な発言をした場合（たとえば，「父さんが私のちんちん触った」）は，セラピストは1つないしは2つのオープン質問（たとえば，「そのことを教えて」）により応答する必要があるかもしれない。述べられたことが，悪気のない接触（たとえば，トイレをしたあとに子どもを拭く）の一線を越え，合理的な疑い（たとえば，子どもの生殖器を手などでこする）の領域に入るかどうかを決定するために。(p. 557)

　事案の信頼性を失わせる可能性があるセラピー中の活動に，性的虐待防止のための書物を繰り返し提示したり虐待の報告のあとに詳細を調べたりすることなどがある。虐待防止の書物は，虐待を懸念する強い雰囲気をつくり上げる一方で，性的行為や言葉の模倣につながる知識を子どもに与えてしまうため，子どもの情報の出所を特定することを困難にする可能性がある。また，報告するか否かの判断に必要な範囲を超えた，潜在的な開示を探ると（Kalichman, 1999），臨床家の客観性やその報告の有効性に疑いが生じる。
　司法面接者は，他のタイプの関係性に迷い込む傾向にも用心しなければならない。子どもの供述に対する感情的な反応（たとえば，「それはとてもひどい…そんなことがあなたに起こったなんて，かわいそうに」）や子どもの感覚にレッテルを貼るようなコメント（たとえば，「怖かったでしょう」）は，被告人側弁護団の戦略の焦点になりうる（とくに，攻めることが他にない場合には）。それゆえに，面接者は，特定の供述を助長すると思われるような感情的なコメントを避けることで事案の信頼性を守ることができる（こうした間違いをすることなしに関心を示し支援する方法については第3章を参照）。

面接者に必要な指示を与えること

　面接をする2つのモデルである，**予備知識なしの面接**と**情報に基づく面接**は，不偏性を保つことが必要か代替仮説を検証することが必要か，という異なる点に重点を置いている。予備知識なしの面接では，捜査のきっかけとなる状況について面接者は何も知らない。このアプローチは，面接者が事案に関する自分

の思い込みを強化するようなやり方で行動をとることを防ぎ，同時に，将来的に面接者のバイアスを批判されることを防ぐ（Morgan, 1995）。しかし，知識の欠如は代替仮説を検証することを困難にする。実際には，面接者が用いるアプローチは通常，地域の慣行や要求に応じて決定され，両方のアプローチの特徴を取り入れた混合モデルも存在する。

予備知識なしの面接の理論的根拠

　1980年代，そして1990年代初頭，大々的に報道された保育所での虐待事件の面接記録により，未熟な面接者が詳細な申し立て内容で装備することの危険性が明らかになった（Ceci & Bruck, 1995）。それは，ケリー・マイケルズ事件の面接の一部にも示されている。

　　トレーシー：なるほど，子どもたちはケリーにピーナッツバターのようなことをさせたかったのかな？
　　子どもA：ピーナッツバターがあったなんて，思いもしなかった……。
　　トレーシー：じゃあ，ピーナッツバターをなめることについてはどう？
　　子どもA：ピーナッツバターについては，何もなかった……。
　　トレーシー：ナイフで何かがあったと話してくれた子もいるんだけど。そのようなこと，覚えてる？
　　子どもA：ううん。（この子どもは，ナイフやフォークを使った虐待については何も知らないと明言していたが，裁判では数々の虐待の申し立てをした）
　　トレーシー：……じゃ，猫ゲームのことはどう？
　　子どもA：猫ゲーム？
　　トレーシー：みんながこんなふうに鳴くの，「ミャーミャー」。
　　子どもA：その日，私，そこにはいなかったと思う。（この子どもは，猫ゲームを知らないと明言していたが，裁判では，子どもたちがみんなで裸になって互いになめ合うという猫ゲームについて説明した）（pp. 116-117）

　確証的な面接と呼ばれることが多いこのような偏ったスタイルの面接では，大人は，虐待の疑いに対して別の説明を探すのではなく，むしろ虐待の疑いを

確認するために質問を選び，子どもに情報を与える。現行の面接ガイドライン
に従うように訓練されていない成人を対象とした研究では，先入観の有無によ
って子どもへの話し方や面接内容の報告の仕方が変わることがわかっている
(Dent, 1982)。たとえば，ゲイル・グッドマンとその同僚は，対象となる出来事
に関する誤情報を含むビデオを成人に見せ，その後，このグループと情報を知
らされていない成人のグループに，初対面の子どもに対して面接をするよう
に依頼した（Goodman et al., 1995)。誤情報を与えられていない成人と比較すると，
先入観をもった面接者は誤情報についてより多くの質問をし，子どもたちに起
きたことに関するその後の説明にも，より多くの誤りが含まれていた[4]。

　より最近では，ヘザー・プライスとその同僚が，面接者の思い違い，面接者
がする質問の種類，子どものその後の反応との関係をつなぐための研究を行っ
た（Price, Ornstein, & Poole, 2015)。この研究では，ある成人のグループは面接の
目的について一般的な情報しか受け取っていなかった。

　あなたは［学童保育プログラム名］のリーダーであると想像してください。
最近，2人の保護者からある懸念が寄せられました。それは，自分の子ども
が，子どもたちとフィットネスをしていた男性と一緒に，保護者が許可して
いない活動に参加したのではないか，というものでした。
　あなたの課題は，子どもがその男性と何かを体験したかどうか，もしそう
であれば何が起きたかを調べることです。

　もう1つのグループは，物理的な環境とその男性が子どもたちと何をしたか
についての誤情報を含む，もっと長い教示を受けた。その後，6歳から10歳
までの子どもに面接を行ったところ，先入観をもった面接者の質問には暗示的
なものが多く，子どもの中にはこうした虚偽の情報を受け入れてしまう者もい
た。

---

[4]　加えて，子どもと会話する親がもつ誤った思い込みは子どもを誘導し，子どもは親の思
　い込みに沿った報告をする可能性がある。そのような思い込みはまた，子ども自身がさら
　なる誤情報を生み出すきっかけとさえなりうる（Principe & Schindewolf, 2012 や White et al.,
　1997 を参照)。

しかし，バイアス情報による否定的な結果があるにもかかわらず，面接業界では，面接の目的について面接者にまったく情報を与えないことを推奨することはほとんどない。たとえば，ケヴィン・スミスとレベッカ・ミルン（Smith & Milne, 2011）は，「申し立てられた犯罪情報を最小限にすること」を提唱している。これは，面接者に，次の情報は知らせるが，子どもたちが提供すべき文脈上の詳細については知らせないというアプローチである。

- 疑われる犯罪の性質
- 疑われる犯罪が起きたとされる時間，頻度，場所
- 疑われる犯罪がどのように警察に知らされたか
- 被疑者，またはその家族もしくは仲間が使用したとされる脅迫または威嚇の特質（p. 92）

スミスとミルンは，このアプローチが理想的であるとしながらも，彼らがコンサルティングを行っている管轄区（イングランドとウェールズ）では，面接者が捜査に深く関与しているため，「面接者が犯罪についてもつ知識を最低限にすることはめったに達成できない」ことも認めている（p. 93）。

情報に基づく面接の理論的根拠

面接者には面接の最中ずっと，まったくもしくは最小限しか情報を提供しない，とすることにはいくつか欠点がある。1つは，情報をもたない面接者は，一般的な探り方で当該の話題に入る（たとえば「今日は何について私に話しにきたのか教えて」; Powell, 2003, p. 260）ためのツールがほとんどない，ということである。このような理由から，モーガン（Morgan, 1995）は，予備知識なしの面接には高度に訓練された面接者が必要であり，幼児に対しては最大限の効果が得られない可能性があると示唆した。

もう1つの懸念は，十分な情報を与えられていない面接者は，効果的な仮説検証に必要な情報を欠いている，ということである。つまり，十分な情報を与えられていない面接者は，面接に先立って，代替仮説を検証する方法を作成したり計画することができず，また，以前の報告と面接での子どもの応答との矛盾を検出することができない。結果として，面接者は，証拠に関する異なる情報源間の矛盾を解決するのに必要な，明確化質問をすることができないだろう。

マイケル・ラムと私は，前著の中で，性的な遊びに気づき，子どもたちと最初の会話を行った保育所のワーカーによって提出された虐待報告書の事案を用いた（Poole & Lamb, 1998）。この種の事案では，その遊びが発見されたときの子どもたちの最初の発言はどのようであったか，頻繁に遊び相手となっているのはどの子どもたちか，そして，気になる遊びの表面的な特徴が子どもたちの生活（学校内外）での最近の出来事と関連しているかどうかを知ることが役立つ。そのような情報がなければ，幼児の行動の原因を理解するのは困難であるため，国立児童虐待訴追センター（National Center for Prosecution of Child Abuse, 1993）からの初期の勧告では，面接者に次のようなことが求められた。

> 「予備知識なし」の面接を求める圧力に耐えて抵抗してください。他の人が明らかにした情報のいずれも知らずに子どもに面接することは，患者の病歴を知らずに診察をしたり，道路地図をもたずに見知らぬ目的地を探すようなものです。(p. 59)

その後の勧告では，疑いに関する予備知識なしの面接も有望かもしれないと認めつつも，「信頼できる面接結果を保証するために，予備知識なしの面接以外の手段を講じることも可能である」としている（National Center for Prosecution of Child Abuse, 2004, p. 39）。

どれほどの情報を面接者がもつべきかについて，なぜこのような意見の食い違いがあるのだろうか。その理由の1つは，マーティン・パウエルとその同僚による研究で示されているように，面接者の技能の程度が予備知識のリスクと利点に影響を及ぼしているからである（Powell et al., 2012）。この研究では，警察官が5歳から8歳の子どもに対し，体験した出来事に関する面接を行った。面接の前に，警察官は面接者としておおむね良い（つまり，多くのオープン質問を用いる）か，未熟であるかを査定する模擬面接に参加し，その後，対象となる出来事に関するごく一般的な情報だけを受け取るか，あるいは多数の誤りを含んだ情報を受け取るかのいずれかに割り当てられた。偏った情報により，未熟な面接者は多くの誘導的な「はい／いいえ」質問をしたが，面接前の知識は熟達した警察官の技術には否定的な影響を与えなかった。この知見は，訓練と継

続的なスーパーバイズが不十分であり，スタッフの離職率が高い状況では，予備知識のない面接の方がよい結果を生み出すかもしれないことを示唆している。しかし，高度な訓練を受けた面接者の場合には，予備知識のリスクが，子どもや申し立ての履歴に関してより多くの情報を得ることの利点を上まわる，ということはないだろう。

ハイブリッドモデル

予備知識なしの面接と情報に基づく面接との折衷案は**ハイブリッドモデル**である。ハイブリッドモデルでは，面接者は�子どもに関する背景情報（たとえば，家族の名前や身体部位の呼び方）だけ知った状態で面接を始める，ⓑ申し立てを検討し，捜査チームから追加のトピックや質問を受け取るために面接中にブレイクをとる，そしてⓒ面接を完了させる。このアプローチは，面接の序盤においては誘導的な質問を減らし，それゆえ子どもの初期の開示の信頼性を保持しつつ，事案を十分に探索する機会を提供する。

このモデルの評価には，アイダホ州の児童の性的虐待査定センターが参加した。そこでは裁判所の決定により，情報に基づく面接から序盤のみ予備知識なしのハイブリッド面接へと切り替えがなされたのであった（Cantlon et al., 1996）。結果は有望であり，序盤のみ予備知識なしの面接に変更したあとは，高い開示率が示された。研究者は，―― センターに照会される事案の（事件としての）強さが時間とともに変化し，開示率の改善に寄与した可能性はあるものの ―― 知識が不足していることが，ラポールを築こうとより多くの時間をかけるよう面接者を促したのではないかと示唆している。

また，この研究で得られた有望な結果が，他の捜査にも一般化できるかどうかも不明である。性的虐待査定センターで序盤のみ予備知識なしのハイブリッド面接が成功したのは，センターで面接を受けた子どもたちが，典型的には，自分がなぜ面接を受けるのかを知っており，照会されたあとすぐに面接が予定されていたという事実によるのかもしれない。それゆえに，面接者に事案に関する追加情報を与えることは開示率を大幅に上昇させる，ということにはならなそうである。この研究で示されたことは，こうである。序盤で予備知識なしの戦略をとったとしても，面接者は虐待の開示を引き出すための準備ができな

い，というわけではない（本章の「実践のための原則」を参照し，情報に基づく面接に関する弁護士の質問に対する私の回答を読んでください）。

ま と め

日常生活では，大人は，子どもに何が起きたのか，子どもはその出来事にどのように反応したのかなど，子どもの生活について話を聴くために面接をする。司法面接は，こうした物語面接とは異なり，いくつかの選択肢のうちどれが最も証拠に合致しているかを決定する問題解決過程の一部である。この過程に役立つような十分な証拠を子どもから収集するために，司法面接には 4 つの特徴がある。

● **仮説検証アプローチ**：司法面接者は，問題となっている出来事について競合する仮説を検証したり（主たる問題の仮説検証），面接中での子どもの発言の意味を明らかにする（曖昧さの解消）ことによって，懐疑的な態度を維持する。

● **子ども中心の視点**：司法面接者は，子どもの発達段階や文化規範と対応しているか常に心に留めながら，子どもが権能感をもって話すことができる技術を用いる。

● **広範な捜査を支援する探究**：司法面接者は，物的証拠やさらなる証人，その他の重要な発見につながる可能性のある質問を投げかけることによって，より広範な捜査活動を支援する。

● **司令官の意図に目を向けること**：司法面接者は，面接の意図された範囲を念頭に置く。面接の目的に関連する，しかし予期せぬ発言をも探究するよう質問計画を調整する。

臨床的な役割と司法的な役割には，相反する可能性のある目標と実践上の基準があるため，専門家は，個々の事案に対して治療的なサービスと司法的なサービスの両方を提供したり，それらのサービスを提供している最中に代替的な役割に迷い込んだりしてはならない。面接前の準備の特性は，事案の種類や地域の慣行により異なる。

実践のための原則
この面接にはバイアスがかかっているでしょうか？

　弁護士は事案の特性の重要性について質問するため，目撃研究をしている研究者に連絡をとることが多い。以下は，予備知識ありの面接について私が受けた質問と，私の回答をまとめたものである。

被害者側弁護人からの質問
　私は，＿＿郡の＿＿に住む子どもに関する性的虐待の事案を請け負っています。面接者は，面接前に警察の報告書を読み，警察官と話をし，子どもの母親とも対話しました。これは不適切ではないでしょうか？ そこでの情報は面接にひどくバイアスをかけてはいないでしょうか？

私の回答
　アメリカでは，面接が予備知識なしで行われなければならないという全国的な合意はなく，この捜査チームは郡の議定書には違反していません。しかし，ⓐ面接者が，子どもが供述する前に事案の詳細に言及し，その詳細が子どもの供述に組み込まれてしまったとすれば，あるいはⓑ予備知識によって，面接者が必要な仮説検証の質問を省略したとすれば，その場合は常に，予備知識（バイアス）の存在が問題となります。

　最も説得力のある面接の分析は，面接者が実際にしたことや，その行動が子どもの報告に及ぼしうる影響に焦点を当てています。鑑定人は，事案の時系列，すなわち申し立てられた，または記録されたすべての開示情報の履歴に気になるパターンがあれば，子どもの供述の信頼性に疑義を呈します。たとえば，子どもの報告の重要な情報の多くが大人に由来している場合や，子どもの供述の詳細が時間経過とともに典型的ではない仕方で変化している場合は問題です。面接者の影響について懸念があるときは，面接者が面接に入る際にどのような知識をもっていたかということよりも，影響の存在を示す証拠の方がより重要となります。

第**3**章

会話の習慣

　読者のみなさんが会話を交わしたいと思う人はたくさんいるだろうし，会話を避けたいと思う人も多少はいるだろう。私は，会話の主導権を握って離さない人は避けたいが，没頭したふうの，静かな聴き役にもあまり関わらないようにしている。わが家の文化では，礼儀正しい傾聴は興味がないというサインである。そのため，反応があまりないということは私に話をやめさせる確実な方法である。

　目撃記憶の研究が行われるようになり，研究者は —— 読者なら以前から知っているような事柄に —— 気がついた。それは，他の人よりも人に話をさせるのが上手な人がいる，ということである。研究者は，話をさせるのがうまい面接者の行動を観察し，研究参加者に異なる行動をとるよう訓練し，会話のスタイルが子どもの行動に及ぼす影響を調査した。これらの研究により，供述の正確性を低下させることなく，子どもからより多くの情報を引き出すのに役立つ会話のスタイルが明らかになった。

　うまい面接者になりたいと思う人にとって，司法面接における会話の習慣を学ぶのに時間をかけることは価値がある。その理由を説明するために，本章の第1節では，専門的な行動をとるうえで，深く染み込んだ習慣がなぜ重要なのかを説明する。本章の残りの部分では，面接に欠くことができないよく用いられるやり方，すなわち，子どもへの社会的な支援環境をつくる面接者の行動，面接を通してオープン質問を繰り返す習慣，そして子どもが話題に留まり，質問を理解するのに役立つような言葉の選択，について解説する。

専門家の業務における習慣の役割

　熟達した面接者は，独特の会話の習慣を維持しながら，次の質問につながる背景知識を検索する。これら2つの技能，すなわち習慣と知識──は，異なる種類の学習を反映している。**習慣**は自動的な反応であり，特定の合図が引き金となって起こる。深く染み込んだ習慣は繰り返しによって形成され，意識しなくても進行する。たとえば，運転免許の教習でハンドルさばきと足を使う習慣を身につけた読者は，いまでは，車を運転している間，これらの課題を無意識にこなしていることが多いだろう。習慣は**潜在記憶**システムの一部であり，原始的なシステムである。このシステムにより，単純な生命体でも食物に向かい，危険を避け，反復的だが必要な課題を遂行することができる。

　もう1つの記憶システムである**顕在記憶**は，意識的に操作する情報を保持する。具体的な事実や過去の経験を思い出すとき，人はこの高次のシステムに頼る。時々刻々，能動的に考えている情報はワーキングメモリに保持される。ワーキングメモリでは一度に操作できる情報量が限られているため（おそらくは4ユニット程度と少ない；Cowan, 2010），第2章ではこれを思考のボトルネックと表現した〔訳注：ビンの先，ボトルネックのように一定の情報しか処理できない〕。ワーキングメモリにはこのような制約があるため，基本的な反応が自動化され，意識的な努力なしに行動できるようになると，多くの課題のスキルは向上する。

　さまざまなタスクにわたって，**自動性**──基本的な操作を心的努力なしに迅速に実行する能力──は，パフォーマンスの成績と関わっている[1]。運転の初心者がまだハンドルさばきと変速について考えなければならないために事故を起こしやすいのと同様に，すべての質問の言いまわしを考えなければならない

---

[1]　意識的な努力をすることなく情報を検索する能力は，種々の問題解決の成績と関わっている。たとえば，数学の問題解決に長けた人は数学をあまり使わない人に比べ，数学の基本的知識をより迅速に検索する傾向がある（Price, Mazzocco, & Ansari, 2013）。また，さまざまな領域に共通することとして，問題解決に熟達した人は，初心者が見落すパターンに気づき，深い理解に基づく方法で知識を整理し，広い範囲の可能性を考え，証拠が通常意味するものとは異なる例外を見つけることができる（Donovan et al., 2015; Feltovich et al., 1997）。

面接者は，子どもの発話の中に曖昧さを感じ取り，面接の方向を柔軟に変更し，面接計画を見直すのに必要な心的資源がない。豊かな会話の習慣を身につけることによって，面接者はよくやる誤りを回避し，本書の以降の章で説明する，より難しいスキルの習得と実行が可能になる。

支援的な会話のスタイル
第一印象，態度，会話のリズム

　赤ちゃんをびっくりさせる簡単な方法がある。数分間，普通にやりとりしてから急にぴたりと止まるのだ。突然，銅像のようになった人に直面すると，ほとんどの赤ちゃんは当惑し，目をそらし，正常なやりとりに戻っても，すぐにはネガティブな気持ちから立ち直れない。この無表情実験で見られるネガティブな反応は，「発達心理学で最も繰り返し確認された発見の1つ」であり，このことは子どもが早期に会話のリズムに非常に適応していることを示している（Goldman, 2010，第1段落；Mesman et al., 2009 参照）。

　子どもは社会的であるだけでなく，彼らが生物学的に他者と協力するように創造されているという意味において，「超社会的」である（Tomasello, 2014, p. 187）。幼児は会話ができるようになる前から，顔を観察することに大きな興味をもち，会話のターン〔訳注：会話の番をとること〕に敏感であり，どのように振る舞うべきかを判断するために他者の反応を見る（この過程を**社会的参照**という；Kim et al., 2010）。子どもの高度に社会的な能力は，**ミラーニューロン**——これは脳内の細胞の集合体であり，他者が何かをすると活性化し，模倣，共感を促進し，他者の意図を読む能力を高める——によって支えられている（Bello et al., 2014）。子どもは，自分たちを育ててくれる集団から世話を受けるように創造されており，これらのスキルは生き残りを確実にする（Hrdy, 2009）。

　とはいえ，子どもは次から次へとたらいまわしされることを好まない。それどころか，彼らは状況を注意深く観察し，信頼できる人の手の中にいないときにストレスを感じる。子どもは早い時期から単純なルール，たとえば，親や家族と似ているかといった基準に基づき，特定の人が安全かどうかを判断する（ショッピングモールのサンタはこの信頼ゲームに失敗することが多い）。幼児期の

初期から中期までに，子どもは見慣れない大人を判断する洗練された能力をもつようになる。これを行うために，子どもは他者の態度，行動のリズム，そしてこれらの人々が他者から引き出す反応さえも評価する（Fusaro & Harris, 2008）。読者が子どもとできるだけ早くラポール〔訳注：話しやすく，リラックスした関係性〕を築き，話を続けたいなら，その秘訣は第一印象，態度，そして会話のリズムにある。

類似性と穏やかな導入

　生活の中で，私たちはよく見慣れた人に対し，最も快適だと感じる（Zajonc, 2001）。子どもは見慣れない外見の助手を怖がることがよくあるので，私の研究室では，新しく雇用した助手には，「データの収集中は見た目を変えないでね」と言う。この方針は，幼児がハロウィーン用にひげを生やした助手を見て怖がったときに取り入れられた。幸い，彼は自分の職務に真剣に向き合い，私が問題提起をする前に自主的にひげを剃った。研究室の服装規定もまた，言葉やロゴがプリントされていない，控えめな服装（地域の人を不快にするのを避けるため）とカジュアルな外見を指示している。現実的には，大学生がきちんとした専門家のような服装で現れることはめったにない。彼らがそうした服装をすると，子どもは診察室にいるかのような不安を感じ，私たちの仕事は難しくなる。

　面接者は自分が着るものをいつも完全にコントロールできるわけではないが，面接のプロトコルでは，基本的に制服を着用し拳銃を携帯する警察官に対しアドバイスしている（たとえば，Oregon Department of Justice, 2012）。制服や拳銃は強い権威をうかがわせ，子どもの報告の正確性を低くする可能性がある。たとえば，模擬の犯罪を目撃した子どもは，面接者が警察官の制服を着ているときの方が，私服を着ているときよりも，真犯人が含まれていない一連の写真から，誰かを間違って選んでしまいやすい（Lowenstein et al., 2010）。権威感を低減し，信頼感を高めるためには，いかにも外部の人とわかるような服装や装飾品を着用しない方がよい。子どものテレビ番組の人気者ミスター・ロジャーズは，毎回，最初にスニーカーとカーディガンに着替えるが，面接者もまた，子どもの気を散らさない，見慣れた感じの服装にすることが多い。

見慣れた外見は安心感を与えるが，行動も同様に重要である。子ども同士の社会的相互作用を観察した研究でも確認されていることだが，子どもとあまりにも拙速に関係性を築こうとすると，必ず拒否される。小さい頃から，社会的相互関係を築くことはリスクを伴う事柄であり，子どもは，仲間から受容されるよりも無視されることの方が多い。2〜3年生の子どもを対象とした研究では，仲間内で人気のある子どもでさえ，友達がしている遊びに途中から加わるときには努力する。そして，その試みの約4回に1回は拒否あるいは無視される（Putallaz & Gottman, 1981）。社会的相互作用の早い段階で深く関わろうとすると，特にその活動が（加わろうとする）子どもに注意が向くようなものであるとき，子どもは拒否されやすい。一方，うまくやる子どもは最初は後方にいて，その場の社会的な決まり事を観察し，それから徐々に他者の行動を考慮した加わり方をする傾向がある（Dodge, 1983; Walker, 2009）。このことは，面接者にしてみれば，子どもは社会的関係性をもてそうな相手であっても拒否しやすいこと，しかもその判断を即座に下し，また，突然現れて押しの強い態度を示す人を拒絶しがちだ，ということを意味している。リラックスした態度は面接全体を通して必要だが，会話の最初の数分間は，信頼を築くために特に重要である。

肯定感と怖がらせない注意

　大人同士の関係性においては，肯定感——他者が友好的で思いやりがあると感じること——と関連する非言語行動は，ラポールの形成に貢献する（Tickle-Degnen & Rosenthal, 1990）。微笑んだり，頷いたり，前傾姿勢になったり，足を組まなかったり，頻繁に相手に視線を向ける非言語的なサインは，会話の相手をより温かく，共感的に，理解しているように思わせる。これらの非言語的なサインは，子どもにも同様に重要である。たとえば，ローテンバーグら（Rotenberg et al., 2003）は，高頻度あるいは低頻度で微笑んでみせるように，そして，高頻度あるいは低頻度で見る（見つめる）ように面接者を訓練した。それから面接者は，それぞれの条件に無作為に割り当てられた子どもに，条件で決められた非言語行動を示しながら，物語を個別に読んで聴かせた。その後，面接者は子どもの自己開示度を測定するために子どもに個人的な質問をした。その後，教員あるいは別の助手が，子どもが面接者のことをどれくらい好ましく，

信用できると思ったかを確認する質問をした。

　微笑みの効果は明らかだった。面接者が高頻度で微笑むとき，子どもはあまり不安な行動を見せず，のちにより多く自己開示をした。感情の表出は伝染するので，この発見は理にかなっている。大人と子どもは多くの場合，相手を見た瞬間に相手と一致する表情になり，こうしたすばやい顔の反応は自身の感情に影響する（Beall et al., 2008; Moody et al., 2007）。学童期の子どもでさえ，微笑む大人を，友好的で，頼りになり，誠実だと評価するが，微笑まない，落ち着きがない大人は，厳しく，退屈で，ストレスを感じていると受け止める（Almerigogna et al., 2008）。

　ローテンバーグの研究では，注視の効果はもっと曖昧であった。面接者の頻繁な注視は子どもの不安な行動や開示には影響しなかった。しかしながら，高頻度で注視する条件において，社交的な子どもは面接者をより信頼できると評価し，内向的な子どもは面接者をあまり信頼できないと評価した。外交的な子どもは注視されることを受け入れ，視線を頻繁に合わせることを嫌だと思わない一方で，内向的な子どもはこの行動をいくらか強迫的あるいは押しつけがましいと感じたのだろう。

　これらの発見は，ずっと視線を合わせ続けると不快に感じる人がいるのはなぜかを説明する。つまり，気詰まりなのである。しかし，どれくらいのアイコンタクトが多すぎるのだろうか？ 社会的な会話の典型的な行動データから，子どもの期待する程度を推測することができる。3歳未満の子どもの場合，遊んでいる時間の3分の1未満しか母親は子どもを見ておらず，その子どもが母親を見ている時間も15％未満である（Farran & Kasari, 1990）。アイコンタクトの様式は文化によって異なり，男子と女子でも異なる。一般に，見つめ合うことはイギリスとイタリアのような（個人間の空間が接近しており，頻繁に視線を合わせることを好む）いわゆる接触文化で最も多く，日本と香港のような文化では少ない（Argyle, 1986; Matsumoto, 2006）。男子はたいてい女子よりも視線を合わせることが少なく，会話の相手と面と向かうよりも平行に座ることを好む（Tannen, 1990）。しかしアイコンタクトの好ましさに関係なく，快適なコンタクトとは周期的で，短時間である。その傾向はトーマス・スコフィールドらによる，親と議論しているヨーロッパ系アメリカ人とメキシコ系アメリカ人の子ど

もの観察にはっきりと現れている（Schofield et al., 2008）。この研究では，子ども
は1分間に3〜5回見つめ合い，何度も見ては視線をそらした。お互いに見つ
め合う行動は，親が話している時間の半分足らずで，メキシコ系アメリカ人の
男の子どもにおいて最も頻度が低かった。

　アイコンタクトは一部の文化においては立場を示す標識であり，子どもは尊
敬あるいは従順であることを示すサインとして，目を合わせない。そのため，
面接者は子どもと話をしているとき，目を見るよう子どもに要求すべきではな
い。特に思春期の少年は，面と向かってやりとりをするという気詰まり感がな
ければ，難しい話題について進んで話をするかもしれない（Tannen, 1990）。原
則として，子どもの声を聴いたり，彼らが会話に参加したりするのを妨げない
行動であれば，行動を正すことはしないのが最善である。

　まとめると，肯定的な表情，穏やかで信頼できる態度，そして周期的な（し
かし，気詰まりではない）アイコンタクトは快適な会話の調子をつくる。もちろ
ん，面接者は面接の2つの主要な段階，すなわちラポール形成中の，まだ捜査
の話題について話していない初期の段階と，捜査の話題が導入されたあとの，
目的となる話題について話している段階では，違った振る舞いをする必要があ
る。その場にそぐわない笑顔，あるいは神経質な微笑みは，証拠収集中は不適
切であり，子どもに特定の応答を強要するように見える可能性がある。したが
って，司法面接の面接者は，目的である重要な話題について話をしている間，
感じのよい態度を維持しながらも，頷いたり微笑んだりすることを避ける。

調子を合わせる行動

　社会的な生物は見知らぬ他者が自分たちの集団にとって価値があるか（すな
わち，自分たちと互恵的な関係を結ぶ人か），資源の損失となるか（たとえば，自己
中心的に振る舞う人か）を常に判断している。私たちが協力的な性質を示すには，
2つの方法がある。1つは，ちょっとした無意識的な行動を通して自分の行動
を他者に同期させることであり，もう1つは，意図的な模倣をすることである。

　模倣には，人が互いの行動を再現するほんの一瞬の行動が含まれる。人は他
者が前傾になると無意識のうちに前傾になり，顔に触れたのを見ると自分も顔
に触れ，指をいじることに気づくと自分も指をいじり，アクセント，話の速度，

話のリズムを模倣する。ほとんどの場合，私たちは自分とずれている人よりも，調子を合わせる人の方を好む。模倣の効果は圧倒的である。私たちは，思慮深く模倣する人はより共感的であると信じ，自分たちに合わせる人とより協調的に振る舞い，同調した行動を示す人たちに容易に説得される（Gueguen et al., 2009; 例外として Leander et al., 2012 を参照）。

　ミラーニューロンが発見されたことにより，社会的なやりとりの最中に人々がいかに調子を合わせるかという問題に関心が急激に高まった。哲学者パトリシア・チャーチランド（Churchland, 2008）は，模倣は「社会的な信号となる。なぜならそれは圧倒的な社会的能力，すなわち，他者の意図，信念，期待，そして感情を知る『読心』の能力が備わっているという証になるからである」（p. 411）という。神経科学と社会的行動の膨大な資料に基づき，チャーチランドは，交流する相手の模倣は社会的な結びつきの接着剤となるオキシトシンのようなホルモンの分泌を増加させると説明している。

　　社会的な状況において，人は模倣に対し肯定的に反応する。模倣行動は信頼を築く，あるいは信頼を維持する社会的能力の強力なサインだからである。そのため信頼できる新参者ならば，善良な市民と同じ行動をとるであろう。模倣は無意識のうちに行われ，無意識のうちに検出されるが，安全であるというサインである。模倣により，OT（オキシトシン）のレベル，すなわち，信頼のレベルはおそらく上昇し，防衛行動と自律神経の覚醒は低下する。模倣は社会的能力を示す絶対的な予測因子ではなく，完全な受容までには段階が必要であろう。しかし，最初に通過するフィルターとして，模倣は最悪の事態を防ぐのに役立つ。（p. 411）

　子どもはまた，ちょっとした非言語行動を模倣する（5歳頃になるとよく見られる ; van Schaik et al., 2013）。また，子どもは他者が彼らを模倣したときに気づく。たとえば，自分の行動を模倣する大人に接した幼児は，模倣しない大人とペアになった幼児よりも，この新しい友達を，遊びに誘う傾向が高かった（Fawcett & Liszkowski, 2012）。さらに，5，6歳児は，自分と同じ好みを示した大人の主張をよりよく信用した（Over et al., 2013）。これらの調査結果は，子どもとの信頼

関係を築くのが得意な大人は，質問攻めにすることをいったん控え，子どもが何を着て，何をもっているか，何を言って，何をしているのかについて話すことに集中し，子どもの世界に時間をかけて入ることを示唆している。このような子ども中心の同調行動は，「私は今日，あなたにではなく，あなたと一緒に活動します」という強力な信号を送る[2]。

ペースを合わせることと，「まだあなたの番ですよ」というフィードバック

ヨーロッパ系アメリカ人の文化では，会話中の長い間（沈黙）は，誰をも不快にさせる。日常会話における間の時間は，非常に短いものから3〜4秒（まれに7秒程度）までさまざまだが，たいていは約1秒後に，誰かが何か言い始める（Jefferson, 1989）。そのため，子どもが話すのを止めるたびに，大人がすぐに新しい促しを発する傾向があることは驚くことではない。しかし，成熟していない脳は大人の脳よりも働きが遅く，熟考する時間が必要であるため，ペースの速いやり方には問題がある（Nelson, 1976）。また，すぐに質問することは，子どもに，黙れば簡単に会話の番を終えることができる，というメッセージを伝える。

面接者が次の質問をする前にどれだけ待つべきか，ということについては，すべてが明らかになっているわけではない。私の研究室では，助手に，子どもが自由報告で無言になったら10秒待ってから話すようにと指示しているが，これにはどの新参の面接者も悩む。私はこのたとえを，10秒の間を主張するためではなく，大人は子どもが話すのにいかに短い間しか与えていないかを説明するために述べたのである。

面接の重要なポイントにおいて，長い沈黙は生産的だという逸話のような事例がある。その面接者は私に次のように語った。問題となる話題に移行したあと，その面接者は5分間，何も言わずに黙っていた。そうしたところ（部屋で遊んでいた）子どもは振り向き，虐待について話したのだという。私が聴いた

---

[2]　子どもからの協力行動を促進することに関する研究は幅広く存在する。たとえば，親子相互交流療法（PCIT: parent-child interactional therapy）の研究では，親が質問を控えること，子どもの行動を模倣すること，そして，子どもがしていることを描写するコメントを言うことで，反抗的な行動を回避できることが示されている（Niec et al., 2012）。

ことのある最も長い間は約7分で，それは何年ものように長く感じたが，その後，思春期の子どもから開示があった。このような長い間（強圧的と見なされる可能性もある）よりも，より一般的なのは，面接者が1〜2秒より長い沈黙に耐え，ペースを遅くすることである。

　間をより快適にするための1つの方略は，**選択的にメモをとる**ことである。一部の専門家はメモをとると子どもの注意が散漫になると考えており，実際そういうことは起こりうる。たとえば，学齢期の子どもは，面接者がたくさん書くと，大人が追いつくのを待っているかのように，話を止めることがしばしばある。しかし，手早くいくつかのメモを書き留めてから，見上げることは，子どもに話を続けるようにという促しになる。選択的にメモをとることは，面接の後半で調査する必要のある言葉を追えるようにし（Saywitz & Camparo, 2014; 本書第4章も参照），期待する応答をほのめかすジェスチャーを面接者が示すことを防ぎ（Broaders & Goldin-Meadow, 2010），面接者のスピードを遅くするというプラスの副作用がある。

　子どもに話し続けさせるよりよい方略は，「**まだあなたの番ですよ**」というフィードバックを会話に挿入することである（促し，**最小限の促し**ともいう；Powell & Snow, 2007）。このフィードバックには，再び会話を子どもに戻す「そうか」や「うんうん」などの短い発話も含まれる（Hershkowitz, 2002）。面接者はまた，頷いたり，間をとったり，あるいは子どもの言葉の一部を繰り返して言うことで（**パラフレージング**），「続けて」というメッセージを伝える。パラフレージングの技術には，**シンプルなパラフレージング**（たとえば，子ども：「それから家に帰った」，面接者：「家に帰った」），**はい／いいえのパラフレージング**（たとえば，子ども：「彼女にはいつも彼氏がいる」，面接者：「彼女には彼氏がいる？」），**拡張的なパラフレージング**：（たとえば，子ども：「その男の人は私に，写真を撮るからそれを着てって言った」，面接者：「あなたに写真を撮るからそれを着てって言った，その男の人のことを教えて」），そして，**要約的なパラフレージング**（これは，これまでのいくつかの応答に含まれる情報を組み合わせる；Evans et al., 2010）などがある。

　パラフレージングに関する数少ない研究によれば，はい／いいえのパラフレージングは，拡張的なパラフレージングに比べ，子どもから詳細な報告を引き出すことが少ない。さらに，はい／いいえのパラフレージングを使用する面接

者は，子どもが言ったことを歪めることが多く，子どもはこれらの間違いを修正できないことが多い（Evans et al., 2010）。はい／いいえのパラフレージングは効果的ではなく，子どもの言葉に対立するものとして受け取られる可能性があるので，はい／いいえのパラフレージングを制限することは理にかなっている。これに対し，拡張的なパラフレージング，そして単にさらなる情報を要求することは，効果的に新しい情報を引き出す（Evans & Roberts, 2009）。子どもに応答する時間をもっと与え，「うんうん」などの言葉を挿入し，拡張するように子どもにお願いする複合的な効果は，子どもの証言の正確さを維持しながら，幼児であってもくわしく話すのを助けるすばらしい組み合わせになっている（Roberts & Duncanson, 2011）。

支援的な面接と子どもの証言

個々の行動が供述に効果的であることはわかっていても，多くのテクニックを大量の社会的支援として集約することの影響は明らかになっていない。1つの懸念は，目撃研究の研究者であるベット・ボトムズが示した事例のように，面接者が明らかに権威者というよりも仲間として振る舞うとき，子どもは暗示に対してより従順になるかもしれない，ということである（Bottoms et al., 2007）。

数年前に起きたシカゴの事件では，2人の年齢の低い少年が遊び仲間を殺害したと誤って疑われた。警察官はこれらの被疑少年との面接中に，食べ物を与えたり，友好的な態度で話したりするなど，社会的に支援的な方法を使用した。2人は供述し，殺害現場にいたということになり，その供述は自白として解釈された。（大人の）真犯人が特定されたとき，大衆の怒りは警察官が使用した子どもに友好的な面接技法に集中した。実際，（ボトムズは）社会的に支援的な面接技法は不適切だとする主張に基づき市を訴える可能性を検討していた関係者から，専門的な助言を求められた。(p. 137)

ボトムズは電話をかけてきたこの人物に対し「実験によって立証できる証拠は，まさに正反対の結論を支持している」(p. 137) と説明し，この案件を断った。

面接者が提供する社会的支援への懸念は，いくつかの有名な虐待事件において，面接者が暗示的な技法と望ましい会話の習慣を絡み合わせて用い，その行動のどの部分が子どもが語った非現実的な物語に影響したのかを見分けることができなかった，という事実から生じている（Wood et al., 2009）。その後の研究では，支援的な態度と暗示的な行動を区別することが重要であることが示されている。**面接者が提供する社会的な支援**とは，リラックスした姿勢，温かく友好的な声，そして特定のことを言わせるために子どもを強制することのない頻繁な注視などを指す[3]。言い換えれば，適切に支援的な行動をとる面接者は，子どもの供述を方向づけるために注意を向けたり，差し控えたりしない。

　支援的な面接が子どもの証言に与える影響を測定する最も明確な方法は，子どもに疑似的な出来事を経験させ，さまざまな面接の条件に割り当てることである。ある調査では，5〜7歳の参加者が，ラポールを築き，温かい行動を多く示す面接者による支援的な面接か，これらの信頼の印を欠く威圧的なスタイルの面接者かによる面接を受けた（Carter et al., 1996）。どちらのグループも，オープン質問と虐待事案で尋ねられるような焦点化質問〔訳注：接触があったかなど〕に答えるときは同じように詳細かつ正確だったが，支援的な面接を受けた子どもは，個人的に関係のない質問に答える際も，より正確に答えた。

　読者が予想されるとおり，対照となる面接のスタイルが似通っている場合，支援的な面接の効果は小さい。たとえば，面接者があまり支援的でない条件でも，時々微笑み，子どもを褒めたときには，焦点化質問に対する子どもの応答に，スタイルの影響はなかった（Imhoff & Baker-Ward, 1999）。記憶が薄れると，面接者のスタイルがより大きな違いを生むので，出来事と面接までの遅延時間も問題となる（Bottoms et al., 2007; Davis & Bottoms, 2002 を参照）。そのような状況では，面接者が好感的な態度をとると，学齢期の子どもでさえ，暗示的な質問に対して間違いが少なくなる（たとえば，Almerigogna et al., 2007, 2008）。面接者の支援はまた，子どもがターゲット（真の犯人）のいないラインナップ〔訳注：ターゲットを含めた実際の人物数名を提示〕から犯人を選ぶ傾向を低減するが，こ

---

[3]　マクマーチン幼稚園の事例で用いられた暗示の手法が，子どもの応答に影響しうる証拠については，ガーヴンら（Garven et al., 1998）を参照。

れは，面接者が子どもをリラックスさせると衝動的な応答が減ることを意味している（Rush et al., 2014）。（不安な子どもとそうでない子どもの議論については，Quas et al., 2004，および Quas & Lench, 2007 を参照）。

　子どもの目撃研究の分野では，支援的な面接のスタイルの利点が確認されている。ある分析では，面接者が性的虐待の申し立てをしている被害者にどれくらい言葉をかけるか，そしてその言葉がどれくらい支援的であるか（たとえば，「この場所は，大丈夫？」），支援的でないか（たとえば，「話さない子どもは助けられません」；Teoh & Lamb, 2013, p. 151）を比較して報告している。全体として，口数が少なく，より友好的で支援的な発言をする専門家に面接をされたとき，子どももはより多くの情報を提供した。

　このような結果を受け，専門家は，面接者の態度を強調するためにプロトコルを微調整してきた。たとえば，NICHD プロトコルの修正版は，本題に入る前のラポール形成で，面接者が子どもに関心を示し（たとえば，「私はあなたのことをもっとよく知りたいです」），子どもの名前を呼び，その他の方法によって積極的に関与することを推奨している（たとえば，部分的な繰り返しを用い「［悲しかった／いらっときた／〔子どもが言及した〕気持ちだった］って話してくれましたね」；Hershkowitz et al., 2015, p. 9）。評価研究によれば，この修正版では，（応答を引き出さない質問により示される）子どもの言い渋りが減少し，再認よりも再生によって引き出される出来事の詳細情報の割合が増加した。クイックガイド 3.1 は，支援的な面接の構成要素のいくつかをまとめたものである。

オープン質問を優先して用いる

　第1章では，面接者によるさまざまな質問でよく用いられる名称を紹介した。復習すると，促し（**最小限の促し**とも呼ばれる）には，「そうか」や「うんうん」などの子どもに話を続けさせる発話が含まれる。**オープン質問**には，出来事に関する最初の導入，「あったことをすべて教えてください」（**誘いかけ質問，広い質問**）や，一連の活動についてより多くを引き出す「それから何があったの？」（**それから質問，広げる質問**），子どもが言ったことを拡張する手がかりとなる誘いかけ「［子どもが言及した行動］のことをもっと話してください」（**手**

支援的な会話のスタイル

● できるだけ，子どもが見慣れたカジュアルな服装をする。

● 忍耐強くなる。そして，子どもたちとあまり拙速に関わろうとしない。

● 子どもの態度に注意する。真正面でのやりとりを避ける子どもは，面接者が少し斜めの位置に座れば，より快適に感じるかもしれない。一方で，好きな活動について興奮して話すような子どもは，より積極的な会話スタイルを好むかもしれない。

● 肯定的な非言語行動を取り入れる。ラポールを形成する最中，たとえば微笑んだり，頷いたり，前傾になったり，足を組んだりせずに，頻繁に ── しかし過度にならないように ── 子どもに視線を向ける。

● 子どもが話すのを止めた直後に何かをすぐに言うのは避ける。

● 最小限の促し（「そうか」や，よく練られたパラフレージング ──「［子どもが言った言葉］って言ったけど，そのことをもっと教えてください」のように）を用いて，「まだあなたの番ですよ」というフィードバックを行う。

オープン質問を優先する

● まずはオープン質問を続けることで，トピックについての情報を得る。

● 焦点化質問をした場合は，できるだけすぐにオープン質問に戻る。

発達的に適切な言葉の発音[a]

● 適切な発音で子どもに話しかける。子どもの発音をまねたり，赤ちゃん言葉を使うことはしない（ただし，人や体の部分などには子どもの用語を使用する）。

● 子どもが言ったであろうことを推測しない。理解できない場合は，子どもに発言を繰り返すようにお願いする。

● 子どもの語の発音は間違っているかもしれないことを念頭に置いておく。もし，発言に複数の解釈が可能であれば（たとえば，**ボディ**〔body; 体〕か**ポティ**〔potty; トイレ〕か），補足質問をして言葉の意味を明確にする（たとえば，「その人がおしっこした場所がよくわからなかったの。その人がおしっこした場所のことをもっと教えてください」）〔訳注：たとえば，その人がおしっこをかけたのは，子どもの体かもしれないし，トイレであったかもしれない〕。

言葉の用法

● 子どもが言及するまで，面接者は新しい言葉 ──たとえば，人の名前や体の部位の名称など── を導入しない。

● 複雑な法律用語やその他の大人が使う専門用語は避ける。

● 幼児には，話し手の文脈，場所，関係性に依存する言葉の意味（たとえば，**来る**〔come〕／**行く**〔go〕，**ここ**〔here〕／**そこ**〔there〕，**ある**〔a〕／**その**〔the〕，親族用語）は難しいかもしれない。

● 子どもは**彼女**，**彼**，**あれ**，**それ**などの言葉を誤解するかもしれない。名前と動作を

これらの語で置き換えない。

● 子どもは大人よりも，言葉を限定的に解釈したり（たとえば，水着やパジャマは子どもにとっては「服」ではないかもしれない；触ることができるのは手だけかもしれない），包括的に解釈したり（中に〔in〕は，中に〔in〕や間に〔between〕の意味で用いられているかもしれない），独特な仕方で解釈したりしているかもしれない（つまり，大人の言葉には対応するものがない），ということに留意する。発達の後期に習得される語は用いずに質問を構成する。

● 出来事の時間に関する質問に答える能力は，8〜10歳以前では制約があり，……の前にと……の後にという言葉（たとえば，「それがあったのはクリスマスの前？」）でさえ，幼児は一貫性のない応答をすることがある。子どもにわかる活動や出来事について尋ねることで，出来事の時間を絞り込むとよい。たとえば，それは学校のある日だったか，あるいは，子どもがその日に何をしていたか，などである。

● 子どもが特定の人物に言及したときには，補足質問をして，その人物の身元を明確にする（ただし，明確にするために子どもの自由報告を遮ってはいけない。可能であれば，自然に休止するところまで待つ）。

質問の形式

● 主語−述語−目的語〔訳注：日本語であれば主語−目的語−述語〕の語順の簡単な文を使用する。

● 節の埋め込みは避ける。〔訳注：英語の場合は〕条件文の前に基本の質問を置く。たとえば，「彼があなたをぶったとき，あなたは何をしましたか？（When he hit you, what did you do?)」ではなく，「あなたは何をしましたか，彼があなたをぶったとき（What did you do when he hit you?)」と言う〔訳注：日本語であれば，「彼があなたをぶったとき，あなたは何をしましたか」であろう〕。

● 1つの質問で1つの事柄について尋ねる。1つの会話のターンでは1つの質問とする。

● 「あなたはそれが誰か見なかったの？」のような否定表現は避ける。

● 「それは彼のコンピュータ，でしたね？」のような付加疑問文は使用しない。

文化的な問題

● 権威者の前で子どもがどう振る舞うべきかについては，文化や家庭により概念が異なる。子どもの声が聴き取れなかったり，面接の妨害となったりしない限り，子どもの行動を正すことは避ける。

● 人が過去の出来事の語りをどのように構成するかという多様性も，言語の多様性の一種である。子どもの話を遮ることは避ける。前の話題に立ち戻る必要があるときは，その話題に再度言及する形で立ち戻るとよい（たとえば，「弟のお守りをしたときのことを，聴きますね」のように）。

注　a：*Investigative interviews of children: A guide for helping professionals* (pp. 179-180), D. A. Poole & M. E. Lamb, 1998, Washington, DC: American Psychological Association. Copyright 1998 by the American Psychological Association.

がかり質問，深める質問；他の例についてはクイックガイド 3.2 を参照）などが含まれる。**オープン質問**は，子どもに出来事または出来事の一部の方向性を指し示すが，話すべき詳細情報は特定しない。**焦点化質問**，すなわち，子どもに特定の種類の情報を提供するよう求める質問には，**WH 質問**（つまり，特定の再生質問，「彼はあなたのどこを触りましたか？」など）〔訳注：詳細再生質問ともいう〕，**クローズド質問**（**選択質問**）（多肢選択質問とはい／いいえ質問），そして**暗示質問**が含まれる。面接者がオープン質問から暗示質問に移行するにつれて，特定の回答への誘導が強くなる。この進行を，質問の階層と呼ぶトレーニング教材もあれば（Poole & Lamb, 1998），質問の連続体と呼ぶトレーニング教材もある（National Children's Advocacy Center, 2012）。

　熟達した面接者は会話の最中ずっと，使用する質問の種類を慎重に決める。とはいいつつも，彼らは**質問のサイクル**と呼ばれる会話の習慣——それはオープン質問，あるいは焦点化質問だけを用いることで起きる問題を最小限にしつつ，オープン質問の使用を増やす——を取り入れることで，毎回毎回意思決定をする必要性を減らしている。

オープン質問の利点

　司法面接者が質問階層の上位の質問，すなわち，よりオープン質問を好む理由はたくさんある（クイックガイド 1.1 を参照）。子どもも大人も，WH 質問に比べ，オープン質問に対してより多くの詳細な報告をする（少なくとも 5 歳になる頃までには；Hershkowitz et al., 2012; Lamb, Hershkowitz, Sternberg, Esplin et al., 1996 も参照）。そして通常，それらの正確性はオープン質問に回答するときに最も高くなる（Lamb, Orbach, Hershkowitz, Horowitz, & Abbott, 2007; Poole & Lindsay, 2001, 2002）。これらの調査結果は理にかなっている。なぜなら，オープン質問はⓐ求める情報の範囲を狭く制限しないので，子どもはもっとたくさん話すことができる，ⓑ子どもは自身の思考の流れに沿うことができ，それは記憶の検索を助ける，ⓒ焦点化質問に比べ，記憶していない詳細な情報を求められることが少ないので，正確性が向上する。

　私の研究室に来た子どもとの会話の書き起こしは，オープン質問に関わる 2 つの重要な指針を示している。以下のそれぞれの例で，面接者は子どもとのラ

どのような促しが中立的で子どもになじみがあるかは，地域の方言や証人の文化に依存する。以下の例を出発点として用いることで，専門家は面接する子どもに適したオープン質問と，「まだあなたの番ですよ」というフィードバックのリストをつくることができる。

最初の自由報告を引き出すために（オープン質問）

- 何があったか話してください／教えてください。
- あったことをすべて話してください／教えてください。
- 何がありましたか？

一連の活動についてさらなる情報を引き出すために（それから質問）

- それから何がありましたか？
- 次に何がありましたか？
- 他に何かありましたか？

前に報告した出来事について詳細な情報を求めるために（手がかり質問）

- [子どもの言葉：たとえば，「サムがあなたにコンピュータで見せたもの」] のことをもっと話してください／教えてください。
- [子どもの言葉：たとえば，「彼があなたに怒鳴った」] 場所のことを，もっと話してください／教えてください。
- あなたが [子どもの言葉] したとき，何がありましたか？
- あなたは [子どもの言葉] と言いました。そのことを全部話してください／教えてください。

あいづち

- うんうん。
- 続けて。
- そうか。
- 聴いていますよ。
- [子どもが言った最後の言葉]（を繰り返す）
- [沈黙。少し前傾になったり，あるいは「続けて」という合図として頷いたりしながら，というのもよいだろう]

注：マーティン・パウエルらはオープン質問を，広い質問，広げる質問，深める質問と分類している（たとえば，Powell & Guadagno, 2008; Powell & Snow, 2007）。子どもの司法面接の研究においては，さまざまなオープン質問が見られる。たとえば，ラムら（Lamb et al., 2008）とプールとラム（Poole & Lamb, 1998）を参照のこと。

ポール形成に時間をかけ，その後に科学の行事に関する一連の質問を行った。
8歳女児の反応を以下に示す。

面接者：では，その日，バイキン刑事〔訳注：子どもが参加した科学の行事〕で
　　何があったか知りたいんです。最初にあったことから始めて，あなたがあ
　　まり重要だと思わないことでも，思い出せることを全部教えてください。

子ども：はい。男の人が，ゲームをしてくれました。これが，覚えている最
　　初のこと。

面接者：うんうん。

子ども：えーと，私たちはゲームをしたの。そして，それから，それをして，
　　あれ，やったんじゃなかった，3つやったんじゃなかった？ 私，忘れちゃ
　　ったから，いや，2つやったのか。

面接者：私にはわからないの。

子ども：でも，私が，うーん，わかるのは，その人が，手を洗うように教え
　　てくれた，ということです。

面接者：うん。

子ども：正しいやり方で，だいたいそれだけ。それで，ええと，すぐ家に帰
　　りました。

面接者：わかりました。じゃあ，バイキン刑事のところであったことをもっ
　　と話してください。

子ども：はい。私たちは，キラキラしたものを持って，ああ！3つ，3つ目，
　　うん，くしゃみ，うん，あの，くしゃみを見るためにスプレーのボトル
　　を使わなくちゃならなかった。うん，そして，くしゃみは12，じゃない，
　　時速160 km，になるって習ったの。

面接者：そうなんだ。

子ども：そして6 mの長さ。そして，バイキン刑事をやるためにキラキラを
　　使って，そして，私たちは，うーん，隠れたものを，うーん，何かを，虫
　　眼鏡で見つけようとしたの。

面接者：うんうん。

子ども：そんなところ。

面接者：わかりました。私たちは物がどんなふうに見えたか，たくさん覚えていることがあります。なので，パイキン刑事のところで見えたものを全部，教えてください。

子ども：うん。キラキラをやったから，テーブルがキラキラに見えました。

面接者：うんうん。

子ども：そして，それをやるのに使ってた紙を置いて，それは，スプレーみたいなのでやったんだけど，それって，上に少ししずくがあるように見えた。そして，ええと，これが私の覚えていること，だいたい全部です。

　上の書き起こしで印象的なのは，子どもが出来事を1つか，2つだけ報告し，あとは面接者が話すのを待つ，ということがいかに頻繁に生じるか，である。たとえば，前述の子どもは最初のオープン質問に対し，ゲームの最初の部分だけを話した。そして，面接者が最小限の促しをしたあと，手を洗う活動について述べた。その後の質問は，くしゃみとキラキラゲームに関する情報を引き出した。出来事は最近あったことなので，面接者が，「まだあなたの番ですよ」というフィードバック（たとえば，「私はまだ聴いていますよ」）を伴うオープン質問を行い，その後，間をおくということを続けていたならば，子どもはおそらくもっと多くのことを報告しただろう。明らかに，1つか2つのオープン質問をしたあと，すぐに焦点化質問に移るのは不適切である。子どもは出来事を思い出す力をまだ絞り切っていない可能性がある。

　次の例は11歳児によるものだが，関連する点を示している。子どもはしばしば，実際にはできるのに，「これ以上は思い出せない」と言う。

面接者：その日に科学室で何があったか知りたいんです。［子どもの名前］さんがあまり重要だと思わないことでも，最初にあったことから始めて，思い出せること全部，私に教えてください。

子ども：うーん，男の人が挨拶してくれて，名札をくれて，それから，私は自分の名前をそれに書いて，で，自分のシャツにつけました。そして，それから，私たちは，紙飛行機を折ったり，滑車について何かをする，そんな実験をしました。そして，それが覚えている全部です。

面接者：科学室で何があったのか，もっと教えてください。

子ども：えっと，うん，本当にこれ以上何も思いつかない。

面接者：私たちは，いろんなものについて，どんなふうに見えたか，たくさん覚えていることがあります。科学室で見えたもの，どんなふうに見えたか全部教えてください。

子ども：えっと，この部屋よりも暗かった。テーブルは覚えてないけど，隅っこに机があって，とっても散らかってたっていうことだけ。1つか2つ，椅子があった。それが覚えていること全部。

面接者：時々，私たちは人が言ったことや音を覚えています。科学室で聴いたことを全部教えてください。

子ども：えっと，男の人の声を聴いて，何人かが廊下を歩いていくのを聴いた。コンピュータか何かのピッていう音がしたのを覚えてる。ときどき，急にピッて鳴る。それだけ。

2つの書き起こしが示すように，オープン質問は，不自然に，あるいは高圧的な印象を与えることなく，より多くの情報を引き出す。同様に重要なこととして，その後の促しに対して子どもが提供する情報は，彼らの初期の応答と同じくらい正確だ，ということである（Poole & Lindsay, 2001）。

オープン質問を用いる利点を説明するために，あるデータの詳細な分析を紹介したい（Poole & Lindsay, 2001）。3～8歳の子どもが，ミスター・サイエンスという人物と交流し，ベースラインとなる短い面接を受けたのちに帰宅した。数カ月後，その親は『ミスター・サイエンスに会いに』という本と，子どもに3回読み聞かせるようにとの教示を受け取った。それぞれの本には，子どもが見た2つの実験〔訳注：ミスター・サイエンスと行ったこと〕と，2つの未経験の（架空の）実験，および実際にはなかった接触（タッチ）が書かれていた（ある子どもが経験した出来事は別の子どもは経験していない，というように個々の出来事はカウンターバランスされている）。子どもが誤情報にさらされたあとにどのように反応するかを調べるため，面接者は，子どもの最後の本読みセッションの翌日に質問を行った。ラポールを形成する会話に続き，面接者は，前掲の書き起こしにある4つのオープン質問に加えて，5番目の最後の質問を行った。それは，

「あなたがいま私に話したことについて考えてください。あなたが私に話していないことで，いま話せることはありますか？」というものであった。得られた結果のいくつかを以下に示す。

- 面接者が追加の質問をするたびに，子どもは新しい情報を報告した。たとえば，3歳児のほぼ半数と8歳児のほとんどが，4番目のオープン質問に対して新しい事柄に言及したが，面接者が5番目の質問を行ったあとにも多くの子どもが情報を追加した。

- 新しい情報は意味があった。たとえば，7歳と8歳の子どもは，4番目のオープン質問に対して平均9つの新しい情報を提供した。

- 正確さは複数のオープン質問を通しても低下することがなかった。実際，本の中の架空の物語を反映した子どもの報告の中の情報の割合は，最初とその後の促しでほぼ同じであった。

- トピックマーカー〔訳注：何について話してもらうのか〕を省略するのは危険である。最後の質問では，トピックが明確に特定されていないことに注意してほしい。（それは，「あなたが私に話していないことで，いま話せることはありますか？」であり，「科学室であったことについて，あなたが私に話していないことで，いま話せることはありますか？」ではなかった）。驚いたことに，それまでの質問はどれも科学実験のことを尋ねていたにもかかわらず，年長の子どもでさえ，最後の質問を別のトピックに関する質問として受け取ることがあった。実際，彼らは日常の関係のない出来事に言及して話題から外れることもあった。たとえば，8歳の男児は「前は魚を飼っていたんだけど，死んじゃった」と話し，他の子どもは科学室で起きたと誤解されそうな出来事を報告した。話題（トピック）が外れることによる誤解を防ぐため，トピックを繰り返すという習慣について，本章のまとめとなる言葉のガイドラインで議論したい。

大人は通常，オープン質問をあまり用いることがないので，クイックガイド3.2の質問のいくつかを記憶し，日常会話で何度も使ってみるとよいだろう。

焦点化質問の利点

オープン質問は重要だが，よい面接がオープン質問だけで構成されていると

考えるのは誤りである。子どもがオープン質問に対し，出来事を完璧に説明する，ということはまれである。そのため，焦点を絞って促さなければ，面接の目的を達成するのに必要な出来事の情報や裏づけとなる証拠を引き出すことは難しい。その結果，事件を詳細に調査するには，ほとんどの場合，焦点化質問（出来事の特定の様相について尋ねる質問）が必要である。

　事案について必要な情報を得ることに加え，焦点化質問は，オープン質問に対する応答を再度確認するのに役立つ。これが必要な理由は，――広く信じられている考えに反して――オープン質問は「真実に対する魔法の万能薬」ではないからである（Brubacher, Poole, & Dickinson, 2015, p. 17）。「オープンな誘いかけによって得られた情報はおおむね正確だ」と専門家が言うとき，その意味するところは，疑われる出来事を経験した子どもでは一般的に正確性が高い，ということである。実際，自由再生による応答に不正確な情報が入り込む理由はたくさんある。意図的な嘘，記憶のソースモニタリングの混乱（たとえば，Principe et al., 2013）〔訳注：ニュースで見たのか，人から聴いたのかなど，記憶のソース，すなわち情報源に混乱が生じること〕，よく知られている，あるいは予想される状況とは一致するが，問題の出来事とは一致しない説明をする誤り，などがそうである（たとえば，Erskine et al., 2001）。たとえば，私の研究室で，ある子どもは板をはめこんだ天井についてくわしく説明した。この天井は小学校では一般的だが，尋ねた出来事があった場所の天井ではなかった（Shapiro, 2009 参照）。

　司法面接の目標の１つは，必要な情報を収集できるかもしれない直接的な質問を最小限にすることである。たとえば，「その人のトラックのことを教えてください」は，WH質問「その車は何色でしたか？」よりも直接的ではない。また，この質問は，「その車は赤，青，それともそれ以外？」のような多肢選択の質問，あるいは「車は赤でしたか？」のようなはい／いいえ質問よりも誘導性が少ない。車の説明が必要な場合，面接者は可能であれば，オープン質問から始める（子ども：「そのあと，その人は私を家に送りました」，面接者：「その人は，あなたをどうやって家に送ったの？」，子ども：「その人のトラックで」，面接者：「その人のトラックのことを教えて」）。この質問で色が出てこなかったら，面接者は次のように言うかもしれない。

トラックのことをもっと聴かせてね。私が質問しても，答えを知らなかったら「知らない」と言ってください。でも，答えを知っていたら，教えてほしいです。そのトラックは何色でしたか？

　（本章の後半でも議論するが，「トラックが何色だったか覚えていますか？」は思春期の子どもには理解できるが，年少の子どもは混乱するかもしれない）。

　WH質問や，はい／いいえ質問に対する幼児の応答の正確さの程度は，研究によって異なるが，はい／いいえ質問では正確な応答が返ってこないことが多い。たとえば，キャロル・ピーターソンとマーリン・ビッグス（Peterson & Biggs, 1997）は，2〜13歳の子どもに子どもが体験した大ケガについて面接を行った。年長の子どもでは，はい／いいえ質問に対する応答の正確性は，WH質問よりもわずかに低い程度であったが，5歳以下の子どもでは，はい／いいえ質問に対する応答の正確性はWH質問に比べて有意に低く，4歳以下の子どもでは，「いいえ」という回答の正確性はチャンスレベル〔訳注：偶然の確率〕であった（Peterson & Rideout, 1998も参照）。このような結果を踏まえ，**質問の柔軟な枠組み**（**質問の幹**ともいう）を教え，はい／いいえ質問への依存を減らすことは，面接トレーニングの1つの目標となっている。質問の柔軟な枠組みとは，面接者が記憶に蓄えた種々の言いまわしであり，種々の事柄について尋ねる際，面接者はこれらを用いてよりオープンな質問をつくることができる（クイックガイド5.2を参照）。

質問のサイクル ── オープン質問と焦点化質問の長所のバランスをとる

　司法面接の初期のガイドラインでは，質問は2段階のプロセスとして説明されることがあった。すなわち，オープン質問から開始し，子どもの自由報告が尽きたら焦点化質問に移るようにというアドバイスがなされていた。今日，推奨される会話の習慣はサイクルである。面接者はさまざまなトピックについて会話を進めるなかで，必要な情報を引き出す可能性のある最もオープンな（それゆえ最も暗示が少ない）質問に，常に戻る。新しいトピックを一連のオープン質問で探索し，焦点化質問をオープン質問でペアリングすることで〔訳注：たとえば，WH質問で得られた応答を，オープン質問で拡張する。面接者：「それは誰で

したか」, 子ども：「おじさんです」, 面接者：「では, そのおじさんのことをもっと話してください」など〕(Lamb, Orbach, Hershkowitz, Esplin, & Horowitz, 2007)。そうすることで, 子どもの記憶の構造に合う方法で情報を提供するように促す。オープン質問を優先するからといって, 必要に応じてターゲットを絞った質問をしてはいけない, というわけではない。しかし, オープン質問を用いる習慣は, WH質問の長い一問一答を回避するのに役立つ（一問一答は, 1つの問いにわずかな情報しか答えないように子どもを訓練することになりかねない）。現実には, オープン質問に戻れるようになるには多くの経験が必要である。このようなパターンは大人の自然な会話のスタイルではなく, 熟達していない面接者もまた然りである（熟達していない面接者は, 1つか2つの誘いかけ質問のあと, 一連の長いWH質問に入ることが多い；Powell et al., 2014）。

発達的に適切な言葉

　子どもがたくさん話すよう励ますことに加え, 面接者は, 子ども中心のアプローチ（第2章参照）に沿って, 誰でもが理解できるようなシンプルな仕方で話をする。発達的に適切な言葉を用いることは, 支援的な態度, リラックスした会話のリズム, 焦点化質問のあとにはオープン質問に戻るサイクルを繰り返す, などの一連の会話の習慣としてまとめられる。

　どのような言葉が適切か, ということはわかりにくい点もある。たとえば, 短い語（たとえば, 前置詞の in）の多くが, 幼児を概念的に混乱させる。そのため, 語の長さは難易度のよい手がかりではない。また, 頻繁に耳にするような語でも, 子どもがそれを習得しているとは限らない。親族用語（たとえば, **おばやおじ**）は性の区別のために難しく（私の子どもはおばを「ボニーおじさん」と呼んでいた）, あなたが誰であるか（母親か娘か, 父親か息子か）は話す主体が誰かに依存するので難しい（これはこんがらがりやすい）。以下の議論をさらに深めるために, 私は *Handbook on questioning children: A linguistic perspective*（Walker, 2013）を推薦する。

有能な赤ちゃんと混乱した思春期の子ども

　自然の力は，驚くべきものである。（子どもがのちに身につける能力を）最初からフル装備にすることで成長のスピードが落ちることがないよう，自然は生存に必要なだけの能力を子どもに身につけさせる。この生物学的な優先順位により，赤ん坊から20代前半まで，ヒトの子どもは早熟でも未熟でもあり，そのため私たちは子どもの能力を過小評価したり，過大評価したりする。

　子どもの驚くべき能力に気づくと，私たちは，子どもが関連する他の活動でも有能だと期待したくなる。たとえば，アイコンタクトをとり，会話を交わす能力は早期に出現し，2歳児でさえめったに会話の相手の話を中断したり，発言をかぶせたりすることはない（Kaye & Charney, 1981）。その結果，他の言語的な到達と併せて，私たちは，この「あなたが話す，それから私が話す」という子どもの能力によって騙されてしまい，子どもは会話の他のしきたり，たとえば，相手が話したことと関連することを言う必要性も理解していると考えがちである。しかし，前述のように，学齢期の子どもでも，思い浮かんだことを口にするなど，会話の番（ターン）についてはいいかげんである。

　逆に，認知的な脆弱性に注目すると，重要な意味をもつ出来事を想起する子どもの能力を過小評価することになる。たとえば，ある種の質問に子どもが答えやすいかどうかによって（本章の実践のための原則を参照のこと），容易に矛盾が説明できるときであっても，大人は矛盾した詳細な情報を含む報告に懐疑的になることがある。子どもへの司法面接を行う者が避けるべき質問タイプを説明する前に，言語発達が一般的にどのように展開するかをまとめておくことは，有用であろう。

● 受容言語（理解）は，通常，表出言語（産出）を上まわる。**受容言語**は，人が子どもに話すときに子どもが理解する対象である。**産出言語**とも呼ばれる**表出言語**は，子どもが話すことができる対象である。**理解**——子どもが理解している対象——は，通常，産出を上まわる。言い換えれば，子どもは通常，自分で使うよりも多くの言葉を理解する。

● 産出しているからといって，理解しているとは限らない。子どもが特定の語を使用したり，特定の種類の質問に答えたからといって，それらの語や質問を理解しているわけではない。

● 言葉の学習は生涯続くものである。年長の子どもや十代の若者と話をする
ときは，言葉に関するガイドラインなしで済ませたくなるが，これらの
年齢層でさえ，大人の語彙や難しい質問形式を操る能力がない。たとえ
ば，一部の十代の若者は基本的な法律用語（たとえば，**陪審員**）を漠然とし
か理解しておらず，専門用語（たとえば，**偽証**；Warren-Leubecker et al., 1989）
の知識はほとんどない，そして，大学生でもマルチ質問は難しいとされる
(Perry et al., 1995)[4]。
● 環境要因，医療状態，発達障害は言語の発達に影響する。概して，虐待を
受けた子どもは，同じ学齢の子どもよりも，言語能力が劣っている（Lum
et al., 2015）。困難な社会経済的な背景をもつ子どももまた，同様である。
早期の難聴，視覚障害，発達障害（たとえば，自閉スペクトラム症）などは
言語能力に影響する（Hoff, 2014）。原則として，子どもが早い年齢で習得
する語彙，文構造，会話の仕方は，のちに出現する形式や型に比べ，誰に
とっても理解しやすいものである。したがって，司法面接の会話において，
常にシンプルで具体的な言葉を使うことは理にかなっている。

　子どもの理解と，面接での質問の仕方に関するガイドラインは，言葉に関す
る4つのトピックを扱っている。ⓐ**音韻論**（言葉の音と音を組み合わせるための規
則），ⓑ**意味論**（意味獲得，簡単に言えば，語彙），ⓒ**構文**（語とそれと同等のものを
組み合わせるための規則，一般に文法と呼ばれる），およびⓓ**語用論**と会話能力（言
語の社会的機能）である。これらの専門用語は，言葉に関する情報をデータベ
ースで検索する際に役立つが，ここでは面接者が子どもの不明瞭な話をどう舵
取りするか，どのように難しい言葉や質問形式を避け，文化的な違いを尊重す
るかを，より一般的な単語を用いて議論したい。

─────────

[4]　被告側弁護人はしばしば子どもに複雑な質問をするが，わかりにくい質問スタイルは有
罪判決が増えることと関係がある，という研究がある（Evans et al., 2009）。このデータが示
しているのは相関関係〔訳注：因果関係ではなく〕であるので，結果の理由についてはいく
つかの可能性がある。子どもの事案をあまり経験したことのない弁護人は，子どもに不適切
な質問をしがちである（そして，その結果敗訴する）；複雑な質問をする戦略により，陪審
員が被告人に対して否定的になる；検察官がゆるぎない主張をするときに，弁護人はこの戦
略を使わざるをえなくなる，などである。理由はどうあれ，言葉のガイドラインの違反が弁
護人に──そして検察官にも──リスクをもたらすということは興味深い。

不明瞭な話の舵取りをすること

面接の記録には，子どもと大人の間で起きた誤解の痕跡が認められることがよくある。以下は，性的虐待が関わる面接の一部である。

面接者：嘘をつくのはよいことですか悪いことですか？

子ども：ジー・エー（G. A.）が触った（G. A. touched me.）〔訳注：音韻として「ジーエータッチトミー」〕。

面接者：ジーザズラブズミー？（Jesus loves me?）〔訳注：意味として「イエス様が愛してくださる？」〕あなたが言ったことはこうですか？

子ども：そう。(Warren et al., 1996, p. 235)

よくある発音の誤りに慣れていないため，面接者は子どもの言うことを推測したり，字義どおりにとろうとし，コミュニケーションは容易に行き詰まる。あるワークショップで聴いた事例は私のお気に入りである。子どもは「その人は私の腕に some ting（サムティング），つけた」とつぶやいた。残念なことに面接者は「その人は私の腕に some paint（サムペイント），つけた」と聴き取り，ペイント（塗料）に関する情報を尋ねた。証言はたちまち間違った方向に進み，子どもは一度も起きたことがない出来事を詳細に報告した。傍聴席にいた発達心理学者には，子どもが最初に言ったこと（「その人は私の腕に something（サムシング；何か），つけた」）は，はっきりと聴こえた。子どもは 2 つの子音の 1 つを脱落させたにすぎなかったのだ（このような脱落はよく起きる誤りである）。

なぜ一部の発音では，他の発音よりも誤りがよく発生するのか。これを理解するために，意味の違いを表す言葉の最小単位，音素を見てみよう。**音素**とは語と語の違いを示す音の分類上の区分であり，これらの分類上の区分は言語により異なる。たとえば，英語では rice（コメ）と lice（シラミ）を 2 つの異なる語として認識するので，/r/ と /l/ は 2 つの音素である。日本語には /r/ や /l/ と似た音があるが，これらの音を置き換えても語の意味は変化しない。どの言語でも，子どもは音の変化には意味を変えるものもあれば，そうでないものもあることを学ぶ（Poole & Lamb, 1998）。

幼児であっても，会話音の微妙な違いを聴き分ける。しかし，幼児はどの違

いがその言語において意味があるのかを，ただちに理解するわけではない——また，これらの音を発音できるとも限らない。4歳でも，子どもはまだ母語の多くの音の発音の仕方を学んでいる最中であり，一部の子どもはおよそ8歳半まで，すべての音を習得しているわけではない (Reich, 1986)[5]。早期の言語学習の期間，子どもの発音は発話間で一貫しているとは限らず，次のような誤りがよく見られる (de Villiers & de Villiers, 1978; Reich, 1986)。

- **音の削除**は，子どもが子音クラスター〔訳注：子音の連続〕から子音を落としたり (string を tring のように)，最後の子音を落とすときに発生する。幼児はまた，語の中で弱勢の音節も落とすことがある (away を way と言うなど)。

- **音の挿入**は，pig を piga，play を pulay と言うように，子どもが母音を加えることによって，語の最後に子音がくることや，子音クラスターを避けるときに起こる。

- **音の置き換え**は，子どもがある音を別の音に置き換えるとき発生する。たとえば，ソーニャ・ブルーバッカーの研究室で，ある子どもは dope〔訳注：麻薬〕をもらったと繰り返した (それは，soap〔訳注：石鹸〕，その子どもによる手指殺菌剤の名称であった)。この例は，いかに子どもが難しい音の代わりに発音しやすい音を用いるかを示している (Poole, Dickinson, & Brubacher, 2014)。

- **音の反転**は珍しい誤りである。たとえば，cup を puc と言うなど。

　子どもの発話ではこのような誤りが頻発するため，次のような面接中の方略が必要になる。

- 子どもの誤った発音をまねしない。理解は産出を上まわるので，大人が赤ちゃん言葉や彼らの発音の誤りを再現すると，怒り出す子どももいる。そうではなく，面接者は正しく言葉を発音すべきである (ただし，人物や体の部分については，子どもが用いた言葉を用いる)。

- 理解できなかった語や句については，子どもに繰り返すようにお願いする。

---

[5] 子どもは彼らが正しく発音できない言葉を言うのを避けるかもしれない。もし子どもが特定の語を言うのを避けるようなら，その物，行動，人物の他の呼び方にするのが最善である。

子どもがある人物の名前をつぶやいたら，たとえば，面接者は「聴き取れなかったんだけど，何て言ったの？」と言ってもよいだろう。「あなたは［子どもが言おうとした可能性のある語やフレーズ］と言ったの？」と，面接者が子どもの言ったことを推測するのは避けるべきである。

● 単語や言いまわしが意味することをはっきりさせる質問をすることで，コミュニケーションの失敗をフォローする。たとえば，子どもがある名前を繰り返し言うが，それでもよくわからなければ，面接者は「それは誰？」と尋ねるかもしれない。もし子どもが「その人は私に［聴き取れない］した」のように，動詞を使ったら，補足質問は「その人はどのようにしたか，教えて」あるいは「私はその言葉を知らないの。それが何か，教えてください」のようになるだろう（Poole & Lamb, 1998）。

難しい語と質問形式を避ける

子どもが質問を理解できない理由はたくさんある。質問の中にある語が子どもの生活環境ではあまり（あるいはまったく）使われない，認知的に難しい内容を指している，あるいは，習得が難しい言語的機能が含まれているなど。しかし面接者が使用する個々の語が理解できたとしても，1つの質問にたくさんの内容が入っていたり，あるいは，内容が認知的に難しい並べ方になっていることによって，これらの語をわかりにくい質問にする可能性がある。以下は，混乱させる語の例である。

● **何か**（any）：子どもは**何か**という語を含む質問（たとえば，「何かあったの？（Did anything happen?）」）に対して，「いいえ」と言うことがあり〔訳注：any は否定形と結びつきやすい〕，それがのちの証言と矛盾をきたすことがある。このような不一致に対する単純な理由はなく，大人でも同様のことが起こる（たとえば，「朝食に何か食べましたか？〔Did you have anything for breakfast?〕」「いいえ，トーストだけです〔No, just a piece of toast〕」）。これらの質問を避けるための最もよいアプローチは，オープン質問によって必要な情報を得ることである（たとえば，「あなたは，ジョンが学校に迎えに来てくれた，と言いました。その後，何がありましたか？」）。**何か**（some）を使っても誘導になりにくい場合は，この語の方が，考えなしの「いいえ」を生じさせないかもしれ

ない（たとえば「何か〔something〕聴きましたか？」と尋ね，「あなたが聴いたことを私に教えてください」と続けるなど）。

● **前に／後に**：子どもはこれらの語を早くから用いるが，その意味を，さまざまな文脈で適切に理解できるようになるのはあとになってからである（Reich, 1986 によれば 7 歳頃）。英語を第二言語とする子どもでは，それは 14～15 歳にもなりうる（Walker, 2013）。質問の中の出来事の順序が，過去の出来事の順序と一致する場合，理解度は上がる。たとえば，「先生に話す前に，誰かに話しましたか（Before you told your teacher, did you tell someone else?)」よりも「誰かに話してから，先生に話しましたか（Did you tell someone before you told your teacher?)」の方が理解しやすい。

● **触る，挿入する，を説明する語**（たとえば，……の中〔in〕，……の内側〔inside〕）：性的虐待の面接では，触る，挿入する，ということがトピックとなることが多い。しかし，これらの事象に関する一般的な名称について，子どもが知っている意味は，大人のそれよりも限定的であったり，もっと広かったりする場合がある。幼児にとっては，**触る**（タッチ）という語は手で行われる特定のタイプの接触だけを意味するかもしれない。そのため，彼らは実際に起きたタッチを誤って否定するかもしれない（たとえば，面接者：「その人はあなたを触った？」，子ども：「ううん」，面接者：「何があったか教えて」，子ども：「その人は私のピーピーにキスした」）。接触が認められた場合，面接者は課題を抱えることになる。幼児は，前置詞 in と inside を混同している可能性がある（特に，なじみがない身体部位に関する質問に組み込まれているときは，そうである）。たとえば，幼児は脚の間にペニスがあることを inside〔訳注：内側〕と言い，大陰唇へのペニスの挿入は in〔訳注：中〕ではないと言ったりする。

● **知る**（know），**思う**（think），**思い出す**（remember），**想像する**（guess）：心理状態についての語は，考えることについて考え始めたばかりの就学前児には難しい。たとえば，何かを思い出すには，最初に忘れなければならないと信じている子どももいる。そういう子どもは，「……したときのことを覚えていますか？」という質問に対し「ううん」と答えても，数秒後にはその出来事について話し始めるかもしれない。

● 時間を表す語：昨日と明日という語は，特定の日というよりも現在に関係した相対的な時間を指している語であるため混乱が生じやすい。就学前の子どもにとって，明日はまだ来ていないどの日でもありうるし，昨日は過去のどの日でもありうる（ほとんどの子どもは今日については理解している）。関連して，週の何曜日あるいはどの月に何が起こったかを幼児に尋ねることは危険である。彼らはこれらの語を理解していないかもしれないし，こういった概念を中心に記憶を体制化していない傾向があるからである。概して，かなり前に起きたことや，繰り返された出来事よりも，単独で起きた最近の出来事の方が正確である（過去の出来事がいつ起きたかを同定する子どもの能力については，ウィリアム・フリードマンの論文，たとえば，Friedman, 1991; Friedman et al., 2011 を参照）。

● 親族用語：前述のように，幼児は男性と女性の親族用語（たとえば，おじとおば）を混同したり，母親は祖母の娘であることを理解するために視点を変える，ということができなかったりする。それゆえ，「おばあちゃんには他の呼び名がある？」と尋ねる方が「それはあなたのママのママ，それともパパのママですか？」と尋ねるよりも正確に祖母を識別できるであろう。

● 指示語：会話において，大人はしばしば特定の人物あるいは行動に言及する（たとえば，「昨日ジョンが来たんだけど，離婚届を持ってきたのよ」）。そして言ったことを参照する言葉を使う（たとえば，「彼がそんなことしたから，私は怒り狂ったわよ」）。前に言われたことに意味が依存する語には，指示語，対象指示語，指示詞などのさまざまな名称がつけられている。面接でよく用いられる指示語は代名詞だが（たとえば，彼），そこのような語も，意味を文脈から引き出す。子どもにとって，指示語の意味を特定するのは難しい。特に，人，場所，行動に関する発言と，これらの指示対象を指す指示語との間に多くの会話が差し挟まれる場合はそうである。したがって，明確にわかる語を指示語に置き換えることはせず，人の名前，行動などを言い直すのが最善である。[6]

---

[6] デビー・ハルス（Hulse, 1994）は，面接が子どもにとってどんなに難しいものとなりう

第3章　会話の習慣

81

問題のある言葉は避けることに加え，発達的に適切な言葉として次のような質問形式も避ける。

- 左枝分かれ質問：英語話者は**右枝分かれ文**に慣れている。右枝分かれ文とは主語（たとえば，「あなたは」）を動作と目的語（たとえば，「運転した，マークの車を，金曜日，パーティの前に」）の前に置くような文である。対照的に，**左枝分かれ文**は，情報を修飾することから始まり，聴いている人はこれを主要部が来るまで心にとめておかねばならない（たとえば，「金曜日，ゲームの前，あなたはマークの車を運転した」のように）〔訳注：日本語は左枝分かれ構造であるため，日本語話者にとっては後の文の方がなじみがある〕。〔訳注：英語では〕一般的に，質問の冒頭で主語と動詞を近くに置くのが最善である（たとえば，「あなたは金曜日に，マークの車を運転しましたか？〔Did you, on Friday, drive Mark's car?〕」ではなく，「あなたは，マークの車を運転しましたか，金曜日に？〔Did you drive Mark's car on Friday?〕」）。

- 受動態：**受動態**の文では，主語は動作する個人ではなく，動作の受け手である。たとえば，「ママがサムをぶった」は能動態だが，「サムはママにぶたれた」は受動態である。子どもは発達後期まで受動態を十分に使えないので，常に能動態を使うのが最善である。たとえば，面接者は「月曜日にあなたはその人に学校に迎えに来てもらったんですか？（Were you picked up from school by him on Monday?）」と聴くよりも「月曜日にその人があなたを学校に迎えに来たんですか（Did he pick you up from school on Monday?）」の方がよい。

- マルチ質問：子どもは，どの質問に答えているのかよくわからないまま，1つの発話に含まれる複数の質問のいずれかに回答することがある。とはいえ，彼らは面接者が誤りに気づき，「ごめんなさい，最初から始めさせて」と言えば，寛容である。

- Xを覚えていますかという質問：法廷での速記録によく見られる質問は，

るかを示している。彼女は面接者が名前で何かに言及したときから，それが代名詞を使って参照されるまでのターン数（面接者が話し，子どもが話すという発話の数）をカウントした。2〜6歳の子どもへの面接では，その距離は7であり，年長児（7〜13歳）での距離は32であった。

「……を，覚えていますか？」である。この質問は，特定の出来事（「彼が最後にベビーシッターをしたときのこと」），あるいは別のトピック（「その写真はどんなだったか」）が続く〔訳注：英語では，「覚えていますか，……のことを」の語順となる〕。これらの質問に答えるには，高度な言語的知識と，質問の複数の部分を記憶する能力が必要である。A. G. ウォーカー（Walker, 2013; 書き起こしの質問と回答は Walker, 1993 より）が示している次の例のように，子どもは理解していなくても，これらの質問に答えることがある。

問：ハーヴが「ダグのシャツをまくり上げて，スプーンを彼の両目に突き立てた」とティー・ジェイ（T. J.）に言ったのを，あなたは覚えていますか？
答：ううん。

　　この応答を大人が論理的に解釈したならば，それは，「ううん」は子どもがそのような記憶を覚えていないことを示している，となるだろう。たしかにその可能性もある。しかし，子どもの視点に立てば，多くの別の解釈がありうる：①ハーヴはダグのシャツをまくり上げていない，②ハーヴはダグの両目をスプーンで突いていない，③ハーヴ以外の誰かが，1つあるいは両方のことをした，④子どもはこのことをティー・ジェイ（T. J.）には話していないが，他の誰かに話した。実際，さらに質問してみると，彼女の応答は上のどれでもないことが明らかになった。彼女の言葉によれば，それは単に「あなたが何て言ったか忘れちゃった」という意味であった。(pp. 56-57)

（「覚えていますか」という質問に対する子どもの応答の研究についての議論は，第5章の「詳細再生質問（WH 質問）の構成」を参照）。
- ● 否定形を含む質問：否定を伴う質問（たとえば，「あなたはコンピュータを見ていなかった，そうですか？」）に対する子どもの応答は，信頼性が低い。しかし，もっとわかりやすい言葉づかいで尋ねれば，子どもはよりよく答えられる（たとえば，「あなたはコンピュータを見ましたか？」；Perry et al., 1995）。
これらの例は，面接中に誤解を生じる可能性がある語と質問形式のほんの一

部である。子どもは，理解していない発話に対しさまざまな方法，たとえば，何も言わない，何か答える，そして次の例が示すように面接者が言ったことを繰り返したり，関係のないことを言ったりして，応答する（Saywitz, 1988）。

> 弁護士：あなたがお父さんと一緒におばあちゃんの家にいたとき，あなたのおばあちゃんは誰のママ？
>
> ジェニー：アンおばあちゃん。（祖母の名前）
>
> 弁護士：その人は，あなたのパパのママ？
>
> ジェニー：はぁ？（質問を理解していない）
>
> 弁護士：その人は，あなたのパパのママ？（頷きだけを要請する誘導質問）
>
> ジェニー：パパのママ。（発話の最後の部分を繰り返した。これはやりとりがうまくいかないときに子どもがとる一般的な応答である）
>
> 弁護士：おばあちゃんは，パパのお母さん？（大人が一連の質問を止めるために強制的に用いる，頷きだけを要請する質問）
>
> ジェニー：おばあちゃんにはね，ボーイフレンドがいるの，ボーイフレンドが2人。（関係のない応答）（pp. 38-39）

　質問により混乱した子どもは，面接者の発話を繰り返したり関係のない話をし始めたりすることがある。そのため，子どもの証人が意味の通らない回答をしても，単純に作り話をしていると思わないことが重要である。

文化の違いを尊重する

　発音を学び，語彙を獲得し，さまざまな形式の文を習得しながら，子どもは言語の社会的な使用法についても学ぶ。言語習得の積み重ねには，状況に応じて話し方を変えること，「よい」話の仕方を学ぶこと，そして会話中に適切な非言語行動を示すこと，などの技能が含まれる。子どもが大人の近くで，アイコンタクトをとりながら，質問されたことに直接答える文化もあれば，子どもは大人のパーソナル・スペースに侵入したり大人を見たりすることを避け，過去の出来事について話すときは，多くの背景情報から話し始める，という文化もある。後者の会話のスタイルは，より直接的で単刀直入に話す文化の面接者

には，非協力的に見えるかもしれない。

　前述のように，面接者はその行動が子どもの話を聴くのを妨げたり，他の仕方で面接を妨害したりしない限り，子どもの行動を正すべきでない。また，子どもが質問されたことにすぐに答えなくても，遮らないのが最善である。子どもが明らかに話のトピックから脱線したならば，面接者は方向を変える質問を行い（たとえば，「あなたが弟を世話したときのことについて，他にも聴きたいことがあります」），そのトピックを繰り返すべきである。

　まとめると，司法面接の面接者は，クイックガイド3.1 ── 子どもと話すときの会話の習慣をまとめたもの ── に従うことで，コミュニケーションの失敗を最小限に抑えることができる。どの推奨事項についても，面接者は個別の事案と子どものニーズに応じて自分の行動を調節することができる。たとえば，並外れてふざけたがる子どもに対し，よりフォーマルな態度で接することや，極度に注意散漫な子どもに対し椅子に座るよう繰り返し言うのは誤りではない。リラクタンス（話したがらないこと），思慮のない従順さ，その他の要因による証言の歪みを最小限にするために，司法面接の面接者は本章で示した一般的なガイドラインから外れることもある。

ま　と　め

　面接でよく起こる誤りを回避し，面接中に問題解決に必要な認知資源をできるだけ解放しておくために，専門家は司法面接の会話の習慣をマスターする。彼らは3つのテクニックを用いて目標を達成する。

- ● **支援的な会話のスタイル**：司法面接の面接者は，以下のような方法を用いて子どもに安心感を与える。権威者として見えるような服装を避け，リラックスした忍耐強い態度で，面接の初期からポジティブな非言語行動（微笑む，傾聴の姿勢をとる，頷くなど）をとる。圧力となるようなアイコンタクトは控え，関心を示し，子どもの反応を観察しつつそれに合わせて自分の行動を調節する。子どもに話す時間を十分に与え，「まだあなたが話す番ですよ」というフィードバック（「うんうん」などの応答や「［子どもが言った言葉］と言ったけど，そのことをもっと教えて」など）を与える。面接者は，

子どもとの会話中は，中立的だが温かい態度を維持する。

● **オープン質問を優先する**：子どもの考えを表す証言を引き出すため，司法面接の面接者は，一連のオープン質問を用いてそれぞれのトピックを探索し，1つか2つの焦点化質問のあとは，再びオープン質問に戻る。

● **発達的に適切な言葉**：司法面接の面接者は，（子どものまねをするのではなく）大人の発音で言葉を言う。そして，一度に1つの質問をするよう努める。できるだけわかりやすい表現で質問するよう努め（たとえば，〔訳注：英語であれば〕主語–動詞–目的語），（これらの言葉を代名詞に置き換えるのではなく）もとの名詞と動詞を繰り返し用いる。概念的に難しい言葉は避け，起こりうる誤解を察知し，発問したり答えを聴いたりする過程に差し障りがない限り，〔訳注：子どもの〕行動は制止しない。

　現場の面接では，子どもの年齢や性格，そして面接の目標や地域の基準によって，面接者がこれらの会話の技法をどう実践に移すかが決まる。

実践のための原則
この子どもの証人は信頼できませんか？

　面接において子どもが関連する質問に対して，矛盾する応答をした場合，その矛盾はどれくらい重大かということを専門家は気にすることが多い。1つとして同じ事案はないが，私が〔訳注：面接の〕書き起こしを分析するときは，通常，次に説明するようなステップを含めることが多い。

司法に関わる心理職からの質問
　CAC（児童権利養護機関，ワンストップセンター）で面接をした5歳女児の性的虐待に関する事案についてお尋ねします。この子どもは，いくつかの質問に対する回答を覆し，また，曖昧な回答もいくつかありました。この子どもは，話している出来事を実際には体験していない，と考えるべきでしょうか。

私の回答
　体験した出来事について話すときに，幼い子どもが一貫性のないことを話し

たり，奇妙な回答をすることは珍しくありません。書き起こし資料の分析では，まず，矛盾のある「質問‐応答」のペアのうち，面接者が尋ねた質問のタイプにより容易に説明できるペアを取り除いてみることが有用です。たとえば，子どもは何か（any）を含む質問に対して「いいえ」と言うことがよくあります。そのため，幼い子どもがタッチについて話す一方で，「その男の人は何か（anywhere）触りましたか？」に「いいえ」と答えたとしても，それは普通に起こりうることです。私はまた，ⓐ子どもが理解できなかった可能性のある語や文構造を含む質問‐応答のペアを取り除きます。そして，ⓑ異なる言葉で言い表された，関連する問いに対する矛盾については，子どもがそれらを別の質問だと解釈した可能性に注目します。さらに，ⓒ子どもが（疲れや，難しい質問のあとの発話において）トピックから外れた可能性のあるやりとりにも目を向けます。よくある発達や記憶の問題から容易に説明される問題を取り除いたあと，私は子どもの報告の残りの部分を（常に，事案のより広い文脈を考慮しながら）評価します。この手続きを用いれば，問題となる応答すべてを説明することなく，小さな矛盾や不注意を取り除くことができます。

第**4**章

定型的な内容
面接の初期の段階

　トレーニングを受けた面接者は，面接における会話の習慣（本書の第 3 章を参照）を維持しつつ，選ばれた／要請されたプロトコルが推奨する面接段階（区切り）に沿って会話を進める〔訳注：原文ではフェイズ phase（様相）という語が用いられているが，ここでは一般的な用語である段階と訳した。フェイズという言葉には，水から水蒸気，水から氷へというような様相的な変化が含意される。ここでいう「段階」は固定的なものではなく，柔軟に移行できるものと考えて読み進めていただきたい〕。プロトコルにより，段階の呼び名も，推奨される段階の組み合わせや順序も，各段階における質問の言いまわしも異なる。しかし，どのプロトコルにおいても，段階は，大人が子どもとデリケートな問題について話すときに生じる問題を解決するように設計されている。

　本章では，面接の初期の段階において，── 面接者と子どもが捜査対象となる事柄について話すうえでの ── 準備をどう整えるのか，それぞれの段階を支える研究，そして，面接者が現行実務においてこれらの段階をどう組み立て，実行するのか，について説明する。面接の初期の段階には，面接の計画，面接空間の準備，面接者の紹介，ラポール形成のプロセスの開始，グラウンドルールの説明，自由報告の練習，そして有用な背景情報の説明が含まれる。本章と第 5 章で説明する段階は，全体として司法面接の標準的な内容を表している。

　会話をいくつかの段階に分けることは，子どもへの面接で長く続いている伝統だが，誤解されがちな特徴でもある。面接者の中には，一連の段階をこなすことができれば，── たとえ会話の習慣は専門的とはいえ，面接中に出てき

た予期せぬ情報を十分に調査することもできず，必要な情報を得られないうち
に面接を終えていたとしても――司法面接をマスターしたと思っている人がい
る。弁護士も同じような誤りを犯す。彼らは，段階が特定のプロトコルとは異
なる順序，形で進められているというだけの理由で，プロトコルに従っていな
いとして面接者を攻撃する。どちらの場合も，このような実務家は，面接を適
切に行うことと面接段階を厳格に進めることを混同している。これに対し司法
面接の専門家は，面接を，事案における目標達成を目指し，会話で起きる問題
を解決するための一連の決めごとと見なしている。この観点に立てば，本章で
説明する面接の段階は，どの面接にも共通するモジュール（部品）だといえる
かもしれない。なぜなら，多くの面接が同様の問題に直面するからである（実
践上の柔軟性〔訳注：どの程度プロトコルからの逸脱が許容されるか〕については，本
章の実践のための原則を参照）。

面接の計画

　実務家はさまざまな理由，状況で子どもに面接を行う。面接の計画を立てる
のに費やす時間もさまざまである。事案は多様であるため，特定の地域／目的
のガイドラインが示す面接前の準備は，範囲や特性が異なる（予備知識ありの面
接，予備知識なしの面接，ハイブリッドモデルの面接については第2章を参照）。とは
いえ，そこでの共通テーマは，「捜査面接において，計画を立てることは面接
の重要なプロセスである」という理解である（Smith & Milne, 2011, p. 87）。このプ
ロセスには，通常次の4つの活動が含まれる：ⓐ捜査中の子どもと事案に関す
る背景情報の収集，ⓑ面接の目的（司令官の意図）の明確化，ⓒ仮説を検証す
るための代替仮説の設定と仮説を検証するための計画，ⓓ面接の実施方法の決
定，である。

背景情報の収集
　面接前の準備を行うことが望ましく，かつそれが可能な場合，面接者はⓐ子
どもが疲れていたり，医療的な理由（例：投薬）で休憩が必要な時間を避けて
面接のスケジュールを立て，ⓑ通訳やバイリンガルの面接者が必要か査定し，

ⓒ子どもが話す可能性のある人たちの名前を確認し，ⓓ子どもの年齢と認知能力に見合う初期段階の文言を選択する。こういったことを行うには，以下のような情報が有用である。

子どもに関する情報の例：

- 子どもの氏名，子どもが望む呼び方，年齢，ジェンダー・アイデンティティ

- 発達的な配慮。たとえば，発達遅滞，聴覚障害，発話障害，メンタルヘルスに関する診断

- 医療的な治療や状態。面接のスケジュールを立てるうえで配慮すべき投薬や治療

- 家庭で話されている言語，文化的配慮

- 家族構成と親権に関する事項

- 養育環境とスケジュール（デイケアやベビーシッターの調整を含む）

- （虐待の調査においては）家庭での身体部位の呼び名

- 家族の日課や最近の出来事で事案との関わりがあるもの（例：性的虐待の調査においては，家庭内での裸に関する習慣，性教育など）

面接者が疑われる事案についてどの程度の情報をもつかは，状況や地域の実務のあり方に依存する。そういった情報には，**疑われる犯罪**に関する以下のような内容（の一部または全部）が含まれる。

- 事案の一般的性質（例：身体的虐待，性的虐待，ネグレクト）や被害状況（例：時間，場所，頻度）

- 捜査当局が犯罪を検知した端緒

- 情報の秘匿，歪曲をもたらす可能性のある動機（例：脅しの可能性，被害申告に先立つ家族内または地域住人とのトラブル）

- 予備知識ありの面接の場合は，被害申告と，被害申告を取り巻く状況（例：お風呂の最中，ベビーシッターが触ったという申し立て）

子どもや捜査対象となる事柄についての情報があれば，面接者／捜査チームは面接の目的を明確にし，代替仮説や検証計画を立て，子ども中心で発達に応じたやりとりを計画することができる。これらはまた，捜査のためのより広範な活動を可能にする（司法的な観点についての紹介は，第2章を参照）。

面接目的の明確化（司令官の意図）

　面接者／捜査チームは，**司令官の意図**を明確にしたうえで，捜査するトピックの範囲を決定する。たとえば，性的虐待の疑いについて面接を行う児童保護サービス（CPS）の職員は，他の虐待についても調査する責務を負う。この面接が目指す範囲は，刑事事件のために行われる性的虐待の面接より広い。一方，刑事事件のために行われる面接は，最小限の事実確認面接（すなわち，広範な面接が必要かどうかを決定するために実施される短い面接）（San Diego Child Protection Team, 2013 など）よりも包括的である。面接の範囲が広いか狭いかにかかわらず，面接者は何を明らかにすべきか——ⓐ面接のきっかけとなった問題以外の問題も探るのか，ⓑ面接の最中に出てきた，犯罪や児童保護に関連する内容はどうか，など——について明確に認識しておかねばならない。

代替仮説の構築と検証の方策

　事案に関し入手可能な情報を収集し，面接の目標範囲を決めたならば，代替仮説を検証する方略を計画する。シンプルなフォームを用いて代替仮説を書き出し，それらの仮説を検証する方略を計画しておけば，面接を行う前に考えを整理することができる（たとえば，State of Michigan Governor's Task Force on Child Abuse and Neglect and Department of Human Services, 2011 を参照）。

　虐待やネグレクトの捜査では，次のような代替的な説明が可能である。すなわち，子どもの報告が誤って理解された，ケガは事故によるものであった，他者が意図的または無意図的に子どもの発言に影響を及ぼした，子どもが何かの目的のために嘘をついた，などである。第2章で議論したように，代替仮説は直接的に検証されることもあれば——たとえば「おじいちゃんは別の名前がありますか」と問うことで，被疑者の身元を明らかにできる——，文脈を尋ねるシンプルな問いかけで検証できることもある（たとえば，「[子どもが言った言葉]のとき，あなたとママは何をしていましたか」）。事案の種類（身体的虐待，性的虐待，放火など）や年齢により，最もありえそうな代替仮説や，その仮説を検証する標準的な方法が決まる。

面接の実施方法の決定

計画では，ⓐ面接場所，ⓑ（使用するのであれば）記録機器，ⓒ誰が面接に関わるか，それぞれの役割と面接中の居場所，そして，ⓓ面接の構造や内容を明確にする。内容の計画では，子どもの年齢や認知能力のレベルに応じて面接の段階をどのように進めるか，どのように調査したい事案に導入するか，絵を描く道具やその他の道具を使用するかどうか，より幅広い捜査活動を支援するためにどのようなトピックを取り上げるべきかを決定する。

成功した面接計画の概要

面接計画は，地元の学校に車を走らせる最中に行うイメージ・トレーニングから，数人の専門家がこれから行う面接の目的と構造について話し合うチーム・ミーティングまで，多岐にわたる。面接者が，状況と地域の実務における制約の中で，ⓐ面接の目的と範囲を理解し，ⓑ仮説を検証するために，事案に関する利用可能な情報から推測される事柄を熟考し，ⓒ幅広い捜査を支援する面接を行うため，一般的な面接ガイドラインを発達的により適切な形に調整できれば，計画はうまくいった，ということになる。

面接場所の準備

子どもにやさしい面接場所の構造についての考え方は，プレイセラピーの部屋が面接場所として一般的であった時代から大きく変わっている（Jones & McQuiston, 1988）。いまでは，おもちゃやその他のディストラクター（注意を阻害するもの）が子どもの注意を引きつけ，トピックに集中して話すことを難しくすることがわかっている。また，プレイルームのような環境は，（経験を思い出したのではなく）ファンタジーを話したのだとか，子どもが言及した内容は部屋からの暗示である，などと批判される機会をつくる。たとえば，面接室として用いた教室にコンピュータがあったため，子どもはポルノ画像のことを思い出せた可能性があったが，弁護人は，子どもは単に部屋を見まわし，暗示された事柄を報告に織り込んだのだ，と主張するかもしれない。準備に時間をかけることによって，面接者は子どもの面接への取り組みを改善し，こういった批

判を回避することができる。

面接場所の特徴

多くのガイドラインが，支援的な面接場所の特徴として，以下のような点を挙げている（詳細については，National Children's Advocacy Center, 2012; Saywitz & Camparo, 2014 を参照）。

- **静かでディストラクター（注意を阻害するもの）が少ないこと**：年齢の低い子どもは，人，道路，電子機器などの雑音が気になり，記憶を検索する能力が低下する。また，携帯品（警察官であれば，たとえば，拳銃）も含め，面接場所には子どもの注意を引くようなものを置かない。面白い活動から引き離そうとするとストレスを感じる子どももいるので，待合室には新規なもの，魅力的なものは置かないに越したことはない。

- **プライバシー**：子どもは1人で面接を受けるのが望ましい。サポートする人物が必要な場合は，子どもの後ろに座り，面接の初期の段階が終わる頃には立ち去るのがよい（第6章の付添人の議論を参照）。

- **形式ばらず，なじみやすいこと**：年齢が低い子どもにおいては，病院よりも家庭や学校に似た環境の方が緊張しないだろう〔訳注：家庭や学校で行う，ということではない〕。

- **中立的で，年齢に合っていること**：家具や内装は，面接のテーマに関して中立的であり，かつ受容的なものがよい。

- **安全であること**：被疑者がいる恐れのない場所で面接を行うのが最善である。

- **機能的であること**：面接センターの面接室は，子どもと面接者が座って会話できるように，また，何が起きても録画機器で記録ができるように設計されており，備品（たとえば，紙とマーカー）は必要となるときまで見えないように保管されている。待合室やトイレ（面接を始める前に子どもを連れていく）は近くにある。専門のセンター以外で仕事をする面接者は，これらの特徴を最もよく反映する場所を選択し，子どもが歩きまわりたくなるような大きな部屋は避けるべきである。

- **文化的に包摂的であること**：写真や事物，商業的なロゴの多くが，特定の

家族や文化的背景をもつ人にとって否定的な意味合いをもつ。たとえば，ハロウィンの写真，妖精や魔法使いは一部の宗教団体にとっては不快であり，アメリカ原住民は感謝祭の装飾において無礼な形で描かれる。実務家はⓐ待合室や面接室の写真や事物の適切性を検討し，ⓑ面接の補助物が男子，女子の身体的特徴を超えた仕方〔訳注：いわゆる男らしい，女らしい服装など〕で表されていないか注意すべきである。

子どもにやさしい場所の概要

　内装は中立的で，静かであり，大人と子どもが会話をしやすい家具が置かれ，子どもの気が散らない快適な場所が，面接室として最適である。一般的な場所で面接を行う実務家は，使用可能な場所のどこが最も適切かを検討し，気を散らすもの，子どもの注意を引く可能性のある個人の持ち物を部屋から取り除くことに時間をかけるべきである。

面接者の自己紹介とラポール形成のプロセスの開始

面接の開始

　並外れて社交的な子どももいるが，多くの子どもは慣れない状況で固まってしまう傾向がある（Bishop et al., 2003）。最初の自己紹介とおしゃべりの目的は，子どもを面接の環境に慣れさせること，面接者の仕事に対して子どもが抱くであろう誤解に対処すること，ラポール形成のプロセスを開始すること（これは，面接の最中ずっと続く），そして会話の大部分を子どもが話すべきであることを伝えることである。この段階は，子どもの発達レベルや話す意欲，発音のパターンなどの情報を得るための発話を引き出す機会でもある。

　導入部をスクリプト化（台本化）しているプロトコルもあるが，多くの面接者はそれぞれが台本をつくっている。発達の違いに応じて，幼児には短い表現を使用し，年長児や青年にはより成熟した表現を使用することは有用である。

　導入部では，面接者は，子どもに対しⓐ自分の名前を告げ，ⓑ自分の仕事を説明し，ⓒ部屋や録音機材の紹介を行うことが多い。面接センターでは地域の要請に応じて，子どもをモニター室に案内するかどうか，バックスタッフにつ

いて伝えるかどうかが決められる。また，面接者は録音のためにケースのラベル情報〔訳注：日時や場所の記録〕を言うように求められることがある。原則として，面接の導入部で伝えられる情報は「シンプルで要点が押さえられ，子どもの文化や発達段階に合わせたもの」でなければならない（National Children's Advocacy Center, 2014, p. 2）。次の例を考えてみよう（State of Michigan Governor's Task Force on Child Abuse and Neglect and Department of Human Services, 2011）。

> こんにちは，私の名前は［面接者の名前］です。私の仕事は子ども（くだけた kids という語を使用）からお話を聴くことです。今日は［子どもの名前］さんからお話を聴きます〔訳注：原文は「あなた」だが，日本語では「あなた」は疎遠な印象を与えるので，名前にしている〕。ほら，ここにビデオがあります。これは，私たちが話すことを記録してくれます。私が全部覚えられなくても，録音があれば，お話ししてくれたことを思い出すことができます。(pp. 9-10)

ここでは，面接者は，日常でよく用いられる「kids（子ども）」〔訳注：child（子ども）ではなく〕という用語を用いたが，言葉は地域による違いや子どもの年齢に合わせて調整する必要がある。この例に見られるもう1つの重要な特徴は，職種への言及がないことである。この例を提供した警察官は，私服〔訳注：警察官の制服ではなく〕で性的虐待の面接に臨んだ。家族がトラブルに巻き込まれるのでは，という恐れを子どもに抱かせないためであった。次の例も，表現は異なるが，短くシンプルである（Lamb et al., 2008）。

> こんにちは，私の名前は＿＿＿，警察官です（部屋に誰かいれば紹介する。誰もいないのが理想的である）。今日は［○年○月○日］で，時刻は＿＿＿時です。私は［場所］で［子どもの名前］さんに面接を行います。
> ほら，ここにビデオとマイクがあります。［子どもの名前］さんが話してくれたことを忘れないように，ビデオで撮っておきます。私が全部覚えていられなくても，ビデオがあれば，ノートをとらないで［子どもの名前］さんのお話を聴くことができます。
> 私の仕事は，何があったか，子どもからお話を聴くことです。(p. 283)

ソーシャルワーカーや警察官に不安を抱く子どももいるため，誤解が生じそうな場合には少し時間をかけて対処するのがよい（たとえば，すべての警察官が子どもがテレビで見るようなことをしているわけではないと説明する）。ただし，子どもを誤導したり，守れない約束はしてはならない。

最初のラポール形成の会話

簡単な自己紹介のあと，面接者は子どもをリラックスさせ，協力的な関係性を築くために行きつ戻りつのやりとりを始める（Vallano & Schreiber Compo, 2015）。新しいトピックや段階に移るときは，移行を示す言葉を言うことが重要である。私はこれを**トピックシフター**と呼んでいるが，トピックシフターは，子どもに会話の方向の変化を心理的に処理する時間を提供する。

トピックシフターの示し方は，面接者が用いるプロトコルにより異なる。導入部から次の段階（たとえばグラウンドルール〔訳注：面接での約束事〕や自由報告の練習の段階）に直接——つまり子どもの年齢や家族についてのおしゃべりをはさむことなく——進む面接者もいる。このような場合，面接者はグラウンドルールや自由報告の練習の段階で子どもとラポールを築き，子どもに話をするよう促す。そうすることで，さらなるラポール形成のための会話を減らすことができる（Lamb et al., 2008）。

ラポール形成の初期に，子どもの生活や関心に関する一般的な質問が含まれる面接スタイルもある。面接者がこのアプローチをとる場合，トピックシフターは「［子どもの名前］さんのことをもう少しよく知りたいです」のようなものであり，続いて最初の質問が行われる。この段階でよく見られる誤りは，単語や短い語句で答えられるような多くの質問（たとえば，「あなたは何歳ですか？」「何年生ですか？」「あなたの先生の名前は何ですか？」）を，子どもに浴びせることである。これは子どもに，会話をコントロールするのは面接者であり，子どもの仕事は質問に最小限の回答をすることだと，早々と教え込ませることになる（Price, Roberts, & Collins, 2013）。子どもを安心させるのに必要な範囲を超えて，最初のおしゃべりを長引かせるのも誤りである。

面接者によるこのような誤りをくい止めるのは難しいとわかっているため，

会話をより迅速に，オープン質問に移行させるための台本（スクリプト）を提供しているプロトコルもある。たとえば，面接者は「一緒に住んでいる人のことを全員，教えてください」と尋ね，面接の後半で議論されるかもしれない人々について，子どもから名前を引き出すかもしれない。より緩やかな構造化をもつプロトコルでは，温かく忍耐強い態度を維持しつつ，子どもへの関心を示すためにオープン質問を使用することを提案している，「それでは，［子どもの名前］さんのことを知りたいので，［子どもの名前］さんのことを教えてください。何をするのが好きですか？」(National Children's Advocacy Center, 2014, p. 3)。

　全米児童権利擁護センター (National Children's Advocacy Center, 2014) の面接では，家に誰がいるかという会話は，虐待についての会話に移る前に，別の段階として行われる。本章の後半では「有用な背景情報の検討」を独立した段階として示した。面接者は対象となる問題に入る前に，家族構成やその他の有用な背景情報について自由に情報を引き出すことができると強調したかったのである。

　面接の初期の段階では，面接者は2つの目標のバランスをとる。つまり，会話の初期の部分が長すぎて疲れるようなことがあってはいけないが，デリケートな問題にあまりにも早く飛びつくと，子どもは非協力的になるかもしれない。捜査対象となる事柄についてほとんど発言しない子どもは，捜査対象の話題を取り上げる前も話をしたがらない，という研究結果がある。そのため，面接者は話したがらない可能性のある子どもに対しては，中立的な話題を引き伸ばし，そうすることで社会的，支持的な言葉かけを行う機会を増やそうとするかもしれない (Katz et al., 2012)。たとえば，面接者は子どもの名前を呼んだり（「エミリーさん，家族について教えてくれてありがとう。エミリーさんのことがとてもよくわかりました」），本題に入る前であっても使うことのできる強化となる言葉かけをしたり（「［子どもの名前］さんが説明してくれたので，サッカーをするときのことがとてもよくわかりました」），子どもの発話を促すために間を取ったり，促進子（「そうか」などの言葉や，子どもが話した言葉の一部を繰り返す）を活かすことができる。

導入時の言葉と面接の繰り返しにおける初期のラポール形成

　子どもの面接に関する資料のほとんどは，一度の面接のためのガイドラインを示している。しかし，改変する形で，繰り返しのある面接について記載して

いる司法面接の段階もある。私たちは人と話すときにはまず挨拶し，偶然出会った人には，どうして自分がその人のことを知っているか思い出してもらうことで，気まずい雰囲気を避けようとするだろう。このような社会的ルールは，相手が子どもだからといって簡単に無視できるものではない。会ったことのある子どもに対する導入は，はじめてのときとは同じではないが，それでも何が起きているかを子どもに知らせ，また，進行中の会話のウォーミングアップとなる言葉かけは必要である。

　前に話したことのある子どもに対する一度限りの面接では，面接者は，会話の初期段階の数分を用いて，ⓐ子どもに協力を求める支援的態度を示し，ⓑ対象となる問題に関する質問にすぐに飛び込むことなく，子どもの発話を促すオープン質問を行う。面接者は，会話のトピック，子どもの年齢，面接環境に見合った方法で，これらの言葉かけが導入部のラポール形成を達成できるよう計画を立てるべきである。

　導入部の段階の柔軟性を示すために，親以外の人による世話を受けている子どもとの会話を見てみよう。今後繰り返されることになる月一の面接の 1 回目，ソーシャルワーカーは次のように会話を始めるかもしれない（State of Maine Child and Family Services, 2010）。

　　面接（月一の対面での面接）を開始する：こんにちは＿＿＿。私の名前は＿＿＿です。私は［あなたの家族，あなたの生活など］の様子を見に来ました。
　　仕事（アセスメントまたは毎月対面で面会する）を説明する：私はソーシャルワーカーで，私の仕事は子どもから話を聴くこと，子どもを助けることです。私は［住んでいる町の名前］のたくさんの子どもから話を聴いてきました。
　　（毎月の対面での面会に向けて）子どもを方向づける：私は，子どもの生活について，話を聴きます。［子どもの名前］さんとしばらく話したあとは，［たとえば，お母さんに部屋に入ってきてもらいます／［子どもの名前］さんのお世話をしてくれている人と話をします／［子どもの名前］さんのきょうだいと話をします］。(p. 11)

　このような方向づけとなる言葉かけのあと，ソーシャルワーカーはいくつか

のオープン質問により，ラポール形成のプロセスを開始する（例：「私が入って
きたとき，[子どもの名前] さんは何か面白いものをつくっていましたね。何をつくる
のが好き？」）。次の訪問では，ソーシャルワーカーは挨拶し，前の訪問のこと
を軽く思い出してもらい，訪問の一般的な目的を話す。同様に，司法面接者が
二度目に子どもと会うときは，導入部を軽く行い，オープン質問を用いて本題
に入る前のやりとりをするだろう。

効果的な導入段階のまとめ

　よい導入は，子どもにそれまでの思いや感情から移行する時間を提供し，子
どもを面接へと方向づけ，ラポール形成のプロセスを開始し，子どもがたくさ
ん話すのだということを伝える。そして，面接者は子どもの行動パターンや話
し方についての情報を得る。熟達した面接者は，落ち着いた辛抱強い態度を維
持し，すぐに子どもの発話を促すオープン質問へと移行する。よくある誤りは，
導入部において早口で話す，子どもが周囲を見まわす時間をほとんど与えない，
子どもに詳細を尋ねる質問を浴びせ，面接者がしゃべりすぎて長い導入となっ
てしまう，などである。

面接のグラウンドルールの検討

　第1章では，研究室に来た子ども，ペイジが「答えられない」（答えを知らな
い）質問に次々と回答した様子を述べた。大人は通常，子どもが質問に答える
ことを期待するので，子どもがこのような態度をとるのも頷ける。しかし，子
どもが面接中に迎合する理由は他にもある。大人に比べ，子どもは環境からの
手がかりに考えることなく反応する。子どもの前に犬のおもちゃとブラシを置
けば，子どもは犬にブラシをかけ始める――質問すれば，質問に答える。風船
人形をパンチして見せれば，子どもも風船人形をパンチする――質問である語
を使えば，子どももその語を使う（Hunt & Borgida, 2001）。

　グラウンドルールの段階の目的は，これを行うことで子どもの証言の質を上
げることである。面接者は問題となる出来事に関して無知であることを伝え，
子どもに③自分の経験に基づく正確な情報だけを話してほしい，ⓑ質問の答え

を知らないときは「知らない」と言ってほしい，ⓒ言葉や質問が理解できないときは「わからない」と言ってほしい，ⓓ面接者が間違えたら訂正してほしい，と説明する。この段階は，面接の初期段階における教育的な目的を果たすので**面接の教示**（interview instructions）と呼ばれることもある。

グラウンドルール〔訳注：上記のような背景となる約束事〕の教示やその練習問題に関する研究は，以下のような6つの結論を示している。

- グラウンドルールの段階には，ほとんど時間がかからない。たとえば，ある研究ではグラウンドルールの段階の平均時間は約2分であり，4分以上かかることはほとんどなかった（Dickinson et al., 2015）。

- 子どもはグラウンドルールの教示をうまくこなす。特に「推測しない」という教示と，本当と本当でないことについての質問は，子どもにとって容易である。年少の子どもには，わからないことを「わからない」と言ったり，面接者の誤りを正すことが難しいこともあるが，それでも大多数は，十分な説明を受ければ，これらのスキルをうまく用いることができる（Dickinson et al., 2015）。

- 練習の質問で子どもが間違ったら，追加の教示をすると改善される。たとえば，知らないことは「知らない」と言ってもよいと伝えたあとでも，「私の犬の名前は何ですか」〔訳注：子どもには答えられない暗示的な質問である〕に対し，子どもが犬の名前を答えることはよくある。しかし，面接者が誤りを指摘すれば，次の練習の質問では，ほとんどの子どもが「知らない」と言う（Dickinson et al., 2015）。

- グラウンドルールの教示は，子どもがルールを実践する機会があるとより効果的である。グラウンドルールを伝えるだけではあまり効果がないが，練習をすれば，続く面接において適切な対応が増える（Brubacher, Poole, & Dickinson, 2015; ただし Danby et al., 2015 も参照）。

- 台本化された教示は，面接者がグラウンドルールの教示を与えるうえで有用である。私たちの研究では，教示を追加したところ，面接者は子どもが最初の練習の質問に失敗しても教示を続ける傾向があった（Dickinson et al., 2015）。

- 練習質問の中には子どもを混乱させるものもある。グラウンドルールの

教示を台本化するのが最善であるもう1つの理由は，大人がする質問には，子どもを混乱させるものがあるからである。たとえば，私の研究室では子どもたちに「4歳って，どんな感じ？」〔訳注：子どもに「私，4歳じゃないもの」などと面接者を訂正するように求める質問である〕と質問したところ，年長児でも，面接者を訂正しないことがあった。おそらく，彼らはその質問を「4歳の頃，どんな感じだった？」と解釈したのだろう。

　グラウンドルールの段階に移行するときは，新しいトピックへの移行を示すトピックシフターを用いる。具体的な言葉は，プロトコルにおけるグラウンドルールの位置や，取り上げる最初のルールなど，面接者が用いる面接のスタイルに依存するだろう。トピックシフターは，次の例のようにシンプルな場合もある。「［子どもの名前］さんのことがわかってきたので，この部屋でのルールについてお話ししたいと思います。1つ目のルールは，［推測ではなく，本当のことを話すことが重要です，など］です」。

　学齢期の子どもに対しては，よりくわしい形での移行を用いる面接者もいる。たとえば，

　　［子どもの名前］さんのことがわかってきましたので，この部屋でのルールについて話したいと思います。たぶん家や学校でもルールがあると思います。学校でのルールは何ですか？［子どもの反応を待つ］。ああ，［子どもの言葉］をしてはいけないんですね。では，今日ここでお話をするためのルールを言いますね。1つ目のルールは［最初のルール］です。

　そして面接者は，あらかじめ決められた一連のルールについて教示する。このとき，必要に応じて，子どもの言語的，社会的文化に合うように教示を調整する。本章で示す教示の例では，面接者がどのように@ルールを導入し，⑥ルールの練習をする機会を提供し，ⓒルールに従うかどうか子どもに尋ねるかを，ルールごとに示している。

「当てずっぽう（推測）で話さないでください」

「当てずっぽう（推測）で話さないでください」は，理解しやすいルールの1

つである。実際，2つの研究において，4歳児の98％が最終的にこの教示を習得した。にもかかわらず，8歳児やより年齢の高い子どもでも，最初の練習質問に対し当てずっぽうで答えることがあり，この教示の必要性が確認されている（Dickinson et al., 2015）。

　この「当てずっぽうで話さないで」の教示に関しては，子どもが面接の本題で「知らない」と言って難しい質問を避けるのではないか，という懸念がある。しかし，覚えていることだけを話すよう子どもを強化することで，望まない「知らない」反応を減らすことができる（Saywitz & Moan-Hardie, 1994）。また，面接者は予想外の「知らない」という反応について，意味を明確にするための質問をすることもできる（Scoboria & Fisico, 2013; 本書第5章も参照）。

　以下の例は，プロトコルの文言に修正 —— 間違った回答をした場合の教示，「知らない」と言うことへの同意，知っていることを話す，という強化 —— を加えたものである（States of Michigan Governor's Task Force on child Abuse and Neglect and Department of Human Services, 2011, p. 11）。

　1つのルールは当てずっぽうで話さない，ということです。もし私が質問をしてあなたが答えを知らなければ「知らない」と言ってください。たとえば，私の犬の名前は何ですか？
　　正しい回答（知らない）：そうですね。［子どもの名前］さんは私の犬の名前を知らないので，「知らない」と言うのが正しいです。
　　誤った回答（何か答える）：本当に私の犬の名前を知っていますか？　知らないときは「知らない」と言ってください。もう一度やってみましょう。私の妹の名前は何ですか？
　今日は，答えを知らなかったら「知らない」と言ってもらえますか。［反応を待つ］ありがとう。でも，知ってることを尋ねたら，話してください。たとえば，あなたの名前はなんですか？　［反応を待つ］教えてくれてありがとう。

「（意味が）わからないときは教えてください」

「（意味が）わからないときは教えてください」という教示の有効性に関す

る実証的証拠はほとんどない。ある研究チームは，子どもに強化訓練を行った。まず，ぼそぼそと話したことに対し，「理解できない」と言うように求め，次に，難しい質問に対し，「理解できない」と言うように求めた（Saywitz et al., 1999）。この訓練により，子どもは「わからない」と言えるようにはなったが，ミーガン・ダンビーらの研究（Danby et al., 2015）によれば，訓練時間が短いと，少なくとも5歳から9歳の子どもでは効果が見られない。トレーニングを受けた面接者は難しい質問をめったにしないためであろうが，単に「わからないときは『わからない』と言ってほしい」とお願いするのに留めるプロトコルもある（例：「もしも意味がわからない質問をしたら，ただ『わからない』と言ってください。いいですか？」）（Lamb et al., 2008, p. 284）。

　私たちの研究チームが行った研究では，グラウンドルールの練習で意味のわからない言葉を使うと（「私のシャツはグリデリンですか？」），9歳児の4分の1以上が（「わからない」と言うのではなく）何か答えようとした。しかし，さらなる練習を行ったところ，適切でない反応を続けたのは4歳児と5歳児だけとなった（Dickinson et al., 2015）。残念ながら，子どもの最初の成績がなぜ低かったのかは不明である。課題が困難であったためかもしれないし，この練習質問に困惑したためかもしれない。より多くのデータに裏づけられた別の練習質問が見つかるまで，このルールは，次のように伝えるとよいだろう。すなわち，まず，カレン・セイヴィッツとローリンダ・カンパロ（Saywitz & Camparo, 2014, pp. 75-76）が考案した表現を用いてルールを説明し，低頻度語である色の名前を含む質問で練習を行う。

　　質問の意味がわからなかったら，そう言ってください。「わからない」でも「理解できない」でもいいです。そうしたら，私は別の言葉を使って尋ねます。練習してみましょう。私のシャツはグリデリンですか？
　　正しい回答（わからない）：「わからない」って言ってくれてありがとう。別の言い方で尋ねますね。このシャツは何色ですか？［反応を待つ］そうですね。
　　誤った回答（何か答える）：グリデリンって何か知っていますか？グリデリンは色の名前なんです。私が，意味がわからないことを言ったら，「わ

からない」と言ってください。もう一度やってみましょう。私のシャツ
はバーネットですか？［反応を待つ］

「わからない」って言ってくれてありがとう。別の言い方で尋ねますね。
このシャツは何色ですか？［反応を待つ］そうですね。今日，お話をする間，
意味がわからないことがあったら，そう言ってくれますか。

「私が間違ったら教えてください」

面接者の誤った発言を訂正するように子どもを訓練した研究はないに等しく，
訓練を試みた研究では，訓練用ビデオでの出来事について練習質問を行ってい
た（Brubacher, Poole, & Dickinson, 2015）。そのため，補助物〔訳注：上記のビデオの
ような〕を用いない練習質問で，その効果が証明されたものは存在しない。先
述のように，「［間違った年齢］歳ってどんな感じ？」と尋ねると，子どもは混
乱する。その年齢よりも上の子どもは，当時（過去）のことを話すかもしれな
い。その年齢よりも下の子どもは，その年齢になったとき（未来）のことを話
すかもしれない（Dickinson et al., 2015）。

すべての子どもが知っていて，違うと判断する事実を考え出すのは，不思議
なほど難しい。たとえば，多くの年少児は自分が住んでいる町の名前を知らず，
子どものジェンダー・アイデンティティのようなことでさえ，面接者には不明
であるかもしれない（そのため「［子どもの名前］は男の子だ，と言ったらどうでし
ょう」は使えない）。私の研究チームでは，秋から冬の期間，確認のために次の
ような質問（『今日はプールで何をした？』）を行った。これは 6 歳以上の子ども
には効果的であったが，それでもプールに行った話をした子どももいた。こう
いった誤りは，子どもが質問のキーとなる語に焦点化し，面接者が尋ねたもの
とは異なる質問に答えることがある，ということを教えてくれる。

時間の概念を避けるためには，この例のように，ここでいまの話をすること
が最もよい。

私は間違ったことを言うことがあります。私が間違ったことを言ったら，
教えてください。練習しますね。このハサミは何色ですか？［ペンを見せ
る］

正しい答え（間違ってるよ）：そうですね，これはハサミではありませんね。教えてくれて，助かりました。

誤った答え（色を答える）：でも，これはハサミではないですね。私は間違えて「ハサミ」と言ってしまいました［頭をちょっと叩く］。私が間違ったことを言ったら，「間違っている」って言ってくれて大丈夫ですよ。もう一度やってみましょう。私のシャツの模様は，何の動物？［反応を待つ］そうですね。私は今日，動物のシャツを着ていません。教えてくれて，助かりました。

今日，お話をする間，私が間違えたら教えてくれますか？［反応を待つ］ありがとう。

「本当にあったことを話してください」

子どもが事件のことを話さなかったり，人から言われたことを話す理由はさまざまである。たとえば，性加害をする人は，子どもがそのことを話さないように口止めすることがある。また，母親は子どもに，加害でできた傷をたまたまケガをしたのだと説明するように言うかもしれない。誠実な報告を得るために，いくつかのプロトコルは，本当のことを話す必要性について議論するよう面接者に求めている。

子どもが「本当」という言葉を理解しているか否かは，子どもの証言の正確さを予測するものではない（Goodman et al., 1987; Pipe &Wilson, 1994）。しかし，本当のことを話すと約束することは，誠実な報告を高め（Lyon et al., 2008），それは，「本当」が理解できているか客観的に確認できない子どもにおいても，そうである。理解を問う課題は，子どもの知識を低く見積もることがあるので，概念が理解できているかどうかを型どおりに査定するのではなく，子どもに本当のことを話すよう求めるだけのプロトコルもある。たとえば，こうである。「本当のことを話すことはとても大切です。本当のことを話すと約束してもらえますか？それとも，本当でないことを話しますか？」（Lyon, 2005, p. 1）。

（本当のことと本当でないことについての）子どもの理解を確認するプロトコルもある。確認する理由は，子どもが何を約束したのかわかっている，ということを記録しておくため，そして，法廷で（本当のことを話しますかと）尋ねられ

た子どもがどのように振る舞う可能性があるかを検察官に知らせるためである。子どもが「本当のこと」を理解しているかどうかを調べることの妥当性は，法学的にも，心理学的にも，一般の人が考えているよりも低い（Lyon, 2011）。しかし，「本当のこと」の理解に関する質問は多くのプロトコルに含まれており，この質問を行う最良の方法についての関心は高い。子どもにとっては「本当のこと」の意味を説明するのは難しい。そのため，面接者は子どもが理解しているかどうかを示す具体的な方法をとる。たとえば，以下のように簡単な命題にラベルづけをしてもらう方法がある。

　今日は本当のことを話すことがとても大切です。はじめに，［子どもの名前］さんが本当とは何かがわかっているか，確認します。「いま，私は座っています」と言ったら，これは本当ですか，本当ではありませんか。（答えを待つ）。そうですね。私は座っているので，座っています，というのは本当です。「［子どもの名前］さんはいま，走っています」と言ったら，これは本当ですか，本当ではありませんか。（答えるのを待つ）。そうですね，［子どもの名前］さんは走っていませんから，走っています，というのは本当ではありませんね。

　ある研究では，4歳児の半数以上が最初の質問に対して「本当」と正しく答え，75％は「合ってる」や「そう」と言った（Dickinson et al., 2015）[1]。面接者が，必要に応じてさらなる説明を行ったところ，4歳児の90％以上が正しく答えられた。6歳児では，90％以上の子どもが最初の質問に正しく答え，説明を加えるとほぼすべての子どもが正しく答えることができた。このように，4歳以上の子どもの多くは詳細な訓練を行わなくても，「本当のこと」を理解していると示すことができる。
　また，質問をより具体的なものにするため，絵について質問する方法もある。たとえばトム・ライオンの研究チームは，次のような絵を考案した。その絵に

---

[1]　ディキンソンら（Dickinson et al., 2015）では，本当のことと本当でないこと（嘘）の質問に対する子どもの成績は，類似していた。しかし，本当でないこと（嘘）の概念はより難しいという結果もある。ライオンら（Lyon et al., 2010）を参照。

は，ターゲットとなるもの（たとえば猫）を見ながら別のもの（たとえば犬）の話をしている子どもが描かれている（Lyon et al., 2010）。この研究の助手は（猫の絵を指差しながら）「これは何ですか？」と尋ね，次に「この子（絵の中の子どもを指して）は猫を見て，『犬だよ』と言いました。この子は本当のことを言いましたか？」と質問する。（幼児に対しては，猫を指さして「これは犬ですか？」と尋ねてもよいだろう。そうすることで，子どもが正しい／誤りの区別を理解しているか示すことができる）。この方法を用いた場合，嘘をつくことについて話したり，誰かが嘘をついていると批判する必要がない。そして，子どもが本当と誤りの区別を理解していることを明らかにできると同時に，面接者は，子どもに本当のことを話すように（あるいは，「正しい」ことだけを話すように）求めることができる（Lyon et al., 2013）。（2人の人のうちどちらが「本当のことを話した」か，あるいは「嘘を話した」かを子どもに尋ねる絵課題については，Lyon & Saywitz, 1999 を参照）。

　他のグラウンドルールと同様，適切な言葉を用いることは重要である。ある研究では，助手は子どもに本当と本当でないことについて区別するように求め，そして次のように言った。「あなたが，本当とは何かわかっている，ということがわかりました。本当のこと，本当にあったことを話すことが大切です。今日は本当のことを話してもらえますか？」（Dickinson et al., 2015, p. 89）。しかしこの質問は，多くの子どもを混乱させた。彼らは，本当にあったことについて話し始めるよう求められたと思ったのだった。次のやりとりはこの問題を示している。

　面接者1：今日は本当のことを話してもらえますか？
　4歳男児：ぼくは何も悪いことはしてないよ。
　面接者1：そうだね，あなたは何も悪いことはしてないね，それでは本当のことを話してくれるね？
　4歳男児：うーん。
　面接者2：今日は本当のことを話してもらえますか？
　4歳男児：うーん。アーロンがママをつれていったの，アーロンは学校にいたの。ぼくから。それが本当。
　面接者2：そうか，それでは，今日は本当のことをお話ししてもらえます

か？

　4歳男児：えっと，それが，彼がしたことだよ。

　これらの応答からわかるのは，面接者はこれから答えてもらうことについて話しているのだが，それが子どもには十分に伝わっていない，ということである。よりわかりやすい質問にするには，ⓐ「約束してください（promise）」と「これから……する（will）」の言葉を使う（Lyon & Evans, 2014）と同時に，ⓑ文脈の中で質問をするとよい（例：「今日は，これからあなたにいくつか質問をしたいと思います。これから私が質問することについて，本当のことをお話しすると約束してもらえますか？」）。

　総じて，面接者が本当か本当でないかについて話し合うかどうかは，地域の慣習，必要性，検察官の好みに依存する。面接者が宣誓に先駆けて，**本当と本当でないこと**の理解を判断するための質問をする場合は，こうするとよい。すなわち，本当や本当でないことの定義を尋ねるよりも，面接者が話したことや，物語の登場人物がしたことに対し，ラベルづけをするよう求めるのである。また，年少の子どもでも理解できるように表現を変えることもできる。たとえば，面接者は命題が本当か本当でないかというよりも，命題が正しいか誤りかを尋ねることができる。また，面接の目的は「本当にあったこと，そして本当のこと」を話すことだと説明することもできる（National Children's Advocacy Center, 2014, p. 3）。

「私は何があったかわかりません」（面接者は知らない）

　出来事についてどんなことでも全部話してもらうために，子どもに何があったのか面接者は知らないのだ，と説明するガイドラインもある。ある研究によれば，6歳児にはこの説明が有効であったが，8歳児 —— 大人は何でも知っていると考えるようになる年齢以上の子ども —— では，有用とは言えなかった（Waterman & Blades, 2011）。「知らない面接者」の説明の例としては，「私はあなたに何が起きたかわかりません。私は質問の答えを知りません」がある（Lyon, 2005, p. 1）。

グラウンドルールの選択とどの時点で行うか

どのグラウンドルールを用いるか，ということについては2つの考え方がある。グラウンドルールの段階は，適切に行えば，幼児でもうまく課題をこなすことができるため，4歳以上の定型発達の子どもには，固定した一連のルールを用いることを推奨する専門家もいる（Lyon, 2014年10月10日の私信）。一方で，幼児や発達の遅れのある子どもには負担のかかるルールを省略し，ルールを少なくする，という考え方もある。たとえば，全米児童権利擁護センター（National Children's Advocacy Center, 2014）は，5歳以上の子どもには以下の4つのルールを伝えることを推奨している。

ⓐ　「知らない」と言っていいですよ

ⓑ　意味がわからないときは「わからない」と言ってください

ⓒ　私が間違ったことを言ったら間違っていると教えてください

ⓓ　本当のことを話すことが大切です

これらのガイドラインは，次のように述べている。10歳以下の子どもにはルールの練習を行うことが有益である。思春期の子どもも —— 彼らはこのような練習質問をされることで気分を害するかもしれないが ——，練習まではしなくとも，基本的な説明を行う必要がある。

グラウンドルールの説明をするタイミングについても，異なる考え方がある。自己紹介のあと，すぐにグラウンドルールを説明し，自由報告の練習でこれを強化する面接者もいる（La Rooy et al., 2012）。本題で子どもがルールを心に留めながら話せるように，対象となる出来事に入る直前にグラウンドルールの説明を行う面接者もいる。また，話したがらない子どもとの面接では，グラウンドルールの前に練習面接〔訳注：ラポール形成〕を行うことが，子どもとのラポールを築くうえで有用である。このような場合，特に，子どもの名前を呼ぶ，子どもの体験や気持ちに関心を示す，話してくれたことに感謝するなどを時間をかけて行うとよい（Hershkowitz et al., 2014）。面接の教示をどこで行うかによらず，以下の研究助手が実践しているように，面接の中で機会を見つけてルールを強化するのはよい方法である（Dickinson et al., 2015）。

面接者：［子どもの名前］さんが，本当というのがどんなことかわかってい

る，ということがわかりました。どんなことがあったか，本当のことを話
　してもらうのがとても大切です。今日は，本当のことを話してもらえます
　か？

子ども：意味がわかんない。今日，何があったか話すってこと？

面接者：そう。私が質問したら，答えるときには本当のことを話してもらえ
　ますか？

子ども：はい。

面接者：うん，いいですね。それから，わからないときには「わからない」
　って言ってくれてありがとう。

面接を繰り返す場合のグラウンドルール

　実践家は，異なる目的に合うように会話の技術を調整する。たとえば，毎月，
家庭訪問をする児童保護サービスのワーカーは，訪問のたびにフル装備のグラ
ウンドルールを行う，ということはしないだろう。しかしそのような場合でも，
本当のことを話し，ワーカーが間違ったらそれを正し，わからないことがあれ
ば尋ね，必要に応じて「知らない」と言わなければならない，と子どもに理解
してもらうことは重要である。年長の子どもでも，ワーカーは家であったこと
を大人から聴いてすでに知っている，と信じていることがある。このような場
合，ワーカーは，子どもに会う初回はグラウンドルールを状況に合わせて説明
し，その後の数回はいくつかのルールについて復習し，さらにその後の訪問で
は，必要に応じてルールに立ち返る，というのがよいだろう。(たとえば，面接
者は何があったか知らないのだ，と説明するために「[子どもの名前]さんのおばあ
ちゃんとはしばらくお話ししてないんです。だから，この前私が来てからあったことを全
部，話してほしいです」と言うなど)。

グラウンドルール段階の成功の秘訣

　4，5歳以上の定型発達の子どもに5つの基本ルールを伝えるといった，効
果的なグラウンドルールの段階は，わずか数分しかかからない。5つのルール
とは，すなわち「『知らない』と言っていいですよ」「意味がわからなかった
ら『わからない』と言ってください」「私が間違えたら教えてください」「本当

のことを話すことが大切です」「私は何があったかわかりません」である。グラウンドルールの段階をフル装備で行う場合は，各ルールについて説明し，具体例を用いた練習を行い，子どもがルールに応じるかどうかを確認する。なお，ルールを削ったり，足したり，青年期の子どもには練習質問を省く（それでもルールについては教示を行い，本当のことを話すよう約束してもらうのがよい），などの変更を加えることは可能である。

出来事を話す練習をする

　導入部，ラポール形成の最初のやりとり，グラウンドルールの説明にかかる時間は，一般的には数分である。しかし，これらの段階を終えても，子どもの多くは人に話していない事柄を報告できるほど安心できていないし，リラックスした子どもでも，面接者が焦点化質問を次々と浴びせてくるだろうと思っていたりする。**自由報告の練習**（面接の練習，エピソード記憶を思い出す練習ともいう）は，以下の目標を達成することにより，供述の量と正確さを向上させることを目指している（Roberts et al., 2011）。

- **ラポールを強める**：自由報告の練習は，面接者や場に慣れるためのさらなる時間を提供する。そうすることでラポール形成のプロセスを続けることができる。
- **話すよう励ます**：たくさん話すのは（面接者ではなく）子どもである，ということを子どもに伝える。この段階での面接者の行動により，面接者から子どもへの，会話のコントロール権の移譲が行われる。
- **話す練習をする**：記憶の検索，出来事の詳細の想起，自由報告を意味が通るように体制化するには心的努力が必要である。オープン質問に対して子どもが全部話す，という訓練を行うことで，面接者は子どもの証言の一貫性を向上させる行動パターンを確立させることができる（Broun et al., 2013; Price, Roberts, & Collins, 2013; Roberts et al., 2004, 2011）。
- **面接者のよい態度を確立する**：面接者がこの段階で示す適切な態度は，以降の段階でも維持されるだろう。そのことにより，オープン質問や促進子に対する子どもの情報量を増加させることができる。

面接者はまた，自由報告の練習を行うことで，子どもの発音の特徴を知ることもできる（そして，誤って理解する可能性を減らすことができる）。また，面接者は，当該の子どもが過去を尋ねる質問に一般的にどう答えるのか，その感覚をつかむこともできるだろう。

出来事について子どもが話すための練習の技術

　子どもがオープン質問に対して詳細な情報を提供できるように，面接者は，促進子（「うんうん」），動機づけ（「……のことをもっと聴きたいです」），オープン質問（「……のことをもっと話してください」）を用いて子どもを訓練する。また，「それから何がありましたか？」などの質問を用いて，1つの出来事について最初から最後まで話すよう子どもに求める。そうすることで，子どもが，豊かな文脈情報を含む，時系列に沿って構造化された自由報告を構成できるように支援する。

　以下は，私の研究室でのやりとりを書き起こしたものである。助手が，子どもに「スクリプト」（出来事の一般的な流れ）を話すように求めたものだが，出来事について話してもらうための訓練の様子がわかるだろう。

面接者：ではね，［子どもの名前］さんは何年生ですか？
子ども：幼稚園。
面接者：じゃあ，幼稚園ではどんなことをするか，聴きたいな。幼稚園での
　　　　1日のこと話してください。幼稚園に着いてから，おうちに帰るまでのこと。幼稚園での1日のことを，全部お話ししてください。
子ども：え？
面接者：そうか，えっと，幼稚園での1日について，話せるだけ話して。幼
　　　　稚園に着いてから，おうちに帰るまでのこと。
子ども：えっと，おうちに帰ったら，いつもテレビを見るよ。
面接者：うーん。
子ども：それから，最初に幼稚園に着いたら，お庭で遊ぶ。でも雨だったら
　　　　体育館に行かないとだめ。
面接者：うんうん，じゃあ，お庭で遊んだあとは何がありますか？

子ども：中に入って，えっと，列に並んで，そして，そして，そして，先生が呼ぶまで並んで待ってる。それから，えっと，中に入ったら，コートを脱ぐの。そして，お教室に入る。

面接者：うんうん。

子ども：で，脱いで，えっと，入って，お教室に入って，そして，お教室に入ったら，自分のテーブルで遊んでよくて，テーブルには，違うおもちゃが置いてある。

面接者：すごい，それからどうなるの？

子ども：それから，それから，それから，朝の会をして，それから，1日の予定をやる。えっと，歌を歌う。

面接者：そうか，そのあとは何があるの？

子ども：それから，1日の予定を聴いて，何やるか，何を，何を，今日幼稚園でやるか，わかる。

　　　［このあと18回のやりとりがあった。面接者は毎回，促進子や「それから何があった？」「そのあとはどうなるの？」を用いて子どもに会話の番を戻した］

面接者：そうか，それで，バスを待つところで座ってて，それから何があるの？そのあとは？

子ども：えっと，バスの先生が来て，ドアのところに並んで，並んで，バスに乗る。

面接者：うんうん。

子ども：それから，おうちの先生，ママとかパパとか来て，外のところに来て，先生が見つけたら，行ってもいいの。先生が，「行ってもいいですよ」って言って，行って，会うの。でも，自分のリュックを持ってかないと，だって，自分のリュックを持ったら，自分のところに置いて，そうすればママと持っていけるから，ママか，パパか，両方と。

面接者：そうなの，じゃあ，バスか，ママやパパは，どこに連れてってくれるの？

子ども：えっとね，おうちにだよ，でも，バスは違うとこにも行く。みんなが帰るところ。

面接者：そうなんだね，どうもありがとう。

この例では，子どもは最初戸惑っていたが，最終的には多くの情報を含む長い報告をした。面接者はまったくはい／いいえ質問や誘導質問をしていない。

ただし，上のトピック（幼稚園での1日のこと）は練習としてはベストではない。いつも起きる事柄を尋ねても，それは個別具体的なエピソード，すなわち，特定の時間，特定の場所で起きた出来事を話すことにはつながらないからである。初期の会話のスタイルは，子どもの報告の仕方を変えてしまう可能性があるので，最初にスクリプト化された出来事（繰り返される活動においていつも起きる事柄）を話してもらうのか，それとも特定の出来事（子どもが体験した最近の誕生日会など）を話してもらうのかは，重要である。いつも起きる事柄を話してもらうと，「叩いた」「そして，月曜日は……」のような特定の出来事の表現よりも，一般的な表現（「叩く」）が多くなり，出来事の繰り返しに自発的に言及することが少なくなる（Brubacher et al., 2011）。

そのため，特定の出来事の報告を促すには，練習においても特定の時間，場所での出来事を話してもらうのがよい。記憶のスクリプトを引き出す質問は，他のトピックについて話すのを拒否する子どもや，他に話しやすい／適切な出来事がない場合に備えてとっておくのが一般的である。そのようなときには，面接者は定型的な出来事について子どもに話してもらうが，それでも特定の出来事について報告を求めることができる。以下の例を見てほしい。

家族と一緒に外食する，お気に入りの場所はありますか？［子どもの答えを待つ］。あなたが＿＿に行くときのことを，全部話してください［子どもの答えを待つ］。あなたが＿＿に行くとき，何かいつもと違う，びっくりするようなことはありましたか？［子どもの答えを待つ］。その日にあったこと，あなたが＿＿に行ってからおうちに帰って来るまでにあったことを，全部話してください。

捜査対象となる事案が繰り返された出来事を含む場合，練習において，スイミング教室や友達の家でのお泊まり会のような，繰り返しのある出来事を

選ぶと，個々の出来事について話してもらうことができる（「［子どもの名前］さんが＿＿＿した，一番最後のときは何がありましたか？」）。このような練習は，子どもが面接の本題で繰り返しのある事案について話す際，助けとなるだろう（Brubacher et al., 2011）。

自由報告の練習段階の構造

　自由報告の練習をする出来事を選ぶ方法は，いくつかある。子どもの文化的背景がわかっていれば，最近あった学校の休日，国や宗教上の祝日（クリスマスなど）に何をしたか聴くことができる。家族からあらかじめ，最近の家族旅行やパーティのような明瞭な出来事について情報を仕入れておく面接者もいる。先のラポール形成で話した子どもの趣味や，放課後の活動，学校の「特別な授業」で好きなこと，嫌いなこと（体育や図工など，週に一，二度しかない活動）も，子どもが参加した一番最近の特定の活動について，自由報告を求める練習へと導くことができる（Roberts et al., 2011）[2]。

　面接の他の段階と同様，自由報告の練習は ⓐトピックシフターで開始し，続いてⓑ面接者が練習となるトピックを提案し，ⓒ出来事を最初から最後まで思い出してもらうように動機づける。以下のように，これらの目標を達成する方法はたくさんある。

1. 自由報告への移行：［子どもの名前］さんのことや，［子どもの名前］さんがすることについて，もっと知りたいです。

　　トピックの提案：［何日か何週間か］前に［特別な出来事］がありました。［特別な出来事］で何があったか，全部教えてください。

　　全部話すように励ます：その［出来事］のことをよく思い出して，その日，朝起きてから［その日／子どもが話した出来事の終わり］まで，何があったか，話してください。（Lamb et al., 2008, p. 286 を修正）

---

[2]　学齢児童の子どもには，捜査対象の出来事が最近数日は起きていない場合，「昨日したことを全部お話しして」と促すこともできる。しかしその出来事は，記憶しやすく興味ある特別な出来事ではないかもしれない。就学前の子どもは，しばしば「昨日」を今日ではないという意味で使う。そのため，昨日についての質問は，年少児が特定の日のことを思い出すきっかけにはならないだろう。

2. 自由報告への移行：［子どもの名前］さんのことをもっと知りたいです。

トピックの提案：最近，何か楽しかったことや特別なことはありましたか？

全部話すようように励ます：そうなんですね，その話をとっても聴きたいです。その［特別な出来事］で覚えていることを全部，最初から最後まで話してください。（Roberts et al., 2011, p. 130 を修正）

3. 学齢期の子どもに，繰り返してあった出来事のうちの特定の出来事を話してもらうよう促す会話

自由報告への移行：前に言ったように，私は［市区町村の名］のたくさんの子どもからお話を聴いています。子どもが学校以外の時間に何をするかもっと知りたいんです。

トピックの提案：［子どもの名前］さんのお母さんから，［子どもの名前］さんが［活動］の教室に通っていると聴きました。それで合っていますか？

個々の出来事について全部話すように励ます：では，［子どもの名前］さんが一番最後に［活動］に行ったときのことで覚えていることを，最初から最後まで，全部話してください。［一連のオープン質問や促進子（「そうなんですね」など）により，この出来事についてたくさん話してもらう］

他の特定の出来事について話すように励ます：とっても面白いですね。学校に行っていたとき，私はその［活動］に行ったことは一度もありませんでした。その［活動］で一番よく覚えているのはどの日のこと？［応答を待つ］では，その［活動］であったことを全部話してください。

このような最初の言葉かけのあと，記述する訓練（training-to-describe）が開始される。面接者は一連の促進子（例：「うんうん」）や促し（「いいですね」），以下のようなオープン質問を用いて，子どもに繰り返し，会話の番を渡す。

● それから何がありましたか？
● 次に何がありましたか？
● ［子どもが話した事柄］のあとにあったことを，全部話してください。
● ［子どもが話した事柄］について，もっと話してください。

● ［子どもの名前］さんは，［子どもが言及した事柄］と言いました。［［子ど
　もが言及した事柄］のことを，全部話してください。

　この段階を通してずっと，面接者は（子どもの司法面接における）会話の習慣
を維持し（第3章を参照），圧力となるような仕方で子どもを見つめたり，矢継
ぎ早の質問をしたりしないようにする。さらなるウォームアップが必要なら，
（2つ目のトピックや出来事を選択するなどして）この段階を延長してもよい。しか
し，自由報告の練習を効果的に行うには，長くなく，疲れさせることがない
ようにすべきである。私の研究室で行った自由報告の練習は7分未満であった。
また，5分から7分の練習が効果的だとする研究もある（Brubacher et al., 2011）。

　ある研究では，自由報告の練習は面接の長さを増加させなかった。この結
果に興味をもつ実務家もいるだろう。この結果の主たる理由は，「前もってよ
く準備しておくことで，（子どもは）体験をより効率的に話した」からである
（Brown et al., 2013, p. 379）。最前線の虐待の面接の分析によれば，自由報告の練習
をすると面接は長くなるが，実務上の違いはほとんどない（練習を含む面接が
32分であるのに対し，練習なしの場合は22分であった）（Price, Roberts, & Collins, 2013）。

自由報告の練習の要約

　自由報告の練習は，適切に行えば，ストレスとならない特定の出来事を話
す機会を子どもに提供し，ラポール形成のプロセスを続けることを可能にす
る。この段階を通して，面接者は落ち着いた態度で，適切で（しかし，過剰で
ない）アイコンタクトをとりながら関心を示し，子どもが話すのをやめてもま
た話し始めるまで待つというような，司法面接の会話の習慣を形づくる。トピ
ックを提案したあとは，面接者は最小限の促し（「うんうん」など）やオープン
質問（「次に何がありましたか？」）を使って，繰り返し子どもに会話の番を返す
〔訳注：つまり，話すように促す〕。そうすることで，子どもは記憶を検索し，（単
語ではなく）文で話し，時系列に整理された自由報告を提供する。この段階は
7分とかからないが，話したがらない子どもには時間を延長してウォームアッ
プを行うことが有益かもしれない。

有用な背景情報について話し合う

　面接者は，面接の初期の段階で，本題で有用となりそうな背景情報を集める
こともできる。たとえば虐待の面接では，子どもが一緒に生活している人や，
他の家族メンバーや養育者や親しい友人の名前を話題にすることがある。子ど
もが生活で関わりのある人々を何と呼んでいるかを聴いておけば，誤解を防ぐ
ことができるし，また，面接者は子どもがそれぞれの人について話をしたが
るかそうでないか把握することができる（National Children's Advocacy Center, 2014）。
面接の初期の段階で話すのをためらう子どもは，本題でも疑いのある出来事を
話す可能性が低いので，面接者は背景情報を得る段階を加えることで，話した
がらない子どもとのラポール形成の時間を延長することができる（Hershkowitz
et al., 2006; Orbach et al., 2007）。

　面接の冒頭で家族のメンバーについて尋ねる面接者もいるが，この段階はあ
とにまわした方が，捜査対象となっている事柄にスムーズに移行できる。また，
子どもが（初期段階において）問題となる事柄を自発的に話し始める場合もある
ので，家族について尋ねる段階は，グラウンドルールや自由報告の練習のあと
に行う方が，面接の流れを妨げない。教示は，個々の事案に合わせて修正して
もよい。

- ［子どもの名前］さんが住んでいる場所や，一緒に住んでいる人のことを
  もっと聴きたいと思います。［子どもの名前］さんが住んでいるのはアパ
  ート，一軒家，それ以外の場所ですか。
- ［子どもの名前］さんが一緒に住んでいる人のこと，全員について教えて
  ください。
- 他にも誰か，一緒に住んでいる人はいますか？［子どもが「もういない」
  と言うまで繰り返し尋ねる］
- ［お母さんとおうちにいないとき／学校に行っていない］ときに，［子ども
  の名前］さんがすごす場所はありますか。［子どもが「もうない」と言う
  まで繰り返す］
- ［子どもが挙げた養育環境］にいる人のことを教えてください。

● [お母さん／お父さんなど] がいないときにお世話をしてくれる人はいますか？

● 他にも誰か，[子どもの名前] さんのお世話してくれる人はいますか？ [子どもが「もういない」と言うまで繰り返す]

この段階でどの程度具体的な質問をするかや，回答に求められる詳細さのレベルは，面接の本題で検討する代替仮説に依存する。たとえば，友人の影響が心配される場合や，友人も被害者かもしれない場合は，学校内外の友人のことを尋ねておくのがよいだろう。

背景情報を得る段階で家族のメンバーや友人について話してもらう方法には2通りある。1つは，子どもが挙げた1人ひとりの顔を，ボードや用紙にマーカーでさっと描き，名前をつける，という方法である。その名前が（事案に基づき）面接者が想定している名前と合致しないときは，「[子どもが言った名前] の人は，他にも名前がありますか？」「[お母さん，お父さん] は [子どもが言った名前] の人を何と呼んでいますか？」などと聴けばよい。より一般的な方法としては，面接者は，マーカーや用紙を使わずに質問をするが，その判断はそれぞれのやり方に委ねられる (Poole & Dickinson, 2011)。

ま と め

面接の初期の段階は，子どもに，捜査対象となる事案を話す準備を提供する。6つの段階を有するプロトコルが多い。

1. **面接の計画を立てる**：子どもや事案に関する初期情報を収集したのち，面接者／捜査チームは，子どもの発達に適した方法で面接の目標を達成することができるよう，面接方略の計画を立てる。この段階では，実務家は申し立てに関する代替仮説を検討する方法や，さらなる捜査の助けとなる情報を引き出す方略を考える。

2. **面接の場所を準備する**：事案に関する制約の中で，面接者は可能な場所のうち，最も安心できる，静かな場所を選ぶ。子どもの注意をそらしそうな事物や私物は片づける。

3. **面接者は自己紹介しラポールを形成する**：面接者は短い自己紹介（面接者

の名前や自分の仕事を告げるなど）を行い，子どもとのやりとりに速やかに移行する。プロトコルが，子どもの生活や関心事に関する会話を行うよう勧めている場合，面接者はオープン質問を多用して，子どもがたくさん（面接の大部分）話すように促す。

4. **面接のグラウンドルールについて話し合う**：面接者は，トピックシフター（移行のための言葉：「［子どもの名前］さんのことをもっと知りたいので……」など）を伝えたあと，面接のルールを説明する。青年期前の子どもには，各ルールの練習を行う。また，どの子どもにも，ルールを守るよう約束してもらう。

5. **自由報告の練習を行う**：面接者はトピックを変える合図を示し（「［子どもの名前］さんがすることについて，もっと知りたいんです」など），特定の，しかし中立な出来事（最近あった誕生日会など）について話すよう子どもを促しながら，ラポール形成のプロセスを続ける。面接者はオープン質問と促進子を用い，子どもが出来事を全部話すように促す。

6. **役立ちそうな背景情報を話してもらう**：面接者は，捜査対象となる出来事について話してもらう際に役立ちそうな情報——子どもの家族，養育の手配，友人など——を引き出す。先行する段階（どの段階でもよい）のあと，この段階のトピックシフター（「［子どもの名前］さんが住んでいるところや一緒に住んでいる人のことを，もっと知りたいんです」）を行う。

どの段階を用いるか，どのように段階を進めるかは，使用されているプロトコルやその他の検討事項，たとえば，面接の目的や子どもの認知発達のレベルなどにより，さまざまである。

実践のための原則
予期せぬ開示がなされたとき，面接者はどの段階から面接を始めればよいでしょうか？

子どもの面接に関する議論は，虐待の捜査に関するものが多い。しかし，児童保護機関のワーカーは，親以外の人に養育されている子どものモニタリング（監視）も行っている。こういった訪問の際に子どもが新たな虐待を申し立て

た場合〔訳注：虐待があったために施設などに措置されていることが多いため「新たな虐待」となっている〕，当該の面接でワーカーがどの程度の事実を明らかにするかは，地域の指針により決まっている。以下の質問は，司法面接のトレーニングを受けたワーカーからのものである。子どもから虐待に関する自発的な報告があった場合，面接をどのように進めたらよいか，という質問である。

児童保護機関のワーカーからの質問

捜査のための面接ではないときに，子どもが虐待やネグレクトの開示（打ち明けて話すこと）を始めたら，どう対応したらよいでしょうか？ 2つの方法を考えました。1つ目は，子どもにそのまま開示を続けてもらう，というものです。子どもが話し終えたら，司法的な能力の検査を行い，本当のことを話したのか尋ね，話の誤りを正す必要がないか尋ねます。2つ目は，子どもの開示を止めて，司法的な能力の検査を行い，自由報告の練習を最後まで行い，それからもう一度話してもらう，というものです。

私は両方やってみたのですが，どちらも納得できませんでした。1つ目については，子どもによる開示の信頼性が疑問でした。2つ目の場合，子どもの話す勢いを止めてしまうため，開示に戻れなくなります。どのようにお考えですか？

私 の 回 答

面接のどの段階も，子どもと話す際に生じる問題を解決するために考案されている，ということを思い出してください。会話の流れは各々の状況に合わせてカスタマイズすべきです。たとえば，はじめて会う子どもには自己紹介しますが，よく知っている子どもには自己紹介をする必要はありません。

グラウンドルールを行う理由はたくさんあります。それは，初対面の子どもがあなたと一緒にいることに慣れる時間となりますし，子どもに「わからない」と言ってもいいのだと伝えます。また，この段階を行うと，子どもは違反行為を開示しやすくなります（Lyon et al., 2008）。しかし，グラウンドルールの段階は，司法的な能力の検査ではありません。

知っている子どもが，捜査ではない面接の最中に，自発的に開示を始めた

ならば，そのまま話してもらってください。「うんうん」などの促進子を用い，会話の番を子どもに与え，「それからどうなりましたか？」などのオープン質問をたくさん用いてください。その場のやりとりで，さらなる調査をする権限が与えられている地域にいる場合は，焦点化質問（必要ならば）に移行する前に，グラウンドルールを行うかどうかを判断してもよいでしょう（あなたが尋ねようとしている質問のタイプにもよりますが）。子どもが最小限，あるいは曖昧な開示をし，そのあと話さなくなった場合は，こう伝えることもできます。「［子どもの名前］さんが言った［子どもの言葉］のこと，もっと聴きたいです。でも，最初に少しだけ，［前に私が来てから学校で何があったか，あるいは他の中立な話題について］お話を聴きたいです。いいですか」。子どもが話したがらなくても，最初に中立的な話題について話してもらうことで，予期しない開示についてのさらなる情報が得られやすくなります。

　要約しますと，あなたが知っている子どもが自発的に開示した場合は，司法面接の本題の段階へと移行し，その段階でいつもやっているように面接を行うこともできます。捜査の会話ではないときの開示についてどの程度探索するかは，機関の実践の基準に沿って判断します。どんな面接でも，いつでも必要に応じて面接の早い段階に戻ることができます。複雑にしない，そして子どもの考えに従おうとするあなたの直感は，正しいと思います。

第**5**章

定型的な内容
本題の段階

　面接の初期段階を終えると，面接者は捜査対象となる事柄へと移行し，本題段階での会話を進める。以後の段階では，供述を引き出すことに明確な焦点が当てられる。とはいえ，重要な事実はどの段階でも現れうるので，面接はその全体が法的なやりとりである。たとえば，自由報告の練習の中で，幼児が誤解を生むような仕方で発音することがわかったり，児童がケガの理由となるような活動について話せる，ということが明らかになったりする。しかし，面接の初期段階は，一般に面接作業の準備を行うためのものであり，供述を引き出すことに焦点が当てられるのは本題段階である。

　本題，すなわち捜査対象となる事柄に関するやりとりについてのガイドラインは，面接者が@出来事の詳細な説明を促し，ⓑ説明に関する複数の解釈を明確にし，ⓒ申し立てや物的証拠に関する代替仮説を探究し，ⓓより広い範囲での事実調査が可能となるように会話を導くのに役立つ。面接の初期段階と同様，本題段階においても，面接者がとる行動は，面接の目標，使用するプロトコル，子どもの行動により異なる道筋をたどる。たとえば，最小限の事実確認（minimal facts）は限られた情報を得ることを目標としており，子どもに広範囲の報告を求めない（Dupre & Sites, 2015）。また，児童保護を目的とする面接では，犯罪捜査のための面接よりも，より広い範囲のトピックを扱うことが多い。このような違いがあっても，司法面接の多くは，話題を提起する，自由報告を引き出す，質問と明確化，面接のクロージングという一般的なパターンに従う。

話題の提起

　問題となる事柄についての会話は，面接者がトピックを変更する合図を示し，最初の問題を提起する質問を行うことで開始される。多くのガイドラインが，重要な情報（被疑者の名前や出来事の特徴など）を子どもが —— 面接者が口にするよりも前に —— 言及するように促す方略を推奨している。ここでは，非暗示的なアプローチに対する理論的根拠を簡単に議論したあと，面接の話題を成立させるいくつかの主要な方法を説明する。

非暗示的なトピック・プロンプト（topic prompts）の効用
　第 1 章で述べたように，はい／いいえ質問に衝動的に「はい」と答える子どもがいる。そして，面接者が「（『はい』と答えた）そのことについて教えてください」などと言うと，子どもは最初のはい／いいえ質問に含まれる単語を中心に自由報告を紡ぎ出す。先述した例では，初対面の研究助手が男児に，「私に触られたことある？」と尋ねたところ，男児は「うん」と答えた。そして，この助手が彼のお腹をどのように触って熱を測ったかを説明した。つまり，男児はいまここにある状況とは関連性のない記憶を検索し作話をしたのである。このように反応する子どもは，関連する思考と関係しない思考とを確実に区別するための心理的なフィルターをもっていない。
　作話傾向をもつ子どもは一部にすぎない。しかし，多くの子どもが誤情報にさらされると偽りの報告を始める。実際に経験したことよりも，他者が言ったことや暗示したことを報告するというソースモニタリングのエラーにより，このようなことが生じるのである（第 1 章を参照）。誤情報はオープン質問への応答にも入り込む可能性はある。しかし，オープン質問に比べ，はい／いいえ質問は，体験した出来事とは異なるソース（情報源）からの報告を引き出す可能性が高い。残念ながら，実際に起きたことだけを話すように教示するだけでは，これらのエラーを完全に排除することはできない。そのため熟達した面接者は，面接の初期にはい／いいえ質問を用いることはしない（Poole & Lindsay, 2001, 2002）。

初期のプロトコルでは，はい／いいえ質問をトピックオープナーとして用いることが推奨されていた。これは，人に話していない体験——特に，性的虐待のような，繊細な事柄が含まれる体験——を，子どもは説得力をもって話すことができない，という信念によるものであった。実際，面接者の中には，はい／いいえ質問のリスクを気にかけていない，「はい」に続く自由報告の質を見れば，誤った「はい」を見分けることができるからだと話す人もいた。しかし，誘導的な面接のあとに子どもに質問をした研究は，真実の報告と偽りの報告の区別は簡単だという考えを支持していない。子どもの偽りの報告は，真実の報告と同程度に（あるいはそれ以上に）詳細であることもあった（Ceci et al., 2007）。

　面接者は子ども個々人の作話傾向や，先行する面接の特徴を知らない。そのため，ガイドラインは次のように推奨している。すなわち，まずは話題提起となりうる，しかし最も具体性の低い質問を用い，必要に応じて徐々により具体的な質問を行う——だが，疑われる事柄を完全に口にすることはしない（つまり，疑われる出来事や被疑者に言及することはしない）。この慎重なアプローチは面接者の世界では広く受け入れられている。というのは，第4章で説明した面接の初期段階を実行し，子どもの準備を備えておけば，多くの子どもがオープン質問に対して開示をするからである（Lamb & Malloy, 2013）。ただし，ほとんどのプロトコルは，疑われる事柄を直接尋ねるという選択が正当化できる場合——たとえば，事案の特性上，偽りの報告が生じる可能性が低い場合，物的証拠がある場合，すでに報告された事柄を調査する必要がある場合など——，直接尋ねるという裁量を面接者に与えている。使用するプロトコルにおいて，疑われる事柄に直接言及することが認められている場合，どの程度直接的な質問を用いて問題となる話題を提起するかという決定は，事前の計画において行うのが最適である。

話題提起の段階の構造

　面接者は，以下のようなトピックシフターを用いて，調査の対象となる事柄に移行する。

　自由報告の練習後の話題提起：［自由報告の練習でのトピック］のことを話

してくれてありがとう。今度は少し違うことについて尋ねようと思います。
グラウンドルール後の話題提起：今度は，他のことについてお話をしましょ
う。

　面接の進め方は事案に依存する。たとえば，家族内のケンカで警察に通報が
行き，それについて子どもが面接されるときなど，捜査中の出来事には疑いが
ない場合がある。これらの事案では，面接者は特定の仮説に言及することは避
けるが（たとえば，「お父さんがお母さんに痛いことをした？」とは言わない），面接
の本題に入るのに躊躇する必要はない。面接者はトピックシフターのあと，オ
ープン質問で自由報告の段階を開始し，子どもに話すように誘いかけることが
できるだろう（「昨日の夜，［子どもの名前］さんの家であったことを全部教えてくだ
さい」）。
　その他の事案──性的虐待の捜査の多くもそうであるが──では，子どもが
疑われる出来事を実際に体験したかどうかが不明である。これらの状況では，
多くのプロトコルが，間接的なアプローチで話題を提起することを推奨してい
る。これは，問題の出来事について子どもが話し始めるかもしれない1つ，あ
るいは複数の質問を行う，そしてそのような質問は，疑われる事柄の詳細に言
及しない一般的な質問で開始する，という考え方である。子どもの多くは，な
ぜ面接をされるのかを知っているので，「どういうことで［子どもの名前］さ
んは，ここに来ましたか？」という質問で開始するプロトコルが多い（National
children's Advocacy Center, 2014, p. 1）。

- ●［子どもの名前］さんのことが少しわかったので，今日はなぜ／どうして
  ［［子どもの名前］さんがここにいるか］お話ししたいです。(Lamb et al.,
  2008, p. 288)

- ●私がなぜ／どうして［子どもの名前］さんとお話ししにきたのか話してく
  ださい。／［子どもの名前］さんはなぜ／どうして私とお話をしにきまし
  たか。(Lyon, 2005, p. 2)

- ●［子どもの名前］さんは今日，私に何をお話ししにきましたか。(Powell, 2003,
  p. 260; この質問を用いれば，子どもに**なぜ／どうして**〔Why〕きたのか──この尋
  ね方は，子どもが面接室に来るきっかけをつくった，ということを含意している

―― と尋ねることなく，目的を達成することができる）

　子どもが「わからない」と言ったり，この質問を無視したならば，面接者は
一連の質問を進めていく。通常は，疑いのある被疑者，行動，あるいは場所に
言及することのない質問で始める。これを達成する１つの方法は，端緒となっ
た事柄の詳細について子どもに尋ねる，というものである。もし子どもがその
詳細を認めたならば，面接者は，次のように何が起こったのかを尋ねることが
できる。

- お母さんは，［子どもの名前］さんがコールス［店名］でお母さんに何か
  お話しして，お母さんはびっくりして，その話をするために，［子どもの
  名前］さんを外に連れ出した，と言ってます。［子どもの名前］さんは，
  コールスで，何かお母さんをびっくりさせるようなことを話しましたか？
  （Powell, 2003, p. 261）

- お母さんは，［子どもの名前］さんに何かあったかもしれない，と心配し
  ていますか？（Lyon, 2005, p. 2）

　もし子どもが以前の開示や問題となる出来事を認めたならば，面接者は「何
があったか話してください」や「お母さんが何を心配しているのか，教えてく
ださい」などのような，オープン質問で会話を続けることができる。以下の例
が示すように，最初のはい／いいえ質問を省略しているプロトコルもある。

- ［子どもの名前］さんに何かあったかもしれない，と聴きました ―― 何が
  あったか話してください。（American Professional Society on the Abuse of Children,
  2012, p. 19）

- ［子どもの名前］さんのおうちで，何か起きているのだなとわかります。
  ［子どもの名前］さんがそのことを話す間，私はずっと聴いていますよ。

- 誰かが［子どもの名前］さんを困らせているかもしれないと聴きました。
  そのことを，どんなことでも全部話してください。（Lyon, 2005, p. 2）

　子どもが，すでに記録されている前のやりとりに参加していたならば，その
話題を引き出すために，以下のような質問は十分かもしれない（ただし，情報
源を開示しないように注意する）。

- ［子どもの名前］さんが先週，警察の人と会ったと聴きました。［子どもの
  名前］さんが何の話をしたか教えてください。（Lyon, 2005, p. 2）

- [子どもの名前] さんは [昨日, 先週, あるいはその他の時間], [先生, 医師, その他の専門家] に何かお話ししたと聴きました。何をお話ししましたか？

より直接的な質問は, 身体的な証拠や場所に言及するかもしれない。ただし, 疑われる／問題となる事柄の詳細にはっきりと言及することはしない。

- [子どもの名前] さんの顔にアザがあります。それがどのようにできたか教えてください。
- キャンプで何かあったと聴きました。キャンプで何がありましたか？ [子どもが, あったと認めるのを待つ] そのことをどんなことでも全部教えてください。

子どもがオープン質問に応答しなかった場合, より具体的な質問を行うと決定したのであれば, 続くトピックオープナーは特定の人について, しかし, その行動には言及せずに尋ねる, というものになるかもしれない（「私は, [子どもの名前] さんがビッグ・ジョンという男の人を知っている, と聴きました。ビッグ・ジョンという男の人のこと, 知っていますか？」－「「はい」」－「[子どもの名前] さんはビッグ・ジョンという人と会ったことがありますか, それともその人のことを聴いただけですか」－「「先週, ビッグ・ジョンの家で会いました」」－「私はビッグ・ジョンの家に行ったことがありません。だから, そこで何があったかわかりません。[子どもの名前] さんが, 先週, ビッグ・ジョンの家に行ったとき, 何があったか教えてください。最初のところから始めてください」; Powell & Snow, 2007, p. 79）。物的な証拠も, 疑われる事柄の詳細に言及することなく, 話題を提起できることがある（たとえば,「[子どもの名前] さんは, おじいちゃんの家にパジャマを忘れてきましたか？」－「「うん」」－「何があったか教えてください」）。より暗示的で, それゆえにあまり望ましくはないが, 被疑者に言及することなく行動に言及することもある（たとえば,「誰かが [[子どもの名前] さんにビールを飲ませましたか, など] ？」）。

面接者がどのようなトピックオープナーを用いるかは, 疑わしい事柄の理由に依存する。たとえば, 性的な遊びがあったという理由で面接がなされた場合, その遊びに関する一般的な質問が, 次の質問へとつながるかもしれない。（「先生から, [子どもの名前] さんがジェームズ君とゲームをしていたと聴きました。そして先生は, [子どもの名前] さんに『やめなさい』って言ったと聴きました。先生は,

［子どもの名前］さんにゲームをやめるように言いましたか？」－［「うん」］－「そのゲームの遊び方を教えて」－［子どもの応答を待つ］－［「子どもの名前］さんが誰かと最初に［子どもが話したこと］をしたときのことを教えて」）。個々の事例における質問を計画する方法は，次の2つの一般的な原則に従う。第1は，疑われる事柄の詳細（たとえば，父親の行動が性的な遊びのきっかけとなったという仮説）に言及することを避ける，ということである。これは，子どもの供述の信頼性を守るためだけでなく，子どもが話したことを聴くことで，問題を報告した大人の側の誤解を発見することにも役立つからである。第2は，起きた可能性がある事柄を推測したり，想像したりすることを子どもに求める言葉は用いない，ということである。

　家族，教師，友人に最近開示した子どもでも，面接の目的を理解し，話を始めることに時間を必要とする場合がある。話題を提起するときは，子どもに考えをまとめる時間を与える——しかし，開示への言語的な圧力をかけることはしない——のがよい。この時間を提供する1つの方法は，会話中に小休憩をとることである。面接者は「少しの間，私たちがお話ししたことについて見直してきますね。［子どもの名前］さんは，［家族のこと／学校で起きたこと］で，私が知っておいた方がよいことがあるか，考えておいてください」などと言うことができる。また，中立的なやりとりを数分間行い，それから再度面接の目的に戻る，という方法もある（面接のブレイクについては，本章の後半で議論する）。

うまくいく話題提起の段階のまとめ

　話題提起における基本的な原則は，事案の仮説，ならびにまだ明らかになっていない詳細に言及することを避ける，ということである。トピックシフターのあと（たとえば，「いまから別のことについて尋ねますね」），面接者はまずは，「今日，ここで何があったか教えてください」（子どもの家での暴力事案に対応するとき）や「今日，何をお話しにきたのか教えてください」（性的虐待の面接において）のような，広い，オープンなトピックオープナーを用いる。このような質問で会話が始まらないときは，面接者は，面接前あるいは短いブレイク時（この時間に面接者や捜査チームは代案を検討する）に計画した，具体性の異なる質問のリストに沿って面接を進める。最初の質問は，問題の端緒となった詳細を

確認する誘いかけや（ただし，特定の行動や被疑者に言及することはしない），特定の日にあった中立的な事柄に言及することかもしれない（そして，その日にあったことを話してもらう）。疑われる詳細をより多く含むアプローチをとる場合は，被疑者（ただし，疑われる行動には言及しない）や行動（ただし，被疑者には言及しない）に言及する。誰かが何か悪いことをしたかと尋ねることは，特定の犯罪や被疑者の名称を言うわけではないので，より多くの詳細を含む質問を尋ねるよりは好ましい。

　子どもが面接に慣れるのにより多くの時間が必要ならば，数分間，中立的な会話に戻るのも適切である。子ども自身が面接者より先に事案の詳細を話す，という形で面接が行われるとき，話題提起の段階はうまくいく。あるプロトコルが指摘するように，「虐待の報告なしに面接を閉じることだってありうる」のである〔訳注：虐待行為は何もなかったということもあるため，虐待の詳細が報告されない状態で面接を終えることもある〕（State of Michigan Governor's Task Force on Child Abuse and Neglect and Department of Human Services, 2011, p. 15）。

自由報告を引き出す

　何について話すのかを子どもが理解したら，面接者は，子ども自身の唯一無二の思考の流れを追う一連のオープン質問を用い，出来事の報告を促す。オープン質問に対する応答は，焦点化質問への応答に比べ，より長く，情報量が多く，正確な詳細をより高い割合で含み，かつ（面接者が）予期していなかった情報への言及がなされる度合いも高い（Lamb, Hershkowitz, Sternberg, Esplin et al., 1996; Sternberg et al., 1996, 1997）。

自由報告の段階の構造
　十分なトピックオープナーののち，面接者は自由報告を促す最初の質問を行う。

　　トピックシフターとトピックオープナー：［子どもの名前］さんのことが少しわかってきました。今度は，［子どもの名前］さんが，今日どうしてこ

こにいるか話す時間です。今日は，なぜお話しにきたのか教えてください。
自由報告を促す最初の質問：[子どもが言及した話題]のことを，できるだ
　け，どんなことでも全部，話してください。

ティーンエイジャーの子どもの場合は，より長い誘いかけが効果的であるか
もしれない。以下は，詳細を報告する必要性を強調する認知面接の教示を手本
としたものである（Fisher & Geiselman, 1992; 本書の第7章も参照）：「私は［子ども
が言及したこと］を，どんなことでも全部理解したいと思っています。起きた
ことの一番最初から始めて，たとえ［子どもの名前］さんがあまり重要ではな
いと思うことでも，できるだけ，どんなことでも全部話してください」。
　子どもが話している間，面接者はリラックスした態度を維持し，じっと見つ
めることを避け，子どもが考えるための適切な時間を与える。子どもが話すの
をやめたときはすぐに質問を始めるのではなく，子どもが話し続けることを励
ますために最小限の促しを用いる（「そうか〔OK〕」のような言葉かけや，子どもが
話したことの部分的な繰り返し）（たとえば，子ども：「それから，私はマニングさんの
家に向かう道を渡った」，面接者：「うん，道を渡った」）。次の例のように，面接者
は，広がりと深さをもつ自由報告を促すオープン質問を提供し，会話が途切れ
ないようにする（Powell & Snow, 2007を修正）。

　オープンな広げる質問〔訳注：それから質問〕：それから／そのあとは，何が
　　ありましたか？［子どもが言及した広がりをもつ出来事の名称］のとき，
　　他には何がありましたか？
　オープンな深める質問〔訳注：手がかり質問〕：[子どもが話したこと]のこ
　　とを，もっと教えてください。[子どもが言及した出来事の名称]のとき，
　　何がありましたか？

年長の子どもに対しては，出来事をより広い文脈に位置づけることを促す次
の誘いかけ——NICHDプロトコルによるものである——を用いることができ
る（Lamb et al., 2008）：「その［日／夜］のことをよく思い出して，[子どもが言
及した先行する出来事]から，[子どもが話した虐待が疑われる出来事]まで

にあったことを，どんなことでも全部話してください」(p. 291)。年少の子ど
もに対しては，よりシンプルな質問，すなわち「[子どもが言及した先行する
出来事] にあったことを話してください」と尋ねたのち，「それから何があり
ましたか？」を繰り返す一連の質問が有効かもしれない (Powell，2015年7月27
日の私信)。

　地域によっては，何があったか（活動）に焦点を当て，他の情報〔訳注：文脈
情報など〕を引き出そうとしないところもある。子どもが覚えていないことを
尋ねることで，詳細情報の変遷や誤った報告が生じ，供述の信頼性が失われる
ことを防ぐ，という考えに立つものである。一方，子どもの年齢に応じた方法
で，文脈の詳細を引き出すことが推奨される地域もある。この考え方では，出
来事が起きた場所の写真や物的証拠が，子どもの供述の信頼性の証明につなが
るとされる。面接者に文脈情報を求める権限が与えられている場合は，見たこ
と，聴いたことをもっと話してと尋ねれば，新しい詳細情報が得られる。アナ
ログ研究によれば，次のような質問から得られた情報は，先行する自由報告で
得られた情報と同程度に正確である (Poole & Lindsay, 2001, p. 30 を修正)。これら
の質問は，子どもが最もよく覚えていることを選択することを許すためだと考
えられる。

　　私たちは見えたものを，よく覚えている，ということがあります。[子ど
　　もが話した出来事や場所] で／の中で／のとき，**見えたものを**，どんなこと
　　でも全部話してください。
　　私たちは，音や話し声を，よく覚えている，ということがあります。[子
　　どもが話した出来事や場所] で／の中で／のとき，**聴こえたことを**，どんな
　　ことでも全部話してください。

　自由報告の段階では，面接者はオープン質問を続け，子どもが言及した
個々の出来事の内容を説明するように励ます（「[子どもの名前] さんは，[子ども
が話したこと] と言いました。そのことを話してください」）。必要な場合，面接者
は，聴き取ることが難しかった発言を繰り返すことを子どもに求める（たとえ
ば，「その名前が聴き取れなかった。[子どもの名前] さんは，いま，何と言ったの？」）。

また，難しいトピックを話す中立的な許可を与える（たとえば，子ども：「それから，触ってきて，私の……」，面接者：「言っても大丈夫ですよ」）。そして，子どもが話し続けることを励ます（「聴いていますよ」「［子どもが話したこと］のときのことを考えて，他に話せそうなことがないか。1分，待っていますよ」）。面接者によく見られる失敗は，自由報告の段階に子どもを留める努力をすることなく，早まって焦点化質問に移行することである（Davies et al., 1995; Lamb, Hershkowitz, Sternberg, Esplin et al., 1996）。面接者は，言及された行動や事物についてより多くを知りたいと願うだろうが，子どもが乗った車の種類や他の詳細について尋ねるために自由報告を中断することは，子どもの思考の流れを邪魔することになる。子どもが自発的に追加の情報を出さないことが明らかなときにのみ，面接者は質問と明確化の段階に移行すべきである。[1]

ダブルチェックの要求

　大人がダブルチェックの理由を説明すれば，子どもはもう一度話して，という要求を受け入れやすい。最初の説明に紛らわしい詳細が含まれていた場合，流れにそぐわない出来事が含まれていた場合，無関係な話である可能性のある逸脱が含まれていた場合などは，子どもに，話したことをもう一度確認するよう求めることは役に立つ。そして，これはレミニセンス（reminiscence）という現象であるが，子どもは——大人もだが——再度報告をすることで，新しい情報を思い出すことがよくある（La Rooy et al., 2010）。そのため，会話が停止したときには，以下のような仕方で，別の説明を求めることができる。

- ●［子どもの名前］さんが，たくさんのことを話してくれたので，とても助かりました。ただ，ちょっとわからなくなってしまいました。私がちゃんとわかっているかどうか，もう一度，最初から始めて，［どのようにそれが始まったか／正確に何が起きたか／どのようにそれが終わったか／な

---

[1]　よく見られる他の失敗は，そのトピックについての子どもの報告が漠然としており曖昧であるときに自由報告を引き出そうと試みること，少数のオープン質問のみを繰り返し使用すること，短い反応を促すような方法で質問すること（たとえば，「……について，ちょっとだけ教えて」），わかりにくい仕方で質問することである。これらの，また他の失敗についてはパウエルとグアダーニョ（Powell & Guadagno, 2008）を参照のこと。

ど］話してください。(Lamb et al., 2008, p. 292)
- 私が全部ちゃんと聴けたか確認したいです。もう一度話してもらえると，ノートをチェックできて助かります。［先週の日曜日など］に何があったかもう一度話してください。

繰り返された出来事の面接

　子どもが繰り返し体験した出来事について尋ねる面接は多い (Trocmé et al., 2010)。しかし，事件として起訴するには，時間，場所，あるいは出来事の性質を特定し，1つまたは複数の事件を切り分ける必要がある（その要請の程度は，地域により異なる）。繰り返された出来事の中の1回を思い出すのは難しいため，そのような切り分けは挑戦的な課題となる。子どもは——大人もだが——時間の経過とともに，**スクリプト**（scripts）を形成する。スクリプトとは，繰り返される出来事の典型的な特徴を保存した，事象の一般的な記憶である（たとえば，「朝の支度をするときは，まず……して」のような一般的な出来事の表象）。子どもが，よくある活動を現在形を使って説明するときは，明らかにスクリプトを思い出している。ソーニャ・ブルーバッカー，マーティン・パウエル，キム・ロバーツ（Brubacher, Powell, & Roberts, 2014）による以下の例を見てほしい。

　お母さんが仕事に行くときはいつも，夜，仕事に行くこともあるんだけど，その人は……お母さんは，水，木，金の夜に働いているんだけど，お母さんが行くときはいつも，その人が来て，私がテレビ見たり，他のことをしてるとき，あれをする。だから，1回のときのことを言うんだとしたら，それはたぶん金曜の夜で，私は映画を見ていて，普通，その時間にはパジャマを着ているから——だから，パジャマを着てて——そして，その人はソファに座る。(p. 326)

　記憶がスクリプトとして体制化されていたとしても，子どもは多くの特定の出来事を思い出すことができる。そのため，繰り返された出来事に関する研究の主たる目的は，子どもが個々のエピソードをたくさん話せるような方法を見つけることである。

出来事を繰り返し経験した子どもは，いつも起きることを――個別の出来事を話してもらう前に――話してもらうと，より多くの事柄を報告できる。それはおそらく，スクリプトが特定の事実の記憶よりも頑健であり，思い出すのも容易だからであろう。最初に個々のエピソードを再生した子どもに比べ，いつも起きることから説明を始めた子どもは，面接の後半で，個々の出来事のユニークな特徴をより多く，しかも個々の出来事に関する質問への正確性や応答性を低下させることなく，報告した（Brubacher et al., 2012; Connolly & Gordon, 2014）。そのため専門家は，子どもが使う言葉に注意を払うよう推奨する。たとえば，子どもの最初の供述が「おじいちゃんはいつも私のことを触る」のように一般的な表現を含むときは，最初の質問もまた一般的な形にすべきである（例：「おじいちゃんがすることを話してください」）。

　子どもが一般的な説明をしたあとは，面接者は特定の事実の報告を促す。個々の出来事を引き出す技術としては，最もよく覚えているときのこと（T. Lyon, 2015 年 12 月 22 日の私信），それが起きた最後のときのこと，それが起きた最初のときのことなどを尋ねる。また，いつもと違う出来事は特に忘れられないものである。そのため，何か「違うこと」が起きたか尋ねてもよい。先の事例の子どもから発せられた，次のような自発的コメントは，こういった情報の顕著さを示している（Brubacher, Powell, & Roberts, 2014）。

　　あっ，でも 1 回だけ，その人が，ジーンズのチャックを下ろして，やり始めたのを思い出した。もう寝る時間で，ちょうど 9 時頃。そしたら，近所の人がドアのところに来たの。その人，飛び上がって，なんか，「俺は何もしていない」みたいなこと言って，行こうとして，だって，私たちちょうどリビングにいて，戸口のとこの窓のすぐそばだったから。だから，その人，すぐにチャック閉めてドアを開けたの。(pp. 329-330)

子どもが個別の出来事を開示したら，面接者はすぐにその出来事にラベルをつけるとよい。そうすれば混乱が減り，フォローアップの質問もしやすくなる。最もよいのは，子どもが話した言葉を用いてラベルをつけることである。そういうラベルは面接者がつけたラベルよりも，ユニークな事例を指し示しやすく，

また，望まれる出来事の記憶を引き出しやすい（たとえば，面接者：「このときのことを，ジェイソンが［子どもが話した言葉］したときのこと，と呼びましょう」）。警察の面接を分析した研究では，面接者が子どものラベルを無視したときや彼らの言葉を他の識別子に置き換えたとき，子どもは会話の移行に反応することが少なかった（Brubacher et al., 2013）。

子どもは大人の言葉に合わせることが多い。たとえば，面接者の質問の仕方に応じて，一般的な表現（「その人は，まず，カーテンを閉める」）から出来事を表す表現（「その人は，まず，カーテンを閉めました……」）へと移行し，また，その逆もある（Brubacher & La Rooy, 2014; Brubacher et al., 2013; Schneider et al., 2011）。そのため，面接者は自分がどのような言葉を使っているかをモニターし，スクリプトを引き出す一般的な言葉（「お父さんが怒るとどうなるのか話してください」）や個別の事実を引き出す具体的なエピソードを指示する言葉（「今朝，起きたことを全部話してください」）を用いながら，子どもの自由報告を効果的に方向づけなければならない（一般的，エピソード的な言葉の例は，クイックガイド5.1を参照）。以下は，先の性的虐待の面接にブルーバッカーらが注釈をつけたものである。面接者がどのようにラベルを割り当て，明確化したかを示している（Brubacher, Powell, & Roberts, 2014）。

子ども：……近所の人が来たとき，その人はいつものことをしていた，でも，ちょっと軽く。うん，だって，お母さんが帰ってくるまでに，あんまり時間がなかったから。

1. 子どもの話した出来事の手がかりを用いてラベルをつくり，明確にする

面接者：そうか，そのことを話してくれてありがとう。［子どもの名前］さんがいま言ったことを聴きたいです。そのときのことを，近所の人が来たとき，と呼ぶことにしましょう。近所の人が来たときにあったことを，どんなことでも全部話してください。

子ども：うん，最初はいつもどおりだった。だから私，言ったの，ね，私，見ているところだから，うん，そう，そのとき，私はテレビを見てたんだ。グリー〔訳注：番組名〕。そしたら，その人が部屋に来て，ソファの，私の隣に座りました。「何見てるの？」って言ってきたから，私はただ，「好き

一般的な報告（スクリプト）を求める質問	出来事（エピソード）の報告を求める質問
何が起きるか教えてください。	そのとき，何があったか教えてください。
それから，何がありますか？	それから，何がありましたか？
そのあとは，何がありますか？	そのあとは，何がありましたか？
［繰り返された活動（を表す子どもの言葉）／そのトピックを特定する他の情報（たとえば「他の子はいなくなる」）］とき，他には何がありますか？	［その出来事に対する子どもの言葉／トピックを特定する他の情報（たとえば「他の子はいなくなった」）］とき，他には何がありましたか？
あなたは［子どもの言葉（たとえば「お母さん〔訳注：日本語では，彼女，という言葉はあまり用いないため，she をお母さんと訳したが，お母さん以外の女性の可能性もある〕は怒鳴り始める」）］と言いました。それから何がありますか？	あなたは［子どもの言葉（たとえば「お母さんは怒鳴り始めた」）］と言いました。それから何がありましたか？
あなたは時々［子どもの言葉（たとえば，「お母さんがベルトを使う」）］と言いました。［子どもの言葉（たとえば，「お母さんがベルトを使う」）］とき，何が起きるか話してください。	あなたはさっき［子どもの言葉（たとえば，「お母さんがベルトを使った」）］と言いました。そのときのことを話してください。

注：一般的なプロンプトは，繰り返し体験した出来事でいつも起きることについての情報を引き出す。一方で，エピソード的なプロンプトは，個々の出来事についての詳細を引き出す。

　　な番組」って言いました。無視しようとして，そんな感じ……。

面接者：うん。

　子ども：それで，うん，その人は，うん，自分のジーンズのボタンとかチャックを触り始めた。その人は，時々，毛布を持ってきて，ドアのところに誰かが来ても，見られないようにする。それで，彼は毛布を自分と，私の上にもかけて，ちょうど——私たちの足の上に。そしてそれから，やるんだよ。

2. 不確かなときは，そのラベルが1つの出来事を表しているのか，尋ねる

面接者：そうか，その人がそういうことをしたときに，近所の人が来たこと

って，他にもありますか？

子ども：うん，えっと，お母さんが仕事のとき，近所の人は，ちょっと顔出すというか，そんなふうにして時々来るんです。何回か来たんで，彼は毛布をかけるようになったんだと思う。でも，このときはもう遅かったから，もう9時になってて，お母さんが帰ってくるのは9時だから，だから，彼は誰か来るとは思ってなかったんだと思う。

3. 明確にするためにラベルを調節する

面接者：そうか，近所の人が来て，9時頃だった，そのときのことをもっと話してください……。［以下省略］

4. この出来事の想起が尽きたならば，他の出来事について報告を促す

面接者：では，他のときのことをお話しできますか？ (p. 331)

　注目すべきは，面接者がこのやりとり全体を通して，—— どの出来事について話しているのか明確化する質問をした以外は ——「あったことを全部教えてください」などのオープン質問を用いつつ自由報告の段階を持続させた，ということである。子どもが個別の出来事を思い出す力を使い果たしたときにだけ，面接者は質問と明確化の段階へと移行し，各出来事について詳細を引き出す質問を行った。

　出来事にラベルをつける過程や面接の後半で，子どもが新しい開示をすることはよくある（たとえば，「あっ，だけどこの1回は……」）。子どもが新しい開示をしたときはいつでも，面接者はそれが新しい出来事なのか，すでに言及された出来事の詳細なのかを確認する。そして，自由報告を促す質問を用いつつ，新たな出来事の詳細を引き出すことが必要である。このようにして，面接者は自由報告を引き出し，質問と明確化の段階へと進み，また自由報告に戻るというサイクルを何度も繰り返し，常にオープン質問を用いてできるだけ多くの情報を引き出す。

　往々にして，子どもは関連する出来事をまぜこぜにしたり，思い出すたびに，前とは異なる詳細に焦点を当てる（La Rooy et al., 2010; Price, Connolly, & Gordon, 2015）。その結果，子どもはある出来事の自由報告に別の出来事の詳細を混入させたり（つまり，内的侵入エラーである），何度か出来事の報告を求めると，そ

のたびごとに異なる詳細を報告したりする（たとえば，ある面接では会話のことを話したのに，次の面接ではそうしないなど）。想起を繰り返した場合，記憶はまったく同じようには報告されない，ということを大人は理解しているようだが（Connolly et al., 2009, 2010），面接者も，どの面接段階においても，繰り返された出来事の報告にはバリエーションが生じうることを予想しておくべきである（Connolly et al., 2008）。

うまくいく自由報告の段階のまとめ

自由報告の段階の最中，面接者はさまざまな種類のオープン質問を数多く，ずっと提供し続け，子どもが出来事をくわしく報告するように促す。子どもの最初の開示が一般的な表現であったならば（たとえば，「その人は，私のことを触る」），面接者はスクリプトの再生を引き出す一般的な言葉で始める（「その触る，ということについて，話してください」）。最初の開示が特定のエピソードに言及するものであったならば（「その人は，車の中で私のことを触った」），面接者は特定の出来事の情報を引き出すエピソード的な言葉を用いる（「その人が車の中で触ったときのことを，全部話してください」）。通常，最初の質問は広く（たとえば，「何があったか話してください」），続いて，話を続けるよう促す質問（たとえば，「もっと話してください」）を行い，併せて，話し続ける必要があることを伝える促進子（「うん」や間）を用いる。その後は，子どもが言及したことをくわしく述べるよう求める質問を尋ねることも可能である（「[子どもの名前] さんは，[子どもが話したこと] と言いました。そのことを話してください」）。

自由報告の段階では，いつでも，子どもに言葉を繰り返すよう求めたり，ダブルチェックのために出来事をもう一度説明するよう要求することができる。事案に，繰り返された出来事が含まれる場合は，複数の出来事の情報を引き出すため，それぞれの出来事に子どもの言葉を用いてラベルをつける（必要であれば，一緒にラベルをつける：「それを，庭での最初のときのこと，と呼びましょう」）。そして，上の過程を繰り返す（たとえば，「このことがあった最初のときのことを話してください」）。

子どもは，会話で間をとることを嫌わない。そのため，急いで面接の次の段階（質問と明確化）へと移るよりも，まずは少し休止して，自由報告の段階を

続ける方法を考える方がよい（「ちょっと待ってね，考えているの」）。子どもが新しい情報を提供しなくなったら質問と明確化の段階へ移行するが，再び新しい事柄に言及したときには，常に自由報告を求める質問に戻り，サイクルをまわす。

質問と明確化

　子どもが自由報告を提供したあとは，主たる問題の代替仮説を検証したり，曖昧な情報を明確にしたりするために，面接者はより広範な種類の質問を行う（たとえば，言及された人物を特定する；第2章を参照）。この段階では，また，面接者は訴追に必要な情報や，さらなる捜査を支えうる情報の聴取を目指す（たとえば，他の証人の存在や，収集できるかもしれない物的証拠への言及を求める）。以下では，質問と明確化の段階を行うための一般的なガイドラインを検討し，第6章（「事案に応じた判断と調査」）で，面接をカスタマイズする方法を提案する。

トピックシフター，トピックマーカー，トピックの流れのチェック

　面接者が新しいトピックを提起するとき，子どもは常に心理的なギアを入れ替えるわけではない。**彼，彼女，あれ**などの指示語と指示対象（人，場所，出来事，物）の一致が必要な質問を理解したり，あとの質問が前の質問と同じ人や出来事に関するものだと仮定できるわけでもない。年少児では，年長児に比べ，関連する話と関連しない話が混ざってしまいがちだが，直近で話した事物，人物，活動の名称を前提に話をするという習慣が，捜査中の出来事の報告をさらに困難にする。私の研究室で起きた次の事例では，3カ月前にミスター・サイエンスに会いに行ったことを思い出せなかった5歳の男児が，自分の家の部屋について話し始めた。

　面接者：ミスター・サイエンスの部屋であったことを，もっとお話しできますか？

　子ども：全部そんな感じ，そんな感じで，僕は，地下室と屋根裏には行っちゃいけないの。行っていいのは，上の部屋と下の部屋だけで，それが全部。

上には箱とかがあって，下には，何か置いてある。

　関係のない話を聴いた面接者が，誤って，大勢の人が関わる多数の出来事を疑うなどということになれば，事案はコントロールできなくなる。そのため，新しい質問がそれまでとは異なるトピックを扱うときは子どもに注意喚起を促したり，質問にトピックマーカーを入れたり（たとえば，「**あなたの誕生日パーティで**，起こったことを教えてください」），会話が脱線している可能性があれば，何の話をしているのか子どもに確認する，といったことが重要である。混乱を避けるには，子どもの思考の流れに沿って，まずは自由報告の段階で言及された事柄を調査し，それから，その他のトピックに関する質問をまとめて（つまり，ある事柄について1つ質問し，別の事柄について1つ質問し，というのではなく）行うのがよい。

　質問と明確化の段階は，いましがた子どもが話した出来事について行われるので，面接の新しい段階の始まりを示す言語的合図は不要である。その代わり，この段階では，面接者はトピックの変更を明確に示し，また，子どもが同じトピックに留まるように質問をマークする。たとえば，いくつかの出来事のうち，一番最後の出来事について尋ねたあと，面接者は「では，近所の人が来たときのこと，9時頃だったときのことを話しましょう」と言って，次の出来事に移るかもしれない。このようなトピックシフターのあとは，どの出来事について話しているのかを明確にするため，面接者は定期的にトピックマーカーを示す。たとえば，「**近所の人が来た夜**，その人が映画をレンタルしていたと言っていましたね。**その夜は**，何の映画を見ましたか？」などの質問は，捜査チームが日付を特定するのに役立つかもしれない（レンタルの記録から）。また，この質問は，子どもがアダルト映画にさらされたかどうかを調べるやりとりのきっかけとなるかもしれない。この段階を通して，面接者は，子どもが関連のない出来事を話している可能性があれば，どの出来事の話なのかを確認する（すなわち，トピックの流れのチェックを提示する）（たとえば，「それは［現在のトピック］のときのことですか，それとも，他のときのことですか」）。

　子どもを話題に留まらせ，混乱の可能性を減らす必要があるため，司法面接でのやりとりは，大人が通常話すのとは多少異なるスタイルとなる。日常生活

では，トピックを確立したあとは，相手がいま何を話しているか理解していると仮定する。そのため，以下のような会話は私たちにとっては自然である。

　　母：今日学校で何があったか話せる？
　　子ども：うーん。
　　母：最初，何した？
　　子ども：うーん。待って，超簡単！［子どもはおもちゃで遊んでいる］
　　母：彼女は朝のワークをしたの？
　　子ども：ステーション〔訳注：本を読む，計算をする，絵を描くなど，いくつか
　　　の活動がエリアごとに分かれているもの。活動する各エリアをステーションとも言
　　　う〕。
　　母：最初，何に行ったの？
　　子ども：1番テーブル。
　　母：そこで何したの？
　　子ども：マグネットワード。

　このような形で，気の散った子どもはトピック（上の例では，今日何があったか）に留まることなく，母親の発話のキーワードだけを聴いて答える，ということをする。面接研究の書き起こし資料にも示されているところだが，子どもは――実際には移行して，他の日や他の出来事について話しているのに――問題となる出来事について話しているように見えることがある。私の研究室でも，何人かの子どもが「ミスター・サイエンスと火山をつくった」と言ったり，**サイエンス**（science）という単語に関連する（しかし，本来の出来事にはない）活動をしたと言ったが，その1つの理由は，キーワードだけで答えている，ということである。

　じつは先のやりとりは，私の研究室で，賢い母親が――子どもが課題に留まるようにと――組み入れたトピックマーカーを削除したものである。実際のやりとりは次のとおりであった。

　　母：今日学校で何があったか話せる？

子ども：うーん。

母：**今日学校で，そこに着いたとき，最初，何した？**

子ども：うーん。待って，超簡単！

母：**今朝，そこにあなたが着いたとき，**彼女は朝のワークをしたの？

子ども：ステーション。

母：最初，何の**ステーション**に行ったの？

子ども：1番テーブル。

母：**1番テーブル**で何したの？

子ども：マグネットワード。

　もちろん，上の質問をより明確にする方法は他にもある。たとえば，母親は「今朝，そこにあなたが着いたとき，**あなたの先生は，**朝のワークをしたの？」と言うこともできた（「彼女が……した」という代わりに）。「今日，最初に何のステーションに行ったの？」と言うこともできただろう（今朝のワークについての会話を明確に維持するため）。一般的なルールとして，司法面接者は，**彼，彼女，彼ら**などではなく，名前や他と区別できる情報（たとえば，「あなたの先生」）を用いる。**それ**という代わりに活動に言及する（たとえば，「どこであった？」は「〔〔子どもが話した〕出来事〕のとき，あなたはどこにいましたか」となるだろう）。そして，話しているトピックのマークを頻繁に示そうとする（たとえば，「**その日，海岸で，**誰か一緒にいましたか？」）。次の架空の例は，トピックシフター，トピックマーカー，そしてトピックの流れのチェックの使い方を示している。ここでは，弟が犬に嚙まれた日のことについて，面接者は子どもに，フォローアップとなる質問を尋ねている。

　子ども：それから，僕たちは車で，病院から戻ってきた。

　面接者：ペッパーがサム君を嚙んだときのことを話しましょう［トピックシフター］。**ペッパーがサム君を嚙んだとき**［トピックマーカー］，［子どもの名前］さんはどこにいましたか？

　子ども：デッキのところ。

　面接者：サム君はどこにいましたか？

子ども：サムはボールをデッキの向こうに投げて，とりに行ったの。

面接者：ペッパーはどこにいましたか？

子ども：わかんない。でもマットおじさんが家に来て，ペッパーを庭に入れたんだ。

面接者：それから何がありましたか？

［子どもは，一連のオープン質問に答えて出来事を説明した］

子ども：そして，それから……ペッパーは，マットおじさんの指を嚙んだ。ロウおばさんはペッパーを叩いて，犬小屋に入れた。

面接者：ペッパーがサム君を嚙んだのはそのときですか，それとも他のときですか？［話題のチェック］

子ども：それは別のとき。お母さんが僕に教えてくれた。

彼，彼女，あれのような言葉を完全に避けようとすると言葉の数が多くなるため，面接者は，子どもの年齢や認知能力を考慮して質問を形づくる。一般的には，10歳以上の定型発達の子どもは，年少の子どもに比べ，指示対象を心の中に保持することに長けている。そのため，面接者は，年長の子どもや青年と話すときはより自然に会話を交わすことができる。それでもなお，人物，行動，事物が明示的に言及されてから何回やりとりが行われたかを心にとめ，定期的に曖昧さのない語（すなわち，指示対象）を繰り返すことが有用である。

質問のサイクル再考

第3章で論じたように，司法面接の質問はサイクル──面接者はさまざまなトピックについて会話を進めるなかで，常に，応答を引き出しうる最もオープンな質問に戻る──として記述するのがよい。質問と明確化の段階の最中，面接者は，確認すべきトピックを心の中で（または実際に）チェックしながら，何度もこのサイクルを開始する。しばしば面接者は，トピックを立ち上げるために詳細再生質問〔訳注：WH質問〕を行い，その後，オープン質問に戻り，子どもの記憶の体制化に見合う形で報告を引き出す。

以下は，11歳の男子への性的虐待が疑われる，架空の面接事例である。面接者は複数の被害者間で行動に一貫したパターンがあることを示そうとしてい

る。

● 開示の遅れを調査するための詳細な質問
　面接者：彼がこんなにも長い間，見つからないでやり続けることができた
　　のは，どうしてだと思いますか？
　子ども：彼は，「ビールを飲んでるから，君もやっかいなことになるよ」
　　と言ったんです。
● 子どもが一般的な形で答えたため，面接者は一般的な説明を引き出すため
　に，オープン質問を行う
　面接者：ビールを飲んでる，ということについて教えてください。
　［子どもが答える］
● 面接者は脅迫があったときの特定の出来事を引き出すために，オープン質
　問を行う
　面接者：彼が，「君もやっかいなことになるよ」と言ったときのことを話
　　してください。
　［面接者は一連のオープン質問を用い，そのときのことについてやりとり
　　がなされる］
● 面接者は子どもがどの出来事を話しているのか，明確にする
　面接者：それは，外泊したときのこと，先週の金曜日のこと，それとも他
　　のときのことですか？

　続くオープン質問を必要としない質問もある（たとえば，面接者：「あなたの言
うビルおじさんは1人ですか，それとも他にもビルおじさんはいますか？」，子ども：「1
人」）。しかし，質問のサイクルという考え方は，質問と明確化の段階への移行
が，オープン質問から焦点化質問の長いリストへの一方向の移行ではないこと
を強調する。面接者は，適切なときには，繰り返しオープン質問へと会話を戻
し，子どもの言葉による詳細な報告を促す。

詳細再生質問（WH 質問）の構成
　文脈の詳細や説明を求める多くの質問は WH 質問である。これらは，いつ，

どこで，**誰が**，**何を**，あるいはどのようにで始まる質問であり，子どもに出来事の詳細を再生することを求める。熟達した面接者は，これらの質問を行うときも，司法面接の会話の習慣（第 3 章を参照）を維持する。すなわち，リラックスした態度で，新たな情報をつけ加えるのに必要な時間を子どもに与え，シンプルな言葉を用いる。熟達した面接者はまた，クイックガイド 3.2 の推奨事項に従う。すなわち，発音の問題をうまく回避し，子どもが理解できる言葉を選び，最も直接的な質問形式を選択する。たとえば，面接者は 1 つの質問で 1 つの事柄を尋ね，否定形（たとえば，「誰だったか見**なかった**んですか？」）は用いず，付加疑問文（たとえば，「怖かったよ**ね**？」）を使わない。また，面接者は「はい」「いいえ」よりも多くの情報を引き出す質問を優先する。たとえば，「赤い車でしたか？」ではなく「車はどのように見えましたか？」と尋ね，「ベンが……したとき，お母さんは部屋にいましたか？」ではなく「ベンが……したとき，お母さんはどこにいましたか？」と尋ねる（発達的に適切な言語についてのレビューは，Walker, 2013 を参照）。

　子どもを困惑させることの多い質問形式の 1 つは，**知っていますか**質問（do-you-know question：DYK 質問）という間接的な質問形式である。たとえば，大人は時々，「車はどのように見えましたか？」という直接的な質問ではなく，「車がどのように見えたか，あなたは知っていますか（あるいは覚えていますか）？」と質問をする。DYK 質問は，直接的な質問よりも暗示が少ないように見えるかもしれないが（子どもが期待される情報を知っている，と仮定していないため），そこに含まれる 2 つの意味の階層は，年少の子どもにとって対処するのが難しい。アンジェラ・エヴァンスらが述べているように，「間接的な発話は，直接的には回答者が知っている**かどうか**を尋ねるが，間接的には回答者が知っている**事柄**を尋ねている」からである（Evans et al., 2014, p. 776）。

　裁判の速記録の分析によれば，4～9 歳の子どもは，約半数の DYK 質問に対して「はい」とだけ答えた。つまり，DYK 質問は，期待される情報の記憶を検索するよう子どもを促しはない，といえる（Evans & Lyon, 2012; Evans et al., 2014 からの引用）。DYK 質問は，子どもが質問に対する詳細な知識をもっていないときに作話をする可能性を減らすことはできるが（Poole & White, 1991），詳細な報告を求めるときは必ず「あなたは知っていますか？」と尋ねる，という必要

はないだろう（Evans et al., 2014）。

　専門家は，なぜ起きたのか，と尋ねるときにも警告を発する。第 1 の理由は，
「なぜ，お母さんにすぐに話さなかったんですか？」などの質問は，非難のよ
うに聴こえるからである。子どもは，これらの質問を，状況の説明を求める質
問というよりも，自分の行為を防衛するよう求める質問だと考える。第 2 の理
由は，**なぜ**の質問は，自己内省，原因についての推論，そして，情報を正確に
明瞭に表現する能力など，高度な認知的，言語的手続きを必要とするからであ
る。アン・グラファム・ウォーカー（Walker, 2013）は，次のように説明している。

　　子どもは，少なくとも 7〜10 歳になるまでは，この種の課題に取り組む準
　　備ができていない（Perry & Teply, 1985）。内的過程を尋ねる質問や，他者の行
　　動について推論を求める質問に確実に応答する能力は，10〜13 歳にならな
　　いと，十分には確立しない。(pp. 71-72)

　カレン・セイヴィッツとローリンダ・カンパロ（Saywitz & Camparo, 2014）は，
8 歳に達していない子どもには，**なぜ**の質問を，子どもの間でよく見られる表
現で代替することを推奨している。たとえば，面接者は，「どんなことから／
何が理由で，そう思うの？（What makes you think so?)」「どうして？」「何でそう
なった？」のような形で，子どもに理由を問うことができる。「彼がこんなに
も長い間，見つからないでやり続けることができたのは，どうしてだと思いま
すか？」や「……のとき，あなたはどのように感じましたか？」のような質問
は，脅しや恐れの有無を尋ねる生産的な道筋となる可能性がある。

　感情についての質問を行わない地域もあるが（M. Powell, 2015 年 7 月 27 日の私
信），「どのように感じましたか／どのような気持ちだった？」は，出来事に対
する子どもの反応を引き出す強力な質問——そして，子どもの報告の信頼性を
強めうる質問——となりうる。（感情）評価が含まれない質問には，子どもは
感情や反応を提供することはまれだが，面接者がそういった質問をすれば，子
どもは応答することが多い。特に「どのように感じましたか？」は，より具体
的な「あなたの［体の部位］は，どのように感じましたか？」よりも，情報を
引き出す可能性が高い（Lyon et al., 2012）。また，「［虐待］のとき，どのように

感じましたか？」や「［虐待］のあと，どのように感じましたか？」は，感情や反応の報告を引き出すことが多く，脅しやその後の出来事など，虐待についての新しい情報も引き出すことが多い。たとえば，ある10歳の子どもは，感情を尋ねる質問に対し，「怖かった。だって，その人は，『誰にも言うな』って言ったから。人に話したらどうなるかわからなかったから」と述べた（lyon et al., 2012, p. 7）。別の10歳の女児も，虐待体験について説得力のある説明をした。

質問：その人が触ったとき，どのように感じましたか？
回答：怒り，というか。だって，そんなことしてはいけないし，時々，私は，自分がその人の子どもじゃないから，そういうことしてるのかなって思ったりする（うんうん）。嫌だ，という感じと残念な気持ち。だって，その人はお母さんの前では，いつも，私のこと「大好きだよ」って言うから。私は心の中で，「好きならなんでそんなことしてたの」って言うんです。
質問：うんうん。その人が触ったあとは，どのように感じましたか？
回答：きもい。汚い感じ。
質問：そうか。きもい，汚い，のことを話して。
回答：触ってくるから，触るんだったら，うん，触る。それでそのまま行っちゃう。えっと，えっと，私がそれ以上しなかったら，そのままにして（うんうん）。で，私は怒り，というか，あと，汚いっていう感じ。だって，そんなことしちゃいけないよ，私は子どもなんだから。（Lyon et al., 2012, p. 7）

　まとめるならば，面接者が初期の支援的な段階を行い（第4章），自由報告の段階を早々と終えなければ，大量の焦点化質問を行わずにすむ，ということになる。質問と明確化の段階において，面接者は簡潔に表現された質問や，目撃証言の研究で効果が証明された質問を行い，子どもの報告の生産性と正確性を高める。よい質問をするには，本章の次のトピックで紹介する情報を含む，スキルと知識の道具箱が必要である。

質問の枠組み（幹）を記憶すること

面接者は，会話全体を通じて事例の特徴を念頭に置いておかなければならない。また，すでに尋ねたことと子どもが言ったことを覚えておかなければならないし，心の中で面接の計画を振り返らなければならない。ワーキングメモリへの負担が大きいとき，面接者は明確な目的や方向性が見えにくい長い一連の焦点化質問（WH 質問）をしがちである。熟達した面接者にはこのような行動が少ない。熟達した面接者は，起こりがちな状況に対処する方略を記憶しており，その分の心理的リソースを，高次の目標をモニターするために用いることができるからである。

クイックガイド 5.2 の例のような，柔軟な**質問の枠組み**（question frames）（**質問の幹**〔question stems〕とも呼ばれる）を記憶することは特に役に立つ。特定の目的を達成するために面接を実行する専門家は，この基本的なリストの内容に事案に則した枠組みをつけ加える。たとえば，虐待に焦点を当てた面接の実践ガイドは，性化行動を明らかにする方法や，ヌード，暴力，ポルノグラフィ，その他の関連するトピックを探索する方法を示している（Saywitz & Camparo, 2014参照）。

<hr>

クイックガイド 5.2　オープン質問による問題の探索と質問の枠組み

頻繁に使用される発話と質問のリストを熟知することは，子どもが理解できる質問を行ううえで役立つ。**質問の枠組み**（**質問の幹**とも呼ばれる）は，問題となる事柄に関する個別の質問をつくるのに用いられる，記憶すべき表現である。

トピックの管理

トピックの提起

トピックオープナー：今日は何をお話しに来ましたか。

子どもをトピックに留める

トピックマーカー：［子どもが話したこと（たとえば，**この写真**)］のことを，どんなことでも全部話してください。

トピックの流れのチェック

トピックの流れのチェック：［子どもの名前］さんがいま話しているのは，［現在のトピック］のときのことですか，それとも他のときのことですか？

［子どもの名前］さんがいま話しているのは，［トピックとしている人］のことですか，それとも他の人のことですか？

［子どもの名前］さんがいま話しているのは，［トピックとしている物］のことですか，

それとも，それとも別の物ですか？

トピックの変更

トピックシフター：これから，他のことを尋ねます。

情報を引き出す

自由報告を求める

誘いかけ質問（オープンな広い質問）：あったことを，どんなことでも全部話してください。

拡張を求める

それから質問（オープンな広げる質問）：その次／後は，何がありましたか？（または，「それから何がありましたか？」）［子どもが話したこと］のとき，他に何がありましたか？

手がかり質問（オープンな深める質問）：［子どもが話したこと］のことをもっと話してください。［子どもが話したこと］のとき，何がありましたか？

感情や反応を尋ねる

［子どもが話したこと］のとき，どのように感じましたか？

何か，［子どもが話したこと（怖い，どきどきしたなど）］になるようなことを，［人物の名前］はしましたか？〔訳注：その人物が何かをした，ということを前提としているので暗示的である〕

［子どもの名前］さんが，［怖く，どきどきなど］しなくなるようなことは，ありましたか？〔訳注：怖くなくなる，どきどきしなくなる，ということを前提としているので暗示的である〕

理由を尋ねる

どんなことで／理由で，［人物の名前］は［子どもが話した活動］をしたのですか？（たとえば，「どんなことで／理由で，お母さんは怒ったのですか？」）

何があって／どうして［状況の記述］になりましたか？（たとえば，「何があって／どうしてパジャマが脱げたの？」「何があって／どうしてライターはテーブルの上にあったの？」）

感覚的詳細を尋ねる

私たちは，見えたものを，よく覚えていることがあります。［子どもが話した場所や出来事］で／の中／のとき，**見えたものを**，どんなことでも全部話してください。

私たちは，音や話し声を，よく覚えていることがあります。［子どもが話した場所や出来事］で／の中／のとき，**聴こえたことを**，どんなことでも全部話してください。

他の出来事の調査

そういうことがあったのは1回だけですか，1回よりも多いですか？

（もし子どもが「たくさん」といったならば）

最後にあったときのことを話してください。

[子どもの名前] さんが覚えている別のときのことを話してください。

一番よく／たくさん覚えているときのことを話してください。

いつもとは違うことがあった，というときはありますか？ そのときのことを話してください。

報告の明確化

曖昧な箇所を明確にする

人物：[子どもの名前] さんは [おじいちゃん，先生，ビルおじさん，など] と言いました。＿＿＿は1人だけですか，それとも他にもいますか？

どの＿＿＿ですか？

[子どもの名前] さんの＿＿＿には，他の名前／呼び方がありますか？（または，「[子どもの名前] さんの＿＿＿ [お母さん，お父さん，など] は，＿＿＿のことを何と呼んでいますか？」

事物や活動：[子どもの名前] さんは，[子どもが話したこと] と言いました。それが何か，教えてください。

事物：[子どもの名前] さんは，[子どもが話したこと] と言いました。[子どもが話したこと] は，どんなふうに見えますか？

場所：[子どもが話したこと] のことを，私は何も知りません。[子どもが話したこと] について，教えてください。[子どもが話したこと] は何ですか？

「わからない」反応を明確にする

[子どもの名前] さんは，知らないのですか，それとも，そのことをいま話したくないのですか？

聴き取れない発話を明確にする

聴こえませんでした。何と言いましたか？

矛盾を解決する

[子どもの名前] さんは，[子どもが最初に話したこと] と言いました。でもそのあと，[そのことについて子どもが次に話したこと] と言いました。私はよくわからなくなってしまいました。それがどんなふうに起きたのか，もう一度話してください。

[子どもの名前] さんは，[子どもが最初に話したこと] と言いました。でもそのあと，[そのことについて子どもが次に話したこと] と言いました。それは同じときのことですか，それとも別のときのことですか？

応答を励ます

当惑した間（embarrassed pauses）を克服すること

それを言っても大丈夫ですよ。

そのことを話しても大丈夫ですよ。

そのことを話しやすくする方法はありますか？（「こっちに座ってみますか？」や「絵

を描きながら，お話ししましょうか？」など，面接者が子どもに選択肢を与えたとき，子どもは話を続けることがある。選択肢の提示は，継続的に録画する必要があり，認められていない面接の小道具は用いるべきではない。

会話の途切れを修復する

そのことを，もっと話してください。

それから何がありましたか？

聴いていますよ。

注：Lyon et al.（2012）; Poole & Lamb（1998）; Powell（2003）; Powell & Snow（2007）からのデータ。

グラウンドルール再考と「知らない」反応の明確化

応答における明白な誤りや矛盾に焦点が当たり，子どもの信頼性が疑われるような場合，多数のWH質問，クローズド質問，はい／いいえ質問を行うことは，事案を失敗に導くかもしれない。子どもによる衝動的な応答を減らす1つの方法は，「知らない」と言ってもいいですよ，とリマインドしたうえで，子どもが覚えていない可能性のある（しかし，知っていれば答えてもらいたい）事柄を尋ねる，ということである。

実際，「知らない」は①「その詳細に関する記憶がない」（「尋ねられた詳細が存在したか／起きたか知らない」），②「見た／聴いたことがない」（その詳細は存在して／起きていない），③「その詳細は存在した／起きたが，説明できない」のいずれをも意味する曖昧な反応である（Scoboria et al., 2008）。つまり，供述者は「知らない」以上の情報をもっていることが往々にしてある。そのため，答えられる質問と答えられない質問を尋ねられた人が「知らない」と言ってもよいと教示され，かつ，面接者が「知らない」の意味を明確化すれば，その人はより高い質の供述を提供する，ということになる〔訳注：「知らない」と報告することで確信のない報告を控えるため，明らかに不正確な報告が提供される可能性が低くなる〕（Scoboria & Fisico, 2013）。

トピックの流れを見失った，曖昧な質問により混乱した，問題となっている事柄について話したくない，などの理由で，子どもが「知らない」ということは多い（たとえば，親：「今日，学校で何があったの？」，子ども：「知らない」）。そのため，1つの方法だけを用いて応答を迫るのではなく，子どもが反応できる他の方法を提供するのも有用である。たとえば，「その人は何と言いました

か？」と尋ねたとする。この人物が——どこかの時点では話していたとしても——（子どもが話している）最後の活動のときには何も言わなかったとすれば，子どもは「知らない」と言うかもしれない。このような場合，面接者は「聴き方がよくなかったですね。私は，「［子どもが話した出来事全体］の中で，［人物の名前］が何か言ったか，それともずっと静かだったか，聴きたかったんです」と言うことができる。

　子どもが繊細な問題について短い報告はしたが，さらなる報告はしたがらないようなときは「覚えていませんか，それとも，いまはそのことを話したくないですか？」と尋ねれば，報告はあと延ばしにするが，知っていることはある，ということを子どもが認める機会となる。子どもが「そのことは話したくない」と言ったならば，面接者は数分間，中立的な話題に戻り，安心できる言葉かけを行ったり（「そう，私はいつも子どもとこのようなお話をしています……これは私の仕事です。［それがどんなふうに見えたかなど］，話しても大丈夫ですよ」），どうすれば話を続けられそうか，最善の方法について子どもの気持ちを聴いてみる（たとえば，「こうすれば話しやすい，というようなことはありますか？」「［話している事柄］がどんなふうに見えたか，描くことはできますか？」）。

年齢，大きさ，個人の外見について尋ねること

　子どもは，似ているもの同士を比較して描写するのに長けていない。たとえば，2人のどちらが年上かを尋ねると，8歳に達していない子どもは常に，背の高い人が年上だと言うだろう（Kuczaj & Lederberg, 1977）。さらに，「［人物や事物］がどのくらいの大きさ？」に対する彼らの答えは，誇張されていたり，大人のサイズ感覚を反映していないことが多い。一般的に，子どもや少年の年齢，身長，体重，顔の特徴（たとえば，ある人の目と鼻の形）の報告は，かなり不正確である（Pozzulo, 2007, 2013）。こういった事柄を尋ねなければならないときや，うまく聴けなかったなと面接者が後悔するようなとき，ウォーカー（Walker, 2013）は，回答を明確化しうる質問でフォローすることを推奨した。たとえば，「どうして（どういうところから），その女の人が年をとっていると思ったんですか？」と尋ねることができるだろう（p. 62）。

数と時間について尋ねること

　年少の子どもは，数の概念を獲得していなかったり，正確に回答するのに必要な心的作業をせずに，出来事の回数を報告することがある。面接の書き起こし資料には一貫性のない，信じられないような回答（「何千回も」「毎日」）が見られるし，合理的と見える見積もりでさえ額面どおりに受け取ることはできない。たとえば，リンジー・ワンドレイらは，167人の被虐待児に里親斡旋所と裁判所を訪れた回数を推定するよう求めたが，参加者のうち，3人の子ども（6歳，9歳，10歳）は回数をとてつもなく過大評価した（Wandrey et al., 2012）。しかし，この3人をデータから除外しても，誤答率は依然高かった。訪問した斡旋所や裁判所の数を正確に報告した子どもはわずかであり，おおまかなカテゴリー（1以上か，5以上か，10以上か）への回答もかなり不正確であった。たとえば，年長の子どもでも，斡旋所の訪問が5回以上かどうかに正しく回答したのは67%であった。

　子どもも大人も，通常，出来事の文脈的な記憶を，日，週，季節，年の日常的活動パターンの知識と組み合わせ，出来事がいつ起きたかを再構成する（Friedman, 2014）。たとえば，人は，家の庭の木がいつ倒れたのか，すぐには思い出せないかもしれない。しかし，倒れたのが，家で大晦日のパーティをした数日前だったことを思い出せば，それが12月だったという事実を再構成できるかもしれない。時間の記憶は再構成を伴うため，何かが起きた日時を正確に報告する能力は，幼児期から青年期にかけて徐々に発達する。一般に，4歳児であっても，2つの出来事のうちどちらが最近起きたかを特定したり，1日の一般的な時間（たとえば，起きる，昼ごはんを食べる）を特定したりすることはできる。しかし，出来事のあった曜日，月，季節の報告を求められると，6〜8歳までは，その回答はチャンスレベル〔訳注：偶然に正解する確率〕を上まわらず（Friedman, 1991），正確に特定できた割合を調べたところ，8〜10歳までの子どもでは，時間と日付の理解に制約があることがわかった。この研究（Friedman, 1991）の1つ（実験3）では，子どもに体験した模擬の出来事について報告を求めたが，曜日（または隣接する日）を正確に答えたのは，6歳児で39%のみ，8歳児でも63%であった。以前に起きた出来事の年を特定することや，時間の記憶は見積もりにすぎないことに気づくスキルは，さらに後期に発

達することになる（Friedman, 2014）[2]。

　時間的な位置を思い出すのは挑戦的な課題であるが，重要な個人的出来事について，驚くほど正確な時間的情報を提供する子どももいる。このような時間の再構築は，豊富な記憶と，時として，目印となる活動への時間的近接性により支えられている可能性がある。たとえば，6歳児でも，親が指定した3カ月前の顕著な出来事の曜日を覚えていることがある（Pathman et al., 2013）。リンジー・ワンドレイらの研究（Wandrey et al., 2012）でも，年長の子どもは——里親斡旋所と裁判所の訪問について正確な報告をすることはまれであったものの——，実際とあまり離れてない時間的な位置を報告することが多かった。しかし，どの子どもが正確に時間的な情報を報告できるのかを見極めるのは難しい。大人が大変重要だと思う出来事を，子どもは必ずしもよく記憶しているとは限らないからである。

　面接者は，子どもの認知能力に見合う質問を行うことで，時間に関してより正確な応答を得ることができる。たとえば，フリードマン（Friedman, 1991）のある研究では，（学校で午後に行われる）出来事の時間を尋ねたところ，1年生，3年生の多くは，その出来事が起きた時間として，午前を選ぶことはなかった。また，保育園の子どもでも，土曜日と日曜日を普通の日（週日）とすることはまれである。つまり，年少の子どもにとっては，出来事が起きたときに見ていたテレビ番組や，出来事が起きたのは学校があった日か土日かといった，意味のある目印と関連づけて時間を表現する方が容易である。そして面接者は，特定の出来事が起きた日に何があったか尋ねることで，日付の特定を補助する可能性のある情報を引き出せるかもしれない（たとえば，仲のよい友達がお泊まりに来た日）。なお，時間的な事柄を尋ねるのは難しいので，面接者は，告発に必要な具体性の程度を記した地域の実践ガイドラインを入手しておくとよい（過去の出来事の時間に関する記憶の発達のレビューは Friedman, 2014 を参照）。

---

[2] 他の概念と同様，子どもが会話で時間的な用語を用いている，文化的なリスト（「1月，2月，3月……」）を言うことができる，あるいは，いまの時間，曜日，月がわかるというだけで，子どもが時間的な位置を正確に報告できるだろうと仮定してはならない。

曖昧さと矛盾を明確にすること

　面接者は面接の中で，子どもが言及した名前，場所，行動，事物の意味を明確にしなければならない。私がかつて助言を受けた事案には，子どもが最初にほのめかしたのは2人のおじさんのうちのどちらか，子どもの言う虐待があったのは家か保育所か，中には，おもちゃで遊んだという悪意のない報告が陰茎について話したと誤解されたのかどうか，というものさえあった。これらのどの事案でも，面接者は仮説や子どもの報告の意味を確認できていなかった。

　クイックガイド5.2には，曖昧さを解決するためのいくつかの方法が挙げられている。面接者は，たとえば，子どもに別の方法で説明してもらったり（たとえば，「お母さんには，他の呼び名がありますか？」），指示対象がどのように見えるか話してもらったり（たとえば，「[子どもの名前]さんは，その人が[子どもが話したこと]をくれたと言いました。[子どもが話したこと]はどんなふうに見えましたか？」），あるいはただ，曖昧な指示対象についてもっと話してもらうだけで（たとえば，「[子どもが話したこと]のことをもっと話して」），重要な詳細を見出すことができる。子どもが年少であり，事物や場所に対し明解なラベルをつけられなかったとしても，曖昧な事物や場所について話してもらうことで，その事物と場所を特定できることもある。たとえば，遊んだ部屋にあったのがどのおもちゃだったかを尋ねることで，子どもが自分の家ではなく，保育所のことを話していることが明らかになったりする。また，子どもの報告が不確かなとき，面接者はさらなる詳細——たとえば，子どもの養育環境に行ってみれば確認できる情報や，関連する他の手がかりをたどれば確認できる詳細——を引き出すことで，より広範な捜査を支援することができる。

　質問があからさまに誘導的とは見えないときでも，子どもは前と矛盾した供述をすることがある（Andrews et al., 2015）。多くの事象が，供述の見かけ上の変化を生み出す。言語の字義どおりの使用もその1つであり，「誰かが口にペニスを入れた」と言った子どもに，「あなたは口を，その人のペニスにつけましたか？」と尋ねると「いいえ」と答える（Berliner & Barbieri, 1984）。子どもは言葉を制限的に使うので，突っついたかという質問には「はい」と答えても，触ったかという質問には「いいえ」と言うこともある。はい／いいえ質問への応答は衝動的になされることがあり，矛盾が多い。そして，**いくらか**（any）を

含む質問では，前の供述と矛盾する「いいえ」の回答が生じやすい（たとえば，子ども：「だって，彼が言うなと言ったから」［いくらかの会話をはさんだあと］，大人：「彼は，それをしたあと，あなたに何か〔anything〕言いましたか？」，子ども：「うん」）。面接者がオープン質問を用いているときでさえ，子どもは不意に，予告なく話題を変えることがあり，このことが，大人にとっては矛盾したように見える報告をつくり出している可能性がある。

　矛盾を解決する方法の1つは，子どもに説明を求めることである（たとえば，「あなたは［問題についての子どもの最初に話したこと］と言いました，しかし，それから，［問題について次に話したこと］とも言いました。それは同じときのことですか，それとも違うときのことですか？」；クイックガイド5.2を参照）。言葉の使用によって生じる矛盾は，事物／出来事についてもう一度話してもらうことにより解決することができる（たとえば，「金曜日の授業のあとにあったことを，私がちゃんと理解できているか確認したいです。何があったか，もう一度話してください」）。語や句の特有の使い方が重大な問題になりそうなときは，その語や句に対する子どもの説明を記録しておくことが有用である（たとえば，「その人が弟を［子どもが話した言葉］したら，弟が倒れたと言ったけれど，［子どもが話した言葉］ってどんなことか，やってみて」）。

質問を繰り返すこと

　質問の繰り返しが含まれる面接は多く，ある研究によれば，1回の面接につき平均約6個，質問の繰り返しが見られる（La Rooy & Lamb, 2011）。面接者は，前の応答を明確にしようとして質問を繰り返すことが多いが，前の応答に疑義をもっているときや，時には明らかな理由がないのに質問を繰り返すこともある。質問が繰り返された場合，子どもは通常，前に話したことを反復したり，さらなる詳細を提供したりするが，繰り返された質問が矛盾を生じさせることもある。たとえば，性的虐待の面接を分析した研究では，繰り返された質問に対する子どもが応答の11％が，前の応答と矛盾した（Andrews & Lamb, 2014）。

　質問の繰り返しにより，応答が不正確なものから正確なものへと変化することもあるが，望ましくない変化（正確応答から不正確な応答への変化）が生じることもある（Krahenbuhl et al., 2009）。このような変化には，多くのメカニズムが

関わっている。大人は他の答えを聴きたいんだという信念（これは年長の子どもによく見られる）や，乏しい記憶のモニタリング（これは年少の子どもによく見られる ; Howie et al., 2012）などである。

　望ましくない応答の変化は，年少の子どもおいて，また，面接者が暗示的な質問をしたり，焦点化質問を繰り返す理由を説明しなかったりしたときに生じやすい（Howie et al., 2004, 2009）。そのため，面接者は，ⓐ同じ質問をできるだけ繰り返さず，ⓑ用いるとすれば明確化のため，あるいは注意散漫な子どもの応答を促すためとし，ⓒできる限りオープン質問を用い，ⓓ繰り返すときには簡単にその理由を説明する（たとえば，「［子どもの名前］さんが話したことを，聴き漏らしてしまったかもしれません。お母さんが買い物に出かけたとき，おうちには誰がいましたか？」）ことで，不必要な矛盾を最小限にくい止めることができる。

うまくいく質問と明確化段階のまとめ

　質問と明確化の段階がうまくいっているときは，司法面接の４つの特徴（第2章）がフル稼働している。そこでは，面接者は —— 司法的に防衛できる仕方で —— 事実の解明という目標を達成するための質問を行う。焦点化質問をオープン質問で補う（子ども中心の会話を維持するために）というサイクルを繰り返しながら，面接者は必要な詳細を追究し，疑われる事柄の代替仮説を調査し，曖昧な供述を明確化する（仮説を検証する）。また，面接者は，他の目撃者や物的証拠の特定を可能にする —— その結果，これらの情報収集につながりうる（つまり，より広範な捜査を支援する）—— 情報を得るために，子どもの発達に応じた質問を行う。面接の目的や事案の特性によっては，面接者は，自由報告と質問／明確化の段階を繰り返し，複数の事柄を調査する必要があるかもしれない（司令官の意図を心に留めながら）。

面接中にブレイクを設けること

　面接におけるブレイクの目標は２つある。面接者にとっては，ブレイクは，子どもが話したことを振り返り，供述を明確化する／新しい問題に対処する質問を計画する時間となる。子どもにとっては，ブレイクは，考えを整理し，よ

りリラックスして新しい開示ができるようになる機会となる。面接の展開に応じて，面接者は，①うまく話題提起ができなかったあと，②子どもが自由報告の段階で全部話しきったあと，あるいは，③質問と明確化の最初の段階が終わったあと，ブレイクをとるかもしれない[3]。記憶をあらためて探索すると，新たな情報が報告されることが多いので，短いブレイクの直後は，子どもに再度体験を話してもらうよいタイミングである。

　子どもが想定外の発言をしたあと，あるいは新しい申し立てを提起したあとに，ブレイクをとることは特に役立つ。このような場合，面接者は，次のような言葉かけをして，ブレイクをとることができるだろう。「私が全部理解できたかどうか，他に聴かなければいけないことがないか，これから確認してきます。［話してもらったことをチェックして／ノートを見直して／Xさんと確認してきますね］」（Orbach & Pipe, 2011, p. 156）。

　録音録画面接では，ブレイク中も記録を続けることが重要である（ブレイクが，子どもの供述に影響したのではないかと批判されないように）。いまのところ，ブレイク中の子どもの行動をどうするかについてのガイドラインはないが，子どもになじみのある課題（ぬり絵など）であれば，子どもの集中力をそぐことはないだろう（Poole & Dickinson, 2014）。

面接のクロージング

　面接の目的や地域でとられている方法に応じて，面接者は，面接を徐々に終了に向かわせ，終結する。この段階を始める一般的な方法は，子どもに，他に話したいことがあるか（たとえば，「今日はたくさんのことをお話ししてくれました。他に，私に話しておきたいことはありますか？」），質問があるか（たとえば「何か質問はありますか？」）尋ねることである。さらに話すように子どもに強要したり，守れない約束はしないことが重要である（たとえば，「面接はこれ1回きりですよ」など）。カレン・セイヴィッツとローリンダ・カンパロ（Saywitz & Camparo,

---

[3]　*Achieving Best Evidence*（Ministry of Justice, 2011, p. 71）は，子どもがブレイクをとりたいときに示すことのできるカードの提供を提案している。

2014）は，子どもから，家族と離れ離れになるのか，誰か刑務所に行くのかと尋ねられたときには次のように応答することを提案している。

　これからどうなるか，私は本当にわかりません。そして，わからないことは，言いたくありません。わからないことを話すのは［子どもの名前］さんにとってもよいことではないでしょう。だから，決める立場にある人に会って，できるだけ早く，これからどうなるか聴いてみます。はっきり言えることは，私たちの仕事は［子どもの名前］さんが安全で健康でいられるように，誰も傷つかないようにすることです。

　子どもが面接者の生活に関する質問をしてきたならば（たとえば，「あなたのお父さんも，お母さんのこと叩いたりしていた？」），子どもの思いを受け止め，しかし個人情報は開示しないのがよい。たとえば，面接者は「私もそうだけれど，誰でもみんな，嫌なことや心配なことがありますよ。気持ちのことをもっと話したかったら，お話できる人を紹介しますよ」と言うことができる（Saywitz & Camparo, 2014, p. 151）。さらに話したいことがある，という場合に備え，面接者は子ども，または付添人に連絡先となる氏名と電話番号を伝えることもある。そして，面接者は，1，2分，中立的なトピックに戻ったり，クールダウンをしたりして子どもを付添人に渡す。

ま　と　め

　面接の初期段階（第4章）を行ったあと，面接者は以下の段階を踏んで事案について調査する。

1. **面接の話題を提起する**：面接者は，報告を開始させるきっかけとなりうる，広い，そしてオープンな誘いかけで，問題を提起する。この段階では，疑いとなる事柄を面接者の口から出すことはせず，必要な場合に限り，より的を絞った質問を行う。
2. **自由報告を引き出す**：子どもがそのトピックを明確に認識したならば，面接者は一連のオープン質問を行い，子どもの言葉による報告を引き出す。

最初は広い質問を行い（たとえば，「何があったか話してください」），次に，促進子を用いて話し続けるよう促し（たとえば，「次に何がありましたか？」「他に何がありましたか？」），その後のプロンプトで，個別の事柄について，より詳細に話すよう子どもに求める（たとえば，「[子どもが話したこと] について，もっと教えてください」「[子どもが話したこと] のとき，何が起こりましたか？」）。似た出来事が複数回繰り返されている事案では，面接者は上記のプロセスを繰り返して，それぞれの出来事を調査する（たとえば，「このことが起きた最初のときのことを，教えてください」）。その際，それぞれの出来事に対し，子どもが提供した情報を用いてラベルをつけるとよい（あるいは，面接者がラベルをつける）。子どもがスクリプト（繰り返される出来事の典型的な特徴）を話したならば，面接者は同様の一般的な言葉（……する）を用いてさらなる報告を求め，個別の出来事についての情報を引き出すためには，エピソード的な言葉（……した）を用いる。

3. **質問と明確化**：この段階では，面接者は，発達に応じた言葉を用いて（子ども中心の視点で）疑われる事柄の代替仮説を検討し，曖昧な供述を明確化する（仮説の検証）。また，補助証拠につながる可能性のある質問を行い（広範な捜査の支援），自由報告の段階と（必要に応じて）質問の段階を繰り返しながら複数の問題について調査する（司令官の意図を心に留めて）。

4. **面接のクロージング**：面接者は，面接の目的に応じて，わかりやすい仕方で会話を閉じる。一般には，他に何か話したいことがないか，質問がないかを尋ね，中立的なトピックでやりとりをしたあと，子どもを付添人に返す。

面接中のブレイクは，面接者が面接の進め方を計画し，話したがらない子どもが話しやすくなる時間を提供し，すでに開示している子どもが，さらなる情報を思い出す機会を増やすのに役立つ。面接者は，トピックの提起に失敗したあと，自由報告段階のあと，質問と明確化の第1ラウンドのあと，あるいは想定外の情報が出てきたときなど，いつでもブレイクをとることができる。

実践のための原則
どうすれば無口な子どもに詳細を話すよう促すことができるでしょうか？

　面接のスーパーバイザーが，スタッフメンバー（面接者）から尋ねられることの多い質問を，私に相談してくることがある。こういった質問をまとめると，無口な子どもに対し，明らかな暗示質問を行うことなく，疑われる事柄を調査するにはどうすればよいか，というものになる。

面接者の質問
　最近，継親による性的虐待の疑いについて，12歳の子どもに面接しました。そのとき，子どもは疑いのある暴力について，はっきりとは話しませんでした。彼女は，日付，特定の場所（たとえば，家の部屋）に確信がないようで，オープン質問に対し，詳細を話しませんでした。面接を汚染することなく詳細を引き出す最もよい方法は何でしょうか？

私の回答
　虐待された子どもが報告する詳細情報の量は，子どもの年齢，虐待がどのくらい前に起きたのか，虐待は数回なのか，関連する一連の出来事なのかなど，多くの要因に依存します。たとえば，加害者が家族の一員でなくなったあとに，ようやく開示する子どももいます。もしもこの12歳の子どもが虐待を受け，虐待は数年前であり，また，繰り返されていたならば，最初の自由報告が，情報の少ない，いつも起きることの一般的な報告である，ということは珍しいことではありません。
　会話を進めるには，私はいつもこのようなことについて面接をし，「子どもが話すことで驚いたり動揺することはありませんよ」と言って子どもを安心させるのも有用です。次に，疑われる虐待が1回だけか，1回よりも多かったかを確認し，もしも子どもが繰り返された出来事を報告したならば，一般的なオープン質問を用いましょう（たとえば，「……のとき，いつも起こることを話してください」）。そして，その報告に基づき次の質問を行い（たとえば，「あなたは［子

どもが話したこと］と言いました。そのことをもっと話してください」），それからエ
ピソードを尋ねる質問に移行してください（たとえば，「あなたが覚えているとき
［最もよく覚えているとき，最初にあったとき，など］のことを話してください」）。彼
女に，時間的な位置を直接思い出すよう期待することはできません。しかし，
当時の生活がどのようなものだったかについての質問は，彼女が年齢や場所を
再構成するのに役立ちます（たとえば，それぞれのときに彼女が住んでいた場所で
覚えていること，先生は誰だったか，興味をもっていたことは何だったか，など）。

　事案の特徴により，被害があったとする仮説と代替仮説をどのように調査す
るかが決まるでしょう（たとえば，友達を驚かすために作り話をした可能性がある
か？ 別の問題でセラピーを受けており，最近——性的虐待ではないかもしれない——何
らかの曖昧な記憶を回復したのか？）。代替仮説を調べるには，彼女がその出来事
をいつ頃思い出したのか，この報告が発覚した経緯（たとえば，「このことを話そ
うと思ったとき，［子どもの名前］さんはどんなことを考えていましたか」），彼女が開
示した相手は何があったか理解したのか，あるいは誤解はなかったか，などを
尋ねることができるでしょう。

第6章

事案に応じた判断と調査

　「会話（Conversation）の習慣」（第3章）と「定型的な（Conventional）内容」（第4章，第5章）を習得すれば，面接室に入り面接を開始できる，というわけではない。もう1つの技能セットである「事案（Case）に応じた判断と調査」によって，司法面接の3つのCが完成するのである。この技能セットには，個別の事案の要請に応じるための知識や習慣が含まれる。この技能セットを身につけた面接者は，捜査対象となる事案のタイプ（罪種）のダイナミクスや，事件化および／または調書化の要件を理解し，個々の子どもの性格と個別事案の特徴を考慮した方法で面接の段階を進めることができる。

　より高度な面接技能を学ぶ最良の方法は，現職者向け／全国の研修ワークショップ，学会，継続的スーパービジョン，オンライン情報——面接研究，法改正，その他の関連するトピック（たとえば，ソーシャルメディアのトレンドが事案の捜査に及ぼす影響など）などの概要を提供する団体から提供されるオンライン・リソース——などを通して得ることができる。本は基本的な知識を与えてくれるが，頻繁にはアップデートされず，面接者が仕事をしている法的，文化的環境に必ずしも即しているわけではない。こうした理由から，本章も，事案ごとの実践に関する包括的なガイドとはならない。その代わり，このあとの議論では，面接者，スーパーバイザー，面接記録を見直す専門家が広く関心をもつであろう情報を紹介する。すなわち，幼児への面接，面接の小道具の利点とリスク，障害者への配慮，発達のアセスメント，面接室内に付添人がいることについての合意，複数回の面接，物的証拠への言及あるいは提示，そして面

接の達成度を改善するチェックリストである。

幼児への面接

　子どもが証拠的価値のある情報を提供できるようになる，決まった年齢というのはない。たとえば，2歳児が繰り返し自発的に訴えたことで発覚したある事案では，小児科医が長年にわたり患者に対して性的虐待を行っていた――それがビデオテープに記録されていた（Goodman et al., 2014）。また，3歳児の多くは司法面接のすべての段階を首尾よく終える。私が目を通した，ある書き起こし資料では，3歳児が，この年齢に典型的な短い応答ではあるものの，面接の練習に応じ，グラウンドルールの段階を完了し――つまり，「知らない」という練習をし，面接者を正し，文言が嘘か本当かに正しくラベルづけし――，面接される理由を問うオープン質問に対し情報を開示した。そして，記憶の欠落を繰り返し認めつつも，たくさんの有益な情報を提供した。

　しかし，驚くべき能力が見られる場合もあるとはいえ，幼児にとって面接は課題が多い。未就学児の報告は情報が少なく，面接者が詳細を調べようとすると正確性が損なわれることがよくある（Peterson, 2011）。子どもが誘導的な会話，人物に対するネガティブなステレオタイプ，暗示的な質問にさらされた場合，それが幼児であったならば，供述の信頼性は最小となり，非専門的な面接による損失は最大となりやすい（Leichtman & Ceci, 1995; Poole et al., 2015）。こうした知見があるために，実務家は恐る恐る面接に臨み，用いた方法が批判の対象となるのではないかと極度に心配する。次のような原理を頭に入れておけば，面接者は，子どもや自身に対して，現実的な期待を抱くことができるだろう。

- 面接は，捜査の単なる一部分である。面接者には，面接に先立つ事前の記憶汚染，自発的な作話，その他の情報源に由来する――つまり，自分の質問の産物ではない――不正確な情報に関する責任はない。子どもがどのように応答しようとも，面接者は適切なラポールを構築し，オープン質問を用いてできる限り多くの情報を収集し，子どもの発話の意味をダブルチェックすることで，捜査を支援できる。

- 面接の手続きは変更可能である。たとえば，面接者は，子どもの疲労を避

けるために初期の段階を短くしたり，口数の少ない子どもがウォーミング
アップの時間を必要としていればその段階を長くしたり，年齢の低い幼児
に対してはグラウンドルールを1つ2つ省く，といったことが可能である。
- 幼児が混乱した応答をしたり，自己矛盾が起きたりすることは多い。注意
の欠如や言語発達の問題により，幼児との会話は時折，事案の周辺をめぐ
り，理解に到達しないことがある。たとえば，子どもは「お巡りさんに話
した？」という質問に対して「ううん」と言い，「警察に話した？」と聴
くと「うん」と言うかもしれない。以下の例が示すように，「ううん」は
理解できなかった質問に対する応答であることが多く，また，any という
語が含まれる質問文へのデフォルトの応答である。[1]

面接者：お母さんのところにいたとき，あなたは誰か（anybody）と寝室を共
　　有していた？
子ども：ううん──お姉ちゃんと。
面接者：そしてルイスね。彼は，寝室を誰か（anybody）と共有していた？
子ども：ううん。ガールフレンドと共有してたよ。

矛盾を最小限にするには，子どもが話した言葉を用いて質問し（オープンな
広げる質問，深める質問を用いる；クイックガイド 1.1 を参照），人，場所，行為，事
物についても子どもの言葉を用いるのが一番である。

- 面接の最中，幼児はじっと座っているわけでも，面接者のことを見続けて
いるわけでもない。子どもの注意が散漫になったり，部屋を歩きまわるこ
とで質問を避けているように見えたならば，注意を阻害している事物を取
り除いたり，席に着くようお願いするのも有用である。しかし，部屋を歩
きまわりながらでも応答し，協力的でいる子どももいるので，その場合は
席に着くよう要求する必要はない。また，通常は，定期的に子どもの名前

---

[1]　この対話は，私がこれまでに読んできたいくつかの面接から合成したものであるが，名
　前や詳細は特定の事案に合致するものではない。

を呼べば，十分に注意を引きつけておくことができる。幼児が話すことに興味を示さないときは，しばらくその子どもと交流したり，部屋の中にあるものを探索させておくのも有効である。時間にゆとりをもつ，面接者に慣れる，面接室が新奇でなくなる，といったことは，未就学児が，面接室に来た目的を理解し，会話を始める助けとなることが多い（なぜ発達水準表が幼児を対象とする実務家を誤解させるのかについては，本章の「実践のための原則」を参照）。

面接での小道具

　子どもによるコミュニケーションを支援するために，道具や印刷物を用いる面接者もいる。道具を用いた技法の多くは，以下の4つの目的のいずれかを達成しようとしている。

● **やすらぎのための技法**は，子どもをよりリラックスさせるのに役立つ。そのような実践の例としては，家族について聴きながら，フリップボードに子どもの反応を記録したり，面接の最中，子どもに何でも好きなものを描かせる〔訳注：描くものを定めず，模様など，何を描いてもよい。これをやすらぎ（手慰み）のための描画（comfort drawing）と呼ぶこともある〕，などがある。

● **査定のための技法**は，子どもに関する情報を得ることを目指す。たとえば，子どもが体のさまざまな部位に対して使う言葉を探るために身体図（ダイアグラム）を用いることは，簡潔な査定の一種である。

● **コミュニケーションのための技法**は，開示を引き出すために，あるいは出来事を記述する非言語的な手段を子どもに与えるために，小道具を使用する。触られた部位を身体図上で指し示すよう求めたり，何があったのか描くよう求めるなど，面接者は供述を引き出すために小道具を用いる。

● **明確化と記録のための技法**は，子どもが話したことを明確化するため，あるいは面接者が言葉を誤解していないことを記録にするために，小道具を用いる。この技法の例としては——確認する目的で——触られたことをすでに報告した子どもに，触られた部位を身体図や人形で示すよう求める，などがある。

面接における小道具の適切な役割についての論争は継続中であり、しばしば紛糾する。合意の欠如には理由がある。事物は、想起の手がかりやコミュニケーションの非言語的手段となりうるため、得られる情報量が増す。しかし、注意を阻害したり、おもちゃとなって不正確さを高めることもある。下記のレビューで説明するように、ある技法が供述に利益をもたらすか害をもたらすかは多くの要因、たとえば、子どもの認知能力と小道具を用いるのに必要なスキルの適合性や、面接外で子どもが誤情報に触れること、面接者が小道具を用いるときに用いる質問技法、他の証拠や事案の文脈が（子どもの）衝動的反応を無視するのに役立つ度合い、などに依存する。

やすらぎのための技法

子どもをリラックスさせる方法として、自由な描画のための紙とクレヨンを渡す、という面接者もいる。この方法を支持する人は、このような道具があれば——間が途切れたときや繊細な話題について話すとき、目をやる場所があるので——会話が対立的でなくなる、という。しかし、発達心理学者は、遊ぶ行為は注意を阻害し、推測や悪ふざけを助長する可能性がある、と懸念を示す。2つの研究（これらは1年の間を置かず公刊された）は、両方の見方を支持する結果を示している。

私とジェイソン・ディキンソンは、以前目撃研究に参加したことのある子どもに再度研究室に来てもらい、フォローアップ面接を行う計画を立てた（Poole & Dickinson, 2014）。この子どもたちは1、2年前、あるイベントに参加し、そのイベントについての誤情報も与えられていた。子どもたち（5〜12歳児）は新しい研究に参加する、ということでやってきて、1人ずつ、二度目のイベントに参加した。そして、面接者はこの最近の出来事と、以前の出来事について面接を行った。ある条件の子どもには、面接の最中に絵を描いてもよいと教示し、紙とマーカーを渡し、別の条件の子どもには渡さなかった。面接者は、かつての出来事については、報告を引き出すためにさまざまな種類の質問を行い、今回の出来事については、自由報告を得る質問と法的に意味のある焦点化質問を行った（たとえば、「ボニーはあなたの写真を撮った？」「ボニーは何回あなたの写真を撮った？」）。多くの測度を用いて子どもの反応を調べたが、幼児においてすら、

このような自由な描画（やすらぎのための描画）が子どもの供述を損なうという証拠は見出せなかった。描画あり条件では、より多くの年少児が、描画なし条件の同じ年齢の子どもに比べ、イベントでの接触体験について報告した。ただし、この研究結果は——多くの分析を行ったため〔訳註：検定力が落ちている可能性があるので〕——追試が必要である。推測されることとしては、描画は子どもが慣れ親しんでいる活動であり、また、子どもは自分の意思で開始したり終わりにしたりできるので、注意を阻害しなかったのかもしれない。

　しかし、エミリー・マクロードら（Macleod et al., 2014）は、別の結論を得た。この研究では5〜6歳の子どもが、最近の遠足について、次の3条件のいずれかで報告した。言語報告のみか、遠足について描きながら話す（描いて話す）か、やすらぎのためのお絵描きをしながら話すか、である。私たちが得た知見とは対照的に、やすらぎのために自由に絵を描いた子どもは、描かなかった子どもに比べ2倍の誤情報を報告した。やすらぎのためのお絵描きをした子どもによる誤りは、17％という懸念される値であった。誤情報の多くは、もっともらしいが真実ではない作話（そのため、面接者は誤りだと気づかないであろう）や空想的な情報（「人魚を見た」など、子どもの信用を落とすような奇妙な報告）であった。遠足の絵を描いた子どもでは、こうした問題は少なかったので、この研究者らは、「遊びの要素を含む描画は、現実の出来事について話すという課題とは相いれない」と結論している（Macleod et al., 2014, p. 9）。

　こうした矛盾する知見を説明するには、さらなる研究が必要である。私たちの研究の最年少群は、エミリー・マクロードらの研究の子どもたちよりも、平均年齢が高かった。また、私たちが用いたイベントはごく最近か、大変古い出来事であった（そのため、子どもたちは体験していないことを積極的に空想しようとはしなかったかもしれない）。さらに、私たちの研究では、イベントの最中、子ども同士で会話をすることはなかった。そして、私たちの研究で用いた面接プロトコルには、グラウンドルール段階——ルールを使う練習も行う——が含まれていた。加えて、私たちの研究では、話をつくる傾向のある子どもが条件間で均等となるように、先行研究の成績に基づき群分けをしていた。このような違いのうち、どれが2つの研究の違い——すなわち、やすらぎのためのお絵描きが一方では無害であり、他方では有害だった、という違い——を説明するの

か（説明できるのであれば），残念ながら知る術はない。しかし，いずれにしても，作話や空想傾向のある子どもに対し，施策者が自信をもってやすらぎのためのお絵描きを推奨するには，さまざまな出来事を用いたさらなる研究が必要である。

査定のための技法

発達検査は，通常，臨床的な査定や拡張司法面接（複数回の面接を行うアプローチ）においてのみ行われる。しかし，子どもが重要な語をどのように使うかという査定は，面接者も行うことがある。たとえば，面接者は身体図を用いて，子どもに性的な部位や性的でない部位の呼び名を尋ねる（命名を求める）ことがあり，これは，このような部位について話しても大丈夫だ，と子どもに伝えることにもなる。しかし，こういった目的のために小道具を使うには，それが期待される答えを暗示したのではないか，という批判を引き起こさないか，まずは検討することが重要である。というのは，実験室研究では，子どもの誤りは呼び名を尋ねた（命名した）部位で生じることが多かったからである（Poole & Dickinson, 2011）。面接者が，性的な部位とともに性的でない部位の呼び名を尋ねたとしても〔訳注：つまり，性的な部位だけを尋ねるという偏りを避けたとしても〕，面接におけるのちの質問（たとえば，「誰かが，どこか他のところも触りましたか？」）が記憶に基づく応答ではなく，（さっき話したという）親近性のある部位を示すよう促した，という批判は起こりうる。こうした理由から，繊細な語について明確化するのは，子どもが出来事について述べたあとに —— 前ではなく —— 行うのが，批判を防ぐことになる（子どもが基本的な語を理解しているかどうか，道具を用いて検査する例については，本章の「発達のアセスメント」を参照）。

コミュニケーションと明確化のための技法

小道具に関する研究の多くは，描画，アナトミカルドール，身体図が，問題となる事柄について重要な事実を報告する助けとなるか，を検討してきた。対象となる出来事について絵を描くよう促すと，子どもはより多くの情報を報告する —— という知見は数多くの研究により得られており，描いて話す技法は高く支持されている（たとえば，Gross & Hayne, 1999; Gross et al., 2009; Macleod et al., 2013;

Patterson & Hayne, 2011[2]）。さらに，描画した子どもが報告した情報は，言葉だけ
を用いた子どもから得られた情報と等しく正確であり（Gross & Hayne, 1999），ま
た，子どもがよく話すため，面接者は —— 数多くの質問をせずに —— 最小限
の促しをよく使うようになる（Woolford et al., 2015）。一方，描いて話すことに
関する最大の制約としては，幼児（3～4 歳児）においてはそれが助けとならず
（Butler et al., 1995），面接者が暗示的な質問をした場合は有害であり（Bruck et al.,
2000; Strange et al., 2003），長い期間を置いて再面接した場合，新たな誤情報が挿
入されがちである（Salmon & Pipe, 2000），ということがある。多くのプロトコル
は，言語的な技法のみを推奨することでこうした問題を避けているが，描いて
話す技法を用いるときは，専門家による注意喚起——すなわち，オープン質問
を優先的に用いること，そして，描かれた内容すべてが記憶を表していると解
釈しないこと——に留意すべきである（レビューは Brown, 2011 を参照）。

　小道具についての論争は，主として，アナトミカル・ドール（解剖学的な詳
細を備えた人形）や身体図（ダイアグラム）が，虐待を受けた子どもとそうでな
い子どもを信頼できる仕方で弁別するのに役立つか，という点に焦点が当てら
れてきた。これらの小道具に関する研究は膨大である。小道具を，おおむね適
切に行われた面接に加える価値を査定した研究，推奨される面接法を用いて
いない研究，暗示的な影響の有無を検討した研究，さまざまな身体接触（タッ
チ）を含む研究などがある。

　身体接触の種類に関していうと，医療場面での診察時の記憶を調べた研究は，
性器への接触について子どもに問うことを可能にしている（たとえば Steward,
1996）。しかし，子どもは社会的に認められた接触であれば —— 虐待的な接触
に比べ —— 報告しやすいかもしれない。また，こうした研究は，接触がなかっ
た子どもの誤報告を生じさせうる「触られたのではないか」という懸念の雰囲
気を再現していない。そのため，医療場面を用いた研究計画は，小道具に関す
る有益な結果 —— 小道具は記憶の手がかりや報告の手助けとして役立ちエラー

---

[2]　文脈復元のためのスケッチ技法では，面接者が出来事の報告を求める前に，子どもは出
　　来事の絵を描く。自閉症スペクトラム障害をもつ高学年の子どもと定型児に関する研究では，
　　話す前に絵を描いた子どもはより多くの情報を報告し，誤りは増えなかった（Mattison et al.,
　　2015）。

率は相対的に低い —— を強調しやすい。一方で，腕，顔などへの接触（無害な接触）について尋ねる研究は，情報が少ないように見えるものの，こういった接触は記憶に残りにくく，偶発的であったり，暗示的な影響を伴うことがある（たとえば Poole & Dickinson, 2011）。そのため，こうした研究計画はリスクを強調することになる。実態はおそらく 2 つの間のどこかにあり，文脈に依存するのだろう。すなわち，小道具のリスクが大変大きいのか，あるいは小道具はおおむね有益なのかは，子どもの年齢や認知能力，事前の汚染の影響の程度，そして面接の全体的な質に依存すると考えられる（レビューとしては，Poole & Bruck, 2012 を参照）。

　発達心理学者はなぜ，幼児や知的障害者に小道具を用いることに懸念を示すのか。これを理解するには，子どもが小道具を用いて出来事を報告するための心理的スキルを考えてみてほしい。2 つの基本的なスキルの第 1 は，二重の表象（小道具が事物であると同時に何かのシンボルであるという理解；Deloache, 2000, 2005），第 2 は，その事物が子ども自身を表しているという気づきである。しかし，それ以上のことも関わっている。小道具を用いた課題の最中，子どもは質問を心に留め，関連する情報を求めて記憶を検索し，無関連な記憶を抑制し，小道具の上に記憶を配置していかなければならない。たとえていえば，若者の多くは安全ドライバーであり，携帯電話のスキルも長けているが，私たちは彼ら（他の誰であっても）に運転しながら携帯電話を使ってほしくはない。複数の課題を調整しながら行うのは困難だからである。同様に，子どもは，事物を表象として用いるという目的を理解することができ，顕著な出来事を想起することもできるが，だからといって，困難な記憶課題に小道具を持ち込んだとき，子どもがどのように行動するかについては，ほとんど不明なのである。

　小道具における重要な問題は，幼児が，質問されたトピックを心に留めておけなかったり，無関連な思考を抑制できなかったり，心理学者が**アフォーダンス**と呼んでいるもの〔訳注：環境が生き物に提供する意味〕への反応 —— すなわち，思わず図を指したり，人形の穴に指を入れたり，その他，その事物によって可能となる行動 —— をすることである。無関係な行動を抑制し，情報を心に留め，柔軟に思考を処理する神経回路が未熟な段階においては，事物の上に以前の体験を配置するのは困難である。ニコル・リトルの研究チームは，子ども

の身体に大きなステッカーを貼り，その後，子どもに身体図の同じ場所に小さなステッカーを貼るよう求める課題を繰り返し行い，このことを示した。記憶を要しない課題であっても，5歳児の30％は，4枚のステッカー全部を正しく貼る，ということができなかった（Lytle et al., 2015，実験2）。別の実験では，助手が子どもに，図を指し示すことで接触経験を報告するよう求めた。そこでは7歳以下の子どもの少数が，脳損傷をもつ大人に見られる2つの行動，すなわち反復症（身体図の場所を繰り返し指し示すこと）と作話症（誤った内容について話をつくり上げること；Poole, Dickinson, & Brubacher, 2014）を示した。そのため，多くの子どもは面接者が意図したとおり信頼できる形で小道具を使うが，それができない子どももいる，ということになる（小道具が，司法的に意味のある接触について，幼児の誤報告を有意に増やす，という証拠については，Bruck et al., 2016を参照）。

　小道具は正確な開示も誤った開示も引き出すことがあるため，小道具に関する研究のレビューは2つの相異なる結論を提示している。すなわち，小道具の有用性を支持する者もいれば（たとえばFaller, 2007），小道具を用いることは，占いで証言を得るのと同じようなものだと主張する者もいる（Poole & Bruck, 2012）。小道具を厳しく批判する論者がいる理由は，以下の3点である。第1に，基礎研究（たとえば，上のステッカー研究）に見られるように，幼児は経験をシンボル上に信頼できる仕方で配置する認知メカニズムを欠いている（この知見を拡張したフィールド研究についてては，Thierry et al., 2005を参照），第2に，小道具の使用を支持するために引用される研究は，事案の複雑なダイナミクスを再現していない（たとえば，虐待があったのではないかと懸念する雰囲気など），第3に，小道具が，質問だけを用いた場合に比べ，どの程度の価値を付与するのか明確でない（特に，面接の初期段階で子どもに話す準備を行っている場合は；Lamb et al., 1996; Poole & Dickinson, 2011），である。2015年，全米児童権利擁護センター（NCAC）は，身体図で示される証拠に関し，身体図は「標準的な実践として使用されるべきではない」とし，「使用するのであれば，子どもが虐待について言語的に開示し，明確化を求める他の選択肢やアプローチを使い果たしたときのみとすべきである」と結論づけている（p. 2）。

　小道具を用いた，よりリスクの少ない実践としては，オープン質問で供述を得たあと，子どもの言葉（たとえば，「ピーピー」）の意味を確かめるために，必

要に応じて小道具を用いる，というものである（たとえば，「ピーピーはどこか教えて」）。しかし，そうする代わりに，報告を明確化するためのフォローアップ質問を行う面接者も多い（たとえば，面接者：「オシリが何か，知りたいです。オシリは何のために使いますか」，子ども：「おしっこするとき」）（その他の技法やアプローチについての議論は，Brown, 2011 や Burrows & Powell, 2014 を参照）。

障害をもつ人への配慮

　障害をもつ子どもにおいては，その身体的，認知的，あるいは情動的な制約が，（同年齢の子どもが定型的に行う）活動能力を妨げる。多くの症状が，次のカテゴリーのうち 1 つないしそれ以上の障害を引き起こす。

- **発話と言語の障害**は，発話と理解の問題を含む。
- **認知的障害**は，注意，記憶，推論，あるいは情報（たとえば，言葉，数）の理解に関わる能力に影響を及ぼす。
- **情動的障害**は，不適切な感情や行動を生じさせる。
- **知覚的障害**は，聴覚や視覚に制約を生じさせる。
- **動作障害**は，歩行や，特定の身体部分を正常にコントロールする能力を妨げる。
- **慢性的な健康の問題**には，てんかんや糖尿病など，医学的疾病が含まれる。

　障害の定義は時代や情報源によって変わるため，頻度の推定も変化する。アメリカ疾病予防管理センター（CDC）によれば，アメリカの子どもの 6 人に 1 人が発達障害やその他の発達の遅れがあり（Centers for Disease Control and Prevention, 2013），アメリカの 3〜21 歳の 13％は，障害者教育法の下，特別支援教育を受ける資格をもつ（National Center for Education Statistics, 2015）。障害のある子どもは同年代の子どもよりも虐待を受けやすく，法的な扱いを受ける母集団に占める割合が高い（Jones et al., 2012）。そのため，事案に応じた判断には，障害が面接での行動に影響する可能性のある子どもへの対応策が含まれることが多い。[3]

---

[3]　障害をもつ証人に関する特集については，*International Journal of Disability, Development and*

障害に関する用語の理解

障害に関する用語はややこしい。症状の数は多く，名称は時とともに変更され，疾患の分類は情報源により異なるからである。障害の名称や分類に関しては，以下の3つの主要なシステムがある。

- 国際疾病分類（ICD）は，医学的あるいは精神医療の診断のための国際的基準である（World Health Organization, 2014）。
- 精神疾患の診断・統計マニュアル（第5版：DSM-5）は，精神保健に関する用語を定義するものであり（American Psychiatric Association, 2013），アメリカでは，精神科医，心理学者，その他の精神保健の専門家により使用されている。このマニュアルは，各々の疾患の特徴や関連する統計情報，たとえば当該の疾患の患者数（あれば）や男女比などをリストしている。
- 障害者教育法（U.S. Department of Education, 2015）は，アメリカの子どもが特別支援教育を受ける資格の根拠となる障害を定義する。

専門家にとっては，1つの症状にいくつかの用語を用いることは一般的である。たとえば，**胎児性アルコール症候群**は，胎児期のアルコール暴露に関連した認知的制約をもつ子どもに対する古い用語であり，**胎児性アルコール作用**は，母体のアルコール使用によりもたらされる微細な問題を表すのに用いられてきた。現在は，**胎児性アルコール・スペクトラム障害**という用語が，胎児期のアルコール暴露によってもたらされた一連の兆候——軽度なものから深刻なものまで——を意味するのに用いられる（Bakoyiannis et al., 2014）。同様に，多くの親が**自閉症**という用語を用いるが，DSM-5 では**自閉スペクトラム症／自閉症スペクトラム障害**という用語を用いる。

多くの専門機関や政府機関が，個別の障害についての有益な情報をウェブ上に掲載している。

- CDC は，ウェブサイトに，疾病や症状に関する A 〜 Z のリストを提供している（http://www.cdc.gov）。
- 症状の名称と DSM という語をインターネットの検索エンジンに入力すると，精神疾患の定義的特徴が引き出される。

Education の 2013 年 3 月号を参照。

● 障害児への面接に関するオンライン情報は，CARES ノースウエスト（オレゴン州児童司法法タスクフォースが全面的に資金援助している児童虐待評価センター）〔訳注：CARES Northwest（Child Abuse Response and Evaluation Service Northwest）。アメリカで最大の児童虐待評価センターの１つ。http://caresnw.org 参照〕から利用可能である。*Project Ability: Demystifying Disability in Child Abuse Interviewing*（『プロジェクト・アビリティ——児童虐待面接における障害の解明』）と検索してほしい（Shelton et al., 2010）。

差異について話すこと

　子どもがもっている状態が，その人を定義するのではない。そのため，差異や障害について話すとき，実務家はよく，**人物優先言語**（人優先言語ともいう）を用いる。たとえば，「アマンダは自閉症だ」ではなく「アマンダは自閉症をもっている」といい，「彼女は言葉を話さない」ではなく「彼女は目でコミュニケーションをとる」と表現する。人物優先言語は，子どもが何者**であるか**，ではなく，子どもが何を**もっているか**，を記述する。しかし，差異を論じる人たちの中には，人物優先言語は——差異（たとえば，「彼はすらっと**している**」）よりも——マイナスの部分を描写することが多いとして（たとえば，「彼女は病を**もっている**」），むしろ名称（ラベル）にアイデンティティを感じる人もいる。こうした理由から，自閉症の権利擁護を唱える人々は**アイデンティティ優先言語**を——たとえば，「自閉的な人」や「[人の名前] さんは自閉的である」というように——用いることが多い（Brown, 2015）。報告書を作成するうえでどのような言葉を用いるかについては，上司に相談するのがよいだろう。しかし，親や子どもとの一対一の会話においては，彼らの好みがあるかもしれない。

　子どもの養育に携わる人に，「[子どもの名前] さんには，面接に影響を与えるような障害（症状）がありますか？」と尋ねるのは適切である。また，「[子どもの名前] さんは，何か特別支援教育を受けていますか」という質問によって，子どもが受けている支援が何か，そしてなぜ受けているのか，ということについて会話を始めることができる。

障害をもつ子どもへの面接

　定型発達の子どもに面接するときは，子どもの注意力はどの程度持続するか，子どもの発話を理解するのはどの程度困難か，どのような質問であれば子どもは答えられるか，といったことを予想することができる。これとは対照的に，言語障害，知的障害，自閉症スペクトラム障害，その他の障害をもつ子どもの場合，その能力のばらつきは大きく，また，こうした子どもは複数の症状を抱えていることが多い。たとえば，自閉症スペクトラム障害をもつ子どもには聴覚障害がある割合が高く，注意欠陥障害をもつ子どもは，そうでない子どもに比べ他の精神医学的疾患，たとえば，行動障害，チック，不安障害などを抱えていることが多い。つまり，子どもの主たる診断名がわかっても，面接計画を立てるのに必要な情報すべてが揃うわけではない，ということになる。

　違いは子どもにより異なるため，面接者は，障害ではなく，子どもを面接する計画を立てるべきである。子どもの診断名にかかわらず，「この子どものニーズ，困難，能力は何だろう」と問うことが重要である。『プロジェクト・アビリティ』(Shelton et al., 2010) のまとめにあるように，「実務家は……障害をもつ子どもに面接する方法を知る必要があるが，多くの障害そのものについての専門性を高めようと期待するのは非現実的である」(p. 3)。面接者は，障害に関する広範な知識に基づいて事案の判断をするのではなく，次の2つの方法のいずれかにより違いに対応する。それは，ⓐ発達的に中立的な技法をより多く用いること，あるいはⓑ困難や強みを考慮した，子どもの個々人に応じたアプローチを用いること，である。

発達的に中立な面接

　発達的に中立な面接では，面接者は，子どもの年齢が5歳か15歳かによらず，最も理解されやすい方法でコミュニケーションを行う。面接者は，ラポール形成段階において，子どもの行動や言語パターンを把握し，幼児でも理解できる単純で直接的な質問を用い，子どもの応答を誤って理解しないように，応答の意味をダブルチェックする質問を行い，子どもに答えるのに十分な時間を与える。発達的に中立な面接は，子どもを実際よりも幼く扱うことによって面接のレベルを下げるのではない。そうではなく，このやり方は，どの年齢の人

も会話に有意義に参加できるよう支援する，というスタイルをとる。発達的に中立な面接では，子どもの能力のレベルがわからない場合，以下の9つのキーとなる実践に従う。

- **子どもの協力を最大限にする面接を計画する**：子どもの活力がある時間帯に面接を行うよう留意すべきである。面接が，子どもにとって価値の高い活動や医学的に必要な活動――たとえば，好きなテレビやネブライザー（吸入器）治療など――と重ならないよう配慮する必要がある。

- **注意を阻害するものを最小限にする**：雑然とした視覚刺激やノイズにより，注意が大きく阻害される子どももいる。面接者は，静かで注意を阻害するものがない部屋――ヒーターの騒音，エアコン，ジージー音を立てる照明などがない部屋――を選び，感覚刺激を最小限にすべきである。

- **ラポール形成の最中に強みや困難についての情報を集める**：面接者は初期のラポール形成を用いて，子どもの話し方に慣れ（そうすることで子どもの言葉を誤って理解することを防ぐ），子どもの注意力，単純な質問に答える能力，体験した出来事を報告する能力を観察する。

- **子どもをトピックに留まらせる**：気が散りやすい，迎合しやすい，質問がうまく理解できない子どもは，会話のトピックから逸脱しやすく，無関係な出来事について急に話し始めることがある。言語障害，注意の障害，あるいは知的障害を伴った子どもに面接するときは，トピックシフター（たとえば，「今度は，他のことを聴こうと思います」）やトピックマーカー（例：「いま話してくれた絵のことを，どんなことでも全部教えて」）が重要である。

- **無視できる無関係な行動は無視する**：変わった態度や行動をする子どももいる。たとえば，自閉症スペクトラム障害の子どもはアイコンタクトを避けるかもしれない。視覚障害のある子どもは視線が揺れたり，手で目を押さえたりすることがある。面接者は，質問をしたり答えを聴いたりするのに妨げにならない行動は無視し，会話に集中すべきである。

- **オープン質問を重視し，WH質問，多重選択質問，はい／いいえ質問を最小限にする**：言語理解が困難な子どもは，（理解していなくても）会話に参加できる方略を身につけている。こうした子どもは，他者の最後の言葉を繰り返すことで会話の番（ターン）をとるかもしれない。また，答えを知

らなくても，はい／いいえ質問に答えるかもしれない。多くの障害が焦点化質問への被暗示性を高めるため，面接者はできる限りオープン質問を用い，焦点化質問をしたあとは，さらなるオープン質問で補うべきである（Henry et al., 2011）。

● **単純で直接的な質問を用いる**：定型発達の子どもにとって難しい言語概念は，障害（視覚障害，聴覚障害，知的障害など）をもつ子どもの場合，さらに習得が遅れることがある（Lukomski, 2014; Sattler, 2002）。そのため，面接者は，短く具体的な質問を行い，代名詞，曖昧な言葉，二重の意味をもつ言葉を避けるべきである。

● **子どもの返答の意味をダブルチェックする**：定型発達の子どもは誰でも，意味を十分理解する前に，言葉を用い始める。たとえば，幼児が，「間に（between）」を意味して「中に（in）」と言うのは珍しいことではなく，多くの子どもは，セックスとは何かを知る前に「セックス」と言う。特に，言語や知的障害をもつ子どもは，普通ではない方法で言葉を使ったり，ただ協力的であろうとして質問に答えることがある。そのため，面接者は，子どもが言った（と面接者が思った）ことや，応答の意味について，確認することが重要である。子どもに行為や対象について描写するように頼むことにより，面接者は，自分が推測する行為や対象が子どもの意図する行為や対象であるかを確かめることができる（例：「[子どもが話したこと]は，どんなものですか」）。

● **答えるのに十分な時間を子どもに与える**：幼児や，言語や認知発達に影響のある障害をもつ子どもは，考えをまとめたりコミュニケーションをするのに他の子どもよりも時間を要するかもしれない。

まとめると，発達的に中立な面接では，子どもの年齢を尊重しつつ，幼児にも理解できる仕方で話をする。そうすることで，子どもの感情，言語，認知発達のレベルによらず，面接者は誤解を最小限にする。

子どもに特化したアプローチ

子どもの医療／教育記録や子どもの養育に携わる人から得た情報は，面接の計画においてよりいっそう子どもに特化したアプローチをとるのに役立つ。た

とえば，CARES ノースウエスト〔訳注：アメリカの児童虐待評価センター〕では子どもの強みと困難を概括するために，以下のような簡便なルーブリック評価項目を作成した（Shelton et al., 2010）。

- この子どもに以下の障害や困難があるか。
  - 発話，理解，言語使用
  - 思考や推論
  - 社会性，情動や行動
  - 聴覚，視覚，運動，健康
- その障害は子どもにどのような影響を及ぼしているか。
- 子どもはどのような強みや能力をもっているか。
- 子どもと障害について知るために，他に何が必要か。
  - 閲覧できる医療や教育の記録があるか。たとえば，その子どもの強み，弱み，最適なコミュニケーション手段について情報を提供する個別教育計画（IEP）を子どもがもっているか。
  - この障害に関して全般的なコンサルテーションができる人は誰か（たとえば児童福祉司や地域の専門家）。
- 面接を適正に行うために，どのように面接の環境と質問を構造化するとよいか。（p. 4）

本章のクイックガイドは，これらの基本的な問いをシートに組み込む形で，子どもの情報を記録し（クイックガイド6.1），面接計画を立てる（クイックガイド6.2）方法を示している。以下に，面接者が障害のある子どもを援助する方法を例示する。[4]

---

[4]　本節の情報を整理するために，多くの資料を参照した。障害のある子どもの面接に関するさらなる情報として，筆者は『オレゴン面接ガイドライン』（Oregon Department of Justice, 2012）と『プロジェクト・アビリティ――児童虐待面接における障害の解明』（Shelton et al., 2010）を薦める。2009 年，児童虐待およびネグレクトに関するミシガン州知事の特別委員会の司法面接小委員会委員は本節の長い草案を査読し，助言をくれた。セントラル・ミシガン大学の中央アセスメント有料貸し出し文庫の共同設立者であるシャロン・ブラッドリー・ジョンソン博士も同様である。ブラッドリー・ジョンソン博士とジム・スミス氏に深謝する。

診断名：なし／配慮事項：

教育的な配慮：なし／配慮事項：

言語

主なコミュニケーションの様式：音声言語／その他：

家庭で使用している言語：日本語／その他：

言語能力：年齢相応／配慮事項：

発音の明瞭さの問題：なし／配慮事項：

（年齢相応の）話し言葉の理解と産出の問題：なし／配慮事項：

指示に従うことができるか：はい／配慮事項：

簡単な質問に答えることができるか：はい／配慮事項：

実際に起きた出来事について語ることができるか：はい／配慮事項：

その他の言語の問題：

認知：注意，記憶，推論

注意の障害（と程度）：なし／配慮事項：

知的障害（と程度）：なし／配慮事項：

自閉症スペクトラム障害（と程度）：なし／配慮事項：

その他の認知の問題：

情動や行動の障害

アイコンタクト：正常／配慮事項：

言語性保続〔訳注：一度話した言葉が繰り返し発せられるなどの症状。失語症などで
　見られる〕：なし／配慮事項：

自傷行為：なし／配慮事項：

妄想／強迫観念：なし／配慮事項：

不安に関係する行動や反応：なし／配慮事項：

不安を低減させる話題，活動，事物：なし／対応策：

易怒性，反社会的行動，攻撃性：なし／配慮事項：

その他の情動や行動の障害：

知覚

聴覚：正常／配慮事項：

視覚：正常／配慮事項：

環境刺激に対する敏感さ（たとえば騒音，強い照明，窮屈な空間）：正常／配慮事項：

その他の知覚の問題：

運動

歩行の制約と補助具（車いすなど）：なし／配慮事項：

腕や手の使用の制約：なし／配慮事項：

嚥下や呼吸の問題：なし／配慮事項：

発音の明瞭さの問題（「言語」の項を参照）：なし／配慮事項：

健康

アレルギー（とくに食物アレルギー）：なし／配慮事項：

発作性障害／てんかん：なし／配慮事項：

薬物治療：なし／配慮事項：

持久力や集中力の低下：なし／配慮事項：

その他の健康の問題：

その他の運動の問題：

その他の配慮事項

訳注：日本でも用いることができるように，英語の能力について尋ねる項目は，日本語とした。

言　語

コミュニケーションの方法が定型的な音声言語や筆記ではない場合

　手話やその他の代替的コミュニケーション（AAC: augmentative and alternative communication〔訳注：補助代替コミュニケーション，拡大・代替コミュニケーションと訳される。たとえば文字盤や絵カード，パソコンやスマートフォンなどの電子機器を用い，意思の伝達を補償する方法〕）を用いる子どももいる。子どもが手話を使う場合，認定資格をもつ手話通訳者の協力を得ることができる。面接者は，子どものいる場所で話されたことはすべて（他者への電話でさえ），手話通訳者が訳す，ということを理解しておかなければならない。面接中，面接者は通訳者にではなく子どもに対して，普段どおりの声とペースで話すべきである。聴覚障害の子どもは相手の顔の表情や動作の細部にまで注意を向ける。そのため，面接者は非言語的な行動によって特定の反応を強化することのないよう，十分に気をつけるべきである。手話コミュニケーションにおいては，表情や動作が重要な役割を果たすため，手話を使う子どもは活動的に見えるかもしれない。

　AACを用いる場合，子どもは定型の発話や筆記ではなく，たとえば，絵カードやコンピュータを用いた方法でみずからを表現する。面接の計画を立てる際は，AACを熟知している，あるいはAACを開発した専門家を頼るとよい。（なお，介助付きコミュニケーション――大人が子どもの腕や手を触ったり支えたりし

子どもの氏名：_____　　年齢：_____
面接者：_____　　　　　日付：_____

1. 面接中，行動に影響を及ぼす可能性のある事項

_____
_____
_____
_____
_____

2. 面接に関連する強みと困難の概要
   言語：
   認知：注意，記憶，推論：
   情動や行動の障害：
   知覚：
   運動：
   健康：
3. 面接の計画：面接の進行，面接室の物理的環境，質問

て，子どもの道具の操作〔訳注：タイプを打つなど〕を助ける —— で得られた情報は，大人の知識を反映していることが多く，司法的には認められない；American Psychological Association, 1994）。

発話の明瞭さの問題

　脳性麻痺や知的障害，聴覚障害，音韻障害などは発話の不明瞭さをもたらす。面接の前に子どもの発話の特徴を知ることは，誤解を避けるのに役立つ。面接者は子どもが言ったことを推測したり，吃音の子どもに代わって文を完成させたりしないことが重要である。

認知 ── 注意，想起および推論

注意の問題

　注意の問題がある子どもは衝動的で，しばしば人の話を聞き漏らし，思考が次から次へと移ることがあるだろう。そのため，面接者は子どもの報告を誤って理解することが多くなる。面接者は子どもの気を散らす余計なものを取り除き，注意を向けさせるために子どもの名前を呼び，トピックマーカーを頻繁に用い，（子どもが衝動的に反応しやすい）はい／いいえ質問や強制選択質問を避けるとよい。そうすることで，子どもは面接に取り組みやすくなる。

知 的 障 害

　知的障害（以前は精神遅滞と呼ばれていた）の子どもは同じ年齢の子どもよりもスキルの発達が遅いため，過去の出来事を思い出し，質問に答える能力は，より年齢が低い子どもの水準である。知的障害は具体的思考と，文字どおりに言葉を解釈する傾向がある。そのため，面接者は抽象的な言葉を使うべきではない。また，他の何か（たとえば子ども自身）の表象として利用することを強いる小道具（たとえば身体図やドール〔訳注：アナトミカル・ドール。子どもへの性的虐待を調べる際に用いられる人形〕）を使うべきではない（大人の対応づけの誤りの例は，Valenti-Hein, 2002 を参照）。

自閉症スペクトラム障害

　自閉症スペクトラム障害の子どもの言語能力，社会的理解，全般的な知的機能は，個人差が大変大きい。しかし，全体として見れば，これらの子どもは具体的に思考し，複数の表象を１つの概念に抽象化することが難しいという特徴をもつ。彼らはまた，社会的な手がかりや他者の意図を理解することが難しい。アイコンタクトを避け，他者の視線の先へ注意を移動することがなく，ある活動から別の活動へと切り替えることが難しく，自分の興味のあることを話し続けるかもしれない。中には相手の言葉をただちに，あるいは遅れて復唱する**エコラリア**（echolalia）を示す子どももいる。面接者はこのような障害のある子どもに自分（面接者）を見るよう期待すべきではないし，彼らが質問の一部を復唱しても，それが「はい」を意味すると考えてはいけない。また，**保続**

（perseveration; 同じ反応を繰り返す）を示す子どもの面接では，面接者は同じ答え
を引き出すはい／いいえ質問を続けるべきではない（子どもは次の質問に対して
も，練習した同じ反応を繰り返すかもしれない）。

情動や行動の障害
不安に関連する行動や反応
　面接者は，子どもが親から安心して離れられるか，面接の妨げになるような
恐れを抱いていないか把握しておくことが望ましい。子どもの不安が懸念され
るときは，子どもや保護者／養育者と一緒に施設内を歩いてみるなど，中立的
な活動〔訳注：面接の本題と関係ない活動〕に少し時間をとるとよい。また，面
接者は，子どもが落ち着いて話せるような話題を前もって調べておくとよい。

易怒性，反社会的（反権威的）行動，攻撃性
　短気で攻撃的な子どもと日常的に関わりのある人たちは，面接者が面接の計
画を立てる際，有益な情報を提供してくれるかもしれない。たとえばクレヨン
などは，行動障害のある子どもにとってはものを壊したり，投げたりするきっ
かけとなるかもしれない。

健　　康
発作性障害とてんかん
　発作は行儀が悪いとか，注意を払っていないと誤解されることがある。たと
えば，短時間凝視するような発作もあれば，発声や目的のない動作（たとえば
衣服をつかむなど）を伴う発作もある（Epilepsy Foundation〔てんかん財団〕のオンラ
イン情報を参照）。

持久力や集中力の制約
　子どもがどのくらいの時間，面接に取り組むことができるかを把握すること
は，1回の面接で達成できることを計画するのに役立つ。視覚，聴覚，運動障
害の子どもは，同年齢の障害のない子どももよりも疲れやすい。

知　覚

聴 覚 障 害

聴覚障害の子どもの多くは片耳のみの軽度あるいは中度の障害であり，補聴器を使って矯正している。面接者は子どもに左右の耳の聴こえ方に差があるか，座席の配置が適切か尋ねるとよい。しかし，ところどころ読話〔訳注：発話者の口の動きや表情，文脈などを手がかりに話を理解すること〕に頼る子どもに対しては真正面に座るべきである。口の動きを誇張すると読話がかえって難しくなるため，面接者は普段のアクセントやイントネーションで話すべきである。子どもが質問を繰り返すよう求めたときは，句や文で応じなければならない（その方が単語1つひとつよりも理解しやすい）。

視 覚 障 害

重度の視覚障害に関連する不安を和らげるために，面接室を探検する時間を設けるとよい。そうすることで，子どもは晴眼児と同様の情報を得るだろう。子どもを助けるために，面接者は「この壁に窓があって，あなたのいすはここに，私のいすはここにあります」など，部屋の様子を説明しながら室内を歩きまわるとよい。面接中，面接者が子どもに何かを手渡すときは，（びっくりさせないように）そのことを伝えなければならない。また，間が空いたときは，そのとき何をしていたか説明しなければならない。視覚障害の子どもの中には，聞こえたものの理解していない句や文を繰り返す子どもがいる。そのため，子どもの曖昧な応答を確認することが重要である。面接者や施設のスタッフはサービス・アニマル〔訳注：盲導犬や介助犬など，障害者を支援することをトレーニングされた動物〕に触れてはいけない。

環境刺激に対する敏感さ

面接の前に静かな環境（たとえば騒音や強い照明がなく，窮屈でないところ）で数分待つと，落ち着く子どももいる。

運　動

脳性麻痺や筋ジストロフィーは体を正常に動かす能力に影響を及ぼす疾患で

ある。必要に応じて，面接者は車いすを面接室に入れなければならない。トゥレット障害の子どもは運動チック〔訳注：まばたきや顔しかめ，首振りなど，不随意な運動の反復〕と音声チック〔訳注：咳払いや鼻すすり，叫び声など，運動チックと同様，みずからコントロールしがたい〕の両方，またはいずれかを呈するが，ストレスを感じる状況ではその頻度が増えることがある。面接者は面接に差し支えのない行動は気にせず，発話の明瞭さは子どもの知的水準の信頼できる指標ではないことを理解し，子どもが応答するのに十分な時間を与えるべきである。

発達のアセスメント

　なぜ多くのガイドラインが子どもの発達水準をアセスメントする段階を含まないのかということについて，第2章で議論した。現在，広く用いられている司法面接のモデルでは，早い段階でラポールを形成することによって，面接者は，子どもが簡単な質問にどのように答えるか確認することができ，語りの練習によって子どもがどのように過去の出来事を説明するかを知ることができる（虐待の報告が予想されるより少なかったという主張に反論するのに有益である）。面接前の練習において，話すよう子どもを励まし，自由報告を引き出すオープン質問を用いることによって，面接者は難しい質問を多くする必要がなくなる。面接者がこのような適切な方法を用い，質問の繰り返しを避けると，幼児や軽度から中度の知的障害をもつ子どもは大変よく応答する（Brown et al., 2012; Henry et al., 2011; Henry & Gudjonsson, 2003）。

　用意した質問の言葉を子どもが理解できるかどうか心配があるとき，面接者は子どもに理解していることを実際にやって見せるよう求めてもよい。たとえば2つの空の筆箱と1本の鉛筆を示して次のように行う。

- この鉛筆を箱の**上**に置いてください。
- この鉛筆を箱の**中**に入れてください。
- この鉛筆を箱の**間**に置いてください。
- 箱は**1つ**ですか，**1つより多い**ですか？ そうですね。これを見てください。鉛筆は**1本より多い**ですか，それとも**1本**ですか？（2つ目の質問によって，子どもが面接者の最後の言葉を繰り返しているだけなのかどうかを確認する）。

簡単な要求には応じることができても，過去の出来事に関する同様の質問には確実に答えられない，ということもある。そのため，上記のような質問の価値は限定的である。しかし，子どもの理解力を確かめることが重要な問題を解決するのであれば，捜査チームは子どもの応答を調べるとよい。たとえば，子どもが被疑者のペニスから「白いねばねば」が出たと言ったが，それは大人のまねをしているのかもしれないという懸念は，子どもに白という言葉の知識をテストすることで解消されるかもしれない（一般に白は最初に子どもが学ぶ色名ではない；Franklin et al., 2005）。同様に，子どもが虐待は「昨日」のことだと言ったが，被疑者のアリバイが完璧である場合，捜査チームは同様に，子どものこの言葉の使い方を調べるとよい（昨日という言葉を子どもが正しく理解するには長い時間がかかる；Grant & Suddendorf, 2011 を参照）。

面接室における付添人についての共通認識

　面接室に付添人がいた方が，子どもがうまく対処できるという根拠はほとんどない。たとえば，親が一緒にいると，採血を怖がる子どもはますます大泣きする（Gross et al., 1983）。また，親の付き添いは歯の治療を受けている子どもの行動や心拍に影響を及ぼさない（Afshar et al., 2011）。目撃研究においても，付添人が子どもの供述の質を高めるという決定的証拠は見出されておらず（Poole & Lamb, 1998），それはおそらく面接室に付添人がいなくても子どもは注意して，感情的に振る舞うことがほとんどないためであろう。

　面接室に付添人がいることによる好ましくない影響について，多くの懸念がある。たとえば，親しい関係にある人物は，子どもが被疑者にそそのかされた性的な体験や未成年飲酒など，公にしにくい出来事について話すことを妨げる。また，面接前に子どもと話した人が同席すると，子どもは面接中，その人から話すよう期待されたことを繰り返しただけだ，と批判される可能性がある。下記のオレゴン面接ガイドライン・ワークグループ（Oregon Department of Justice, 2012）の指針は，この問題の共通認識をまとめている。

　面接に親や学校の教職員，民間のセラピスト，世話人や家族のメンバーが

同席することは認められない。協力的な大人でさえ子どもが何を言うべきか意図的・非意図的に伝え，非言語的な手がかりを与え，面接を汚染する可能性がある。ただし，付添人を同席させないという基準には例外がある。例外については，面接に携わる多職種チーム（MDT）のメンバーが**個別に検討するべき**である。たとえば，支持的な介護者から離れることができない障害児や重篤な心的外傷を負った子どもは例外としてもよいし，本来の司法面接の前に追加的なラポール形成を行ってもよい。(p. 9)

　付き添いを必要とする例外的なケースにおいては，付添人は子どもの視界の外に（しかしビデオ録画の範囲内に）着席するべきである。それは，子どもが信頼する大人の非言語的なフィードバックや態度に応えていたという批判を避けるためである。面接のはじめに，面接者は付添人と子どもに対し，質問に答えるのは子どもだけだということを注意しなければならない（たとえば「ネルソンさんはいまお話しすることはできません。いまは［子どもの名前］さんがお話しする特別な時間です」）。

複数回の面接

　時には子どもに繰り返し面接を行うことがあるが，その理由はさまざまである。子どもがひどく苦痛を感じて最初の面接で十分応答できなかったり，ケースがとても複雑なため1回の面接ではくわしく調べられなかったり，新しい情報が出てきたり，証拠から子どもが何か隠しているかもしれないと推測されたりなどである（La Rooy et al., 2010）。子どもも大人も同様に，ある出来事を繰り返し話すことで新しい情報を想起することがあるため（この現象は**レミニセンス**と呼ばれる），さらなる情報が事件の解決に役立ちそうなとき，捜査チームは子どもに再度面接することがある。たとえば，きょうだいの誘拐を目撃した子どもの6回にわたる面接の分析では，子どもが報告した特殊なくわしい情報の多くは2回目以降の面接において引き出されていた（Orbach et al., 2012）。
　複数回の面接が生産的か問題の多いものになるかどうかは事案の特徴，たとえば面接間の時間の長さ，面接の質，そして子どもと暮らす人の動機——それ

は脅し，意図的な指示，偶発的な影響（たとえば子どもが偶然耳にした会話）など
により子どもの供述に影響を及ぼす——による。外的な影響の問題がなく，面
接が非暗示的であるとき，複数回にわたる面接において子どもの報告が明らか
に矛盾することはまれである。たとえば前述の誘拐事件では，2回目から6回
目の面接において報告された809の詳細な情報のうち，初期の報告と矛盾して
いたのは4つだけだった（Orbach et al., 2012）〔訳注：しかし，変遷した内容は，会話
の内容，毛髪の色，バッグの色，ライトを消したのが「彼女」か「彼」かであり，重要
である。また，救出された被害児童による供述との矛盾（銃かナイフか，会話はなかっ
た）も見られた。この事案は目撃事案であるため，正確性よりも情報の量が重視された
可能性がある〕。事件後長い時間が経過したあとに面接が行われたとき，子ども
の年齢が低いとき（Peterson, 2002），面接者の質問が単純なはい／いいえ質問よ
りも暗示に富んだものであるとき（La Rooy et al., 2009），その他の影響が子ども
の報告を汚染してしまっているとき，さらなる面接は信頼性のない証言を引き
出す可能性がとても高い（誘導情報がないときに，通常子どもがどのように個人的で
重要な出来事を報告するかについての議論はPeterson, 2002, 2011, 2012を参照。また，繰
り返し起きた事件の，複数の出来事の混乱に関する知見はPrice, Connolly, & Gordon, 2015
を参照）。

　潜在的な利点があるために，研究者は面接を繰り返し行うことを全面的に禁
止してはいない。子どもを再び面接するかどうかは，起こりうるリスクと期待
される利点を注意深く検討したうえで判断しなければならない。2回目，3回
目の面接を行うことは，子どもの報告の重要な細部に矛盾がなく，新しい貴
重な情報が得られたような場合，起訴において有益である。しかし，2回目以
降の面接において，供述の大きな変遷，大人の影響（たとえば大人の信念が子ど
もの報告に浸入するなど），明らかな作話による誇張された供述が見られる場合，
それは弁護側にとって大変有益なものとなる[5]〔訳注：ここでは供述の信頼性に焦点

---

[5]　最初の面接で性的虐待を開示しない子どもに対しては，複数セッション法を適用する
　　ことがある。この方法は，初期は拡張司法評価法（Extended Forensic Evaluation）と呼ばれ
　　ていたが，のちに全米児童権利擁護センター拡張司法面接プロトコル（National Children's
　　Advocacy Center, 2010）と改称された。この面接法では，まずラポール形成，発達のアセス
　　メント，その他の問題に焦点を当て，その後のセッションで（もしも開示があればより前

が当てられている。面接を繰り返すことについては，子どもの心理面（精神的な二次被害）にも留意すべきである。たとえば，Fulcher（2004）は，面接を繰り返すことで精神的症状が悪化するとしている]。

物 的 証 拠

虐待に焦点を当てた面接で，子どもは必ずしも開示しないということはよく知られている（レビューとしては，Pipe et al., 2007 を参照）。開示する子どもでも，その報告は関連する出来事の一部に限られるのが一般的である（Dickinson et al., 2008）。問題となる事柄を提起しようとしたがうまくいかず，しかし物的証拠があるとき，面接者が証拠に言及したり，提示したりすることを認めるプロトコルもある。物的証拠とは，たとえばビデオ録画，ベルト，（ネグレクトの事案では）家の状況を示す写真，衣類，容疑者が撮ったとされる子どもの画像などである。

物的証拠を用いるかどうかの判断は，捜査チームが行うのがよい。捜査チームは証拠を持ち出す必要性を十分に検討し，不快感を少なくするために証拠の物品や画像を修正する（虐待に関する事物を見えないように覆い隠す）べきかどうかを決定する。ミシガン州のプロトコル（State of Michigan Governor's Task Force on Child Abuse and Neglect and Department of Human Services, 2011, p. 40）は，面接者が面接のはじめに「誠実に」，「今日，私は［子どもの名前］さんに見せて，話をしたい写真をもっています。でも，はじめに［子どもの名前］さんのことをもっと知りたいです」と伝えるよう推奨している。このようにすれば，面接の後半に証拠を見せるか見せないかという選択肢を —— たとえ見せることになったとしても，子どもを驚かせることなく —— 残しておくことができる。性的虐待の画像が含まれる場合，捜査チームは，この画像を誰が所有できるか，証拠保全に

のセッションで）虐待の調査を行う。開示の機会を追加することで，開示の割合は増すが（Carnes et al., 2001），また，プロトコルの変更にはいくつかの懸念が示されており（モデルの初期のバージョンの問題については Connell, 2009 を参照），複数回のセッションが適用される事例の種類，ならびにフィールドで実施されている面接については，最新の研究が必要である。

どのような手続きが必要か，デジタル証拠の複製を誰が許可されているか，面接で画像を使う前に特別な許可が必要かどうかを規定する地域の法律と手続きを理解していなければならない。

聴取を徹底するためにチェックリストを使用する

　それぞれの事案には，面接者が検討しなければならない一連の問題がある。たとえば性犯罪の捜査では，面接者は，子どもを不適切に触った人は他にもいるか，子どもは不適切に触られた他の子どもを知っているか，その出来事を知っている人は他にいるかなどを尋ねることを期待されるだろう。児童保護サービスによる（虐待に関する）面接では，面接者はあらゆる種類の虐待を調べ，不適切な関わりが子どもに及ぼす影響を評価する質問をするよう求められるだろう。

　聴取すべきトピックをすべて押さえることができない場合，それは往々にして補助証拠が得られず，供述が曖昧で事件の立証ができず，その結果，危険な状況にある目撃者やその他の子どもを守ることができないという問題をもたらす。専門の面接者を配置するという方針をとることにより，情報の聴き漏らしを最小限に抑えることはできるが，それでも人間の認知の仕組みは同時にいくつもの情報を処理することができないため，複雑なケースにおいては常に捜査が徹底されないリスクがある。パイロットにとってあまりにも扱いにくい飛行機のデザインのように，面接は「とても人の手に負えない」ものとなってしまいかねない。[6]

　チェックリストは，航空業界ではパイロットのエラーをなくすため，長年用いられてきたものであり，建築業者や医療従事者，その他多くの専門職の間にも広まっている。著名な医師のアトゥール・ガワンデ（Gawande, 2009）が言うように「チェックリストは人々を——たとえ熟達した人でさえ——，私たちが

---

[6]　このアナロジーはアトゥール・ガワンデ（Gawande, 2009）によるものである。彼は著しい複雑さの問題を論じるにあたり，1935 年に起きたボーイング社のテスト飛行機 299 モデルの事故を引き合いに出した。事故の原因がパイロットのエラーにあると認定されたあと，新聞は「機材があまりにも複雑で，1 人では飛行できなかった」と報じた。

自覚する以上に，多くの課題の失敗から守ってくれるようである」(p. 48)。入念につくられたチェックリストは記憶，注意，そしてエラーを捕らえる「認知的な網」となる。

　ガワンデは，世界保健機関（WHO）において，外科手術の予防可能な医療事故を減らすためのリーダーを務めたあと，エラーの回避について学んだことを『アナタはなぜチェックリストを使わないのか？——重大な局面で"正しい決断"をする方法』(Gawande, 2009)にまとめている。チェックリストの目的にかかわらず，一般的にチェックリストはそれを使う専門家の知識や考えをもとに構成され，原案の作成と検証，修正の繰り返しを経て開発される。ガワンデによると，効果的なリストには4つの重要な特徴がある。

- **表現の簡潔さ**：あらゆる状況に適した規則はないが，個々のチェックリストは典型的に5〜9個の項目からなる。複雑な課題は，課題の段階や状況ごとに別々のチェックリストに分割される。チェックリストが長すぎると，実務家は目の前の課題に注意を保つことができず，深く考えることなく項目に「チェック（済）」マークをつける。最大の効果を得るために，チェックリストにはダニエル・ブールマンが言うところの「キラー項目」——非常に重要であるのに省略されがちな段階——が含まれている (Gawande, 2009, p. 123)。

- **明快な言葉づかい**：チェックリストの言葉づかいは簡潔，正確で，リストを利用する人々がよくなじんでいる言語でなければならない。

- **整った構成**：チェックリストが1ページに収まり，視覚的に整っている（冗長な言葉，色，図が含まれていない）とさらによい。

- **明確な休止点，または活動開始点とのつながり**：2種類のリスト，**実行−確認リスト**（1つ課題を終えるごとに項目をチェックする方法）と**読む−実行リスト**（リストの項目を1つずつ処理していく方法）は，課題の明確な休止点や特定の活動の開始点と関連づけておかなければならない。司法面接の場合，休止点は面接のある段階の終わりに対応するだろう。一方，予想外の申し立ての撤回などは，活動の開始点となりうる。他の領域では，実務家がチェックリストを使うトレーニングを受けている場合，またリストを参照するという状態が習慣になっている場合，チェックリストは用いられや

すい。

　あらかじめ計画しておいた面接中のブレイクと実行‐確認リストをつなげることは簡単である。たとえば，面接序盤の質問と明確化のあとのブレイクは，まだ調べていない問題を特定するために仮説‐検証計画シートを確認する自然なタイミングである。また，クロージングの前もチェックリストを再検討する自然なタイミングである。子どもの話を遮らないようにするためでもあるが，面接者は想定外の新たな申し立てを検討することを忘れてしまいやすい。しかし，たとえば，子どもに危害を加えた（とされる）人は他にもいるか，事件により子どもはどのような影響を受けたか，事件の証拠の情報源は他にもあるか（State of Maine Child and Family Services, 2010, p. 50）など，見落としやすい項目の欄の上に子どもの言葉を書き留めておけば，これらの問題をとりこぼすことがない。当初の申し立て，たとえば近所の人による性的被害については十分に調べたものの，面接のクロージング前になって，面接者は新しい開示については調べていないことに気づくかもしれない。新しい開示についても調べるよう求められたなら，面接者はチェックリストに沿うことで，それが起きた頻度やその状況について確認できる人物を子どもが知っているか，質問することができるだろう。

　チェックリストの使用は，利益とリスクを考慮して，必要性と実現可能性に基づいて判断すべきである。チェックリストには何を調べなければならないかが記されているため，それをうまく使えない面接者は批判されるかもしれない。その一方で，念入りに構成されたチェックリストは，より徹底的な調査を促し，トレーニングやスーパービジョンの重要な道具としても役立つだろう。面接のスクリプト（すなわち一連の言うべき言葉）は面接者の認知的負荷を軽くする別の方法であるが，それは第 7 章で論じる。

ま と め

　どのような問題を調べるか，どのような面接方略を用いるかを決定したら，面接者は事案に合わせて面接の仕方を調整する。その判断は，事案の種類（たとえば身体的虐待，性的虐待，放火），起訴に必要な証拠や記録作成の必要性，事

案の特徴などの情報に基づいて行われる。経験を積んだ面接者は，標準的な面接を子どもの年齢，認知能力，気質に即した形で実行する。

　幼児の面接では，面接者は，話す意思のある子どもを疲れさせないように導入段階を短くしたり，ウォーミングアップに時間を要する子どもにはその段階を長くしたり，また，グラウンドルールを1つ2つ省いたりすることもある。面接の小道具は，子どもの言語知識を査定したり報告を明確化するのに役立つこともあるが，よく考えないで小道具に反応する幼児もいる。

　障害は過去の出来事について話す能力に影響を及ぼす可能性がある。面接者はよき実践のガイドラインを守り，また，子どもの強みや障害に関する情報を用いて環境や質問方法を計画することで，子どもの能力を最大にすることができる。総合的な発達のアセスメントが必要になることはめったにないが，対立仮説を検証したり，子どもの意図を明らかにするために，キーとなる言葉の理解を検査することもある。親，学校の教職員，その他の人が面接室に付き添うことは適切ではない。付き添いが必要な場合は，付添人をカメラには映るが子どもの視野には入らない位置に座らせるのがよい。

　繰り返し面接を行うことが生産的か問題であるかは，面接と面接との間の時間，面接の質，子どもと暮らす人が子どもの供述に影響を及ぼす可能性などによる。外的な影響がなく，面接が誘導的でない場合，一般的には複数回の面接を通じて得られる子どもの供述には明らかな矛盾はほとんどない。また，面接者がベルトや写真などの物的証拠に言及し，提示することを認めているプロトコルもある。物的証拠を示し，より多くの報告を得ようという判断は，面接の繰り返しと同様，事案ごとに慎重に行わねばならない。そして，チェックリストは，面接を閉じる前にまだ調べていない問題をとりこぼすことがないよう，面接者が聴取を徹底する助けとなる。

実践のための原則
この問いに答えられないとおかしいか？

　子どもが一見単純な質問に答えられないと，心理学者や法律家はこれを虚偽供述の証しではないかと考えることがある。こういった専門家は，子どもがあ

る年齢までに特定の言葉や概念を習得することを知っており，年長の子どもがその言葉や概念にまごつくということに懸念を示すのだ。このようなつまずきの意味を評価するには，発達水準について理解することが重要である。

子どもの認知能力に関する質問の例[7]

　ある事案で，6歳の男児がその出来事があったのは「昨日」だと言いました。しかし，被疑者にはその日完璧なアリバイがありました。「昨日」という語を誤解するのは幼児だけだろうと思っていましたが，この事案では，子どもの申し立ては誘導でつくられたのでしょうか。

　ある事案で，7歳の子どもが「虐待は20回あった」と言いました。しかし，そのようなことはありえません。子どもは作り話をしただけなのでしょうか。

私 の 回 答

　発達の専門家は，概念やスキルの獲得年齢（AoA）を記述することがよくあります。しかし，発達水準の表や研究論文に出ている AoA は，当該のスキルを50％の子どもが習得した年齢であることもあれば，75％が習得した年齢であることも，それ以外であることもありえます。定義によらず，AoA は，子どもが優れた成績——誤りがないわけではないけれども——を示す年齢だといえます。研究論文では，たとえば，4試行中3試行に正答すると，そのスキルを習得したと見なすかもしれません。つまり，スキルの習得に関する記述は，必ずしも専門家が意味している内容と同じではないのです。たとえば，ウィリアム・フリードマンらは子どもの時間報告に関する研究成果をまとめ，「7週前に起こった出来事であれば，4歳児は時刻を再構成することができるだろう」と述べました（Friedman et al., 2011, p. 156）。実際には，保育園児には4歳ではない子どもがいて（4歳というのは平均年齢です），その課題を通過したのは76％だけでしたが，だからといって上の記述が，発達研究の結果をまとめる一般的な記述の仕方に反するというわけではありません。

---

[7]　これらは筆者が尋ねられたことのある典型的な質問であるが，特定の事例を示しているわけではない。

多くの子どもが多くの場合にあることができる年齢を AoA というのですから，AoA よりも年齢の高い子どもがみなそのスキルを習得していると見なすことはできません。たとえば，5 歳児の多くは**昨日**という言葉を知っていますが，ある研究によれば，5 歳児をもつ親の 40％以上が，子どもは必ずしもこの言葉を正確に使ってはいないと回答しました（Grant & Suddendorf, 2011）。同様に，7 歳児の多くは 20 まで数えたり，簡単な足し算をすることができますが，起きた出来事の回数を常に正確に報告するとは限りません（私自身，教会の神父様に「嘘をついたり，お母さんの言うことを聞かなかったのは週 300 回，400 回」と告白した記憶があります。子どもは「たくさん」を意味するために，また，筆者のように数え残しがないように，大きな数字を使うことがあるのです；Poole & Lamb, 1998, p. 161）。専門家は面接の書き起こしを分析する際，発達という観点から説明できるかもしれない発話に印をつけ，また，事案の情報を時間軸上に並べて文脈と供述の展開を追うことができるようにします。そして，言語や記憶の一般的な誤りを取り除いたのちに，全体像がどのように見えるかを検討します。

第7章

プロトコルと面接のトレーニング

　子どもと話す際の基本原則はシンプルである。面接者は自己紹介し，リラックスした雑談をすることから始める。子どもの話し方や行動のリズムがわかってきたら，面接者は辛抱強く耳を傾け，いまは子どもが話をする時間だ，ということを示す。面接者は，自分は子どもの生活で何があったかを知らない，本当にあったことに関心がある，答えがわからないときは「わかりません」と言ってよい，面接者が間違えたら正すようにと説明し，面接に期待されることを伝えておくことは，有用である（これらの教示が必要かどうかの判断は，子どもの年齢や面接のタイプにも依存するが）。話題が変わることを示す移行コメント〔訳注：第5章で出てきたトピックシフター〕や，質問の曖昧さを低減するトピックマーカー〔訳注：第5章を参照。単に「夜」というのではなく「近所の人が来た夜」とするなど〕を用いながら報告の練習を行い，会話を進めることでラポール形成をよい形で終えることができる。そして面接者は，最初のオープン質問を行い，捜査中の事柄へと移行する。面接の目的や子どもの報告のあり方が，自由報告を得るための質問と特定の情報を要求する質問をどう行き来するかを方向づける。会話を通じて，面接者は子どもに応答するための十分な時間を与え，最小限の促し〔訳注：「うんうん」など〕を用いて会話のコントロール権を子どもに返し，焦点化質問を行ったあとはオープン質問を行う〔訳注：ペアリングといわれるものである。「どこでしたか？」－「公園」－「ではその公園のことをもっと話して」など〕。このプロセスのあり方は，子どもの年齢や能力，面接の目的，そして，事案の特性に依存する。

これらのことが捜査目的のフォーマルな面接にしか適用されないと思っている実務家もいるが，それは誤りである。読者は，医師が診察をする際，最初に挨拶をしたり，最近のニュースについて簡単な雑談をする，ということに気づいているかもしれない。それは，医師も会話を組織的に行っている，ということなのである (Gillian & Sekeres, 2014)。福祉職にある人が，司法面接は自分の仕事には関係ないと言ってきたら，私はこう尋ねてみる。子どもに自己紹介をしたり，知っている子どもには「やあ」と挨拶しますか（彼らは「もちろん」と答える）。ラポール形成の時間をとりますか（「もちろん」）。そして，子どもに話すように促し，発達に見合った質問をし，（子どもの応答を文字どおり受け取るのではなく）子どもが何を言いたいのか確認しますか，と（彼らの答えは「もちろん」「もちろん」「もちろん」である）。インフォーマルで繰り返しのある面接は，捜査を目的とした面接とは異なっているように見えるかもしれないが，それでも同じ原則が――修正された形で――適用される。

面接プロトコルとは，こういった面接の実践を――種々の目的を達成するために――具体的にどのように実行すればよいかを記したものである。本章では，プロトコルの特徴を概説し，よく知られたいくつかのプロトコルについて説明し，効果的な研修プログラムやスーパービジョンの構成要素を概観する。

プロトコルの特徴

面接のプロトコルは基本原則の短いリストから，子どもの発達や法的／手続き的な要請事項についての情報も含まれる長い文書までと幅が広い。プロトコルを類別するための分類学はないが，見慣れないプロトコルを目にした際は，それが標準化されたものか実践に基づくものか，商標で守られたものか公的に入手可能なものか，構造化の程度が高いか低いか，そして一般的か地域（司法管轄区）に特化したものかを問うてみるとよい。

標準化されたものか実践に基づくものか
大人や子どもの目撃記憶を研究していた研究者は，1980 年代から 1990 年代前半にかけて，初期のプロトコルを公表した。それは当時の研究者の好奇心を

そそり，面接プロトコルへの関心は大きく高まった。本章のあとで述べるプロトコルは，記憶の検索〔訳注：思い出すこと〕や社会的影響の基本原則に基づく重要な推奨事項——たとえば，自由報告を得ることの意義，被面接者の思考の流れ〔訳注：いま頭に浮かんでいること〕を尊重すること，誘導的な質問を避けることなど——を共通項としている。このような原則はその後のプロトコルのほとんどに組み込まれているので，ここでは心理学研究に基づくガイドライン，すなわち「よき実践のためのメモ」（Memorandum of Good Practice; Home Office and the Department of Health in England and Wales, 1992，日本語訳は『子どもの司法面接——ビデオ録画面接のためのガイドライン』誠信書房），「ステップワイズ面接」（Step-Wise Interview; Yuille et al., 1993），「認知面接」（cognitive interview; Fisher & Geiselman, 1992，日本語訳は『認知面接——目撃者の記憶想起を促す心理学的テクニック』関西学院大学出版会），およびそれらの後継ガイドラインを標準化されたプロトコル（標準プロトコル）として紹介する。

　研究者が実験室で目撃者の能力について研究を進めているとき，現場最前線の面接者や臨床家は，そこでの経験から独自の面接法をつくっていた。研究者に比べ，実務家はトレーニングのしやすさや開示を得るスキルに重きを置いていたので，一般に，実践に基づくプロトコルは標準プロトコルに比べ，直接的な質問や小道具の使用を支持している（初期の例については，Anderson et al., 2010 や Morgan, 1995 を参照）。現在，アメリカの CAC（権利擁護団体）のいくつかのガイドラインは，標準プロトコルのエビデンスに基づく原則を推奨しながら，実務家が親しんできたテクニックを慎重に用いることも認める，中間的な立場をとっている（プロトコルの動向の歴史については，Faller, 2015 や Poole & Dickinson, 2013 を参照）。

商標で守られたものか公的に入手可能なものか

　聞いたこともない，研究データベースで参考文献も見つからない，という面接法について尋ねられることがこんなにもあるとは，驚きである。こういった

---

[1]　**認知面接**は固有名詞としてではなく〔訳注：Cognitive Interview ではなく〕，通常は小文字で表記される（cognitive interview）ため，本書ではその慣例に従った。

ことが起きる理由は，誰しもが技術を考案し，名前をつけ，料金をとって研修できるからである。技術が商標で守られている場合——公的に入手可能な場合とは異なり——，研修会の参加者は，技術の拡散防止のために守秘義務の同意書への署名を求められることがある（これは開発者の金銭的利害を保護するためである）。よって科学コミュニティではこれらの技術を検証するための情報が得られず，その結果，商標で守られた技術の優位性についての説得力あるエビデンスは希薄であるか，存在しない。

　法システムの透明性を推進し，子ども，家族，地域に貢献できる能力の向上に役立つ研究を促すには，政策策定に携わる人々が「採用するプロトコルは公的に入手可能なものとする」と強く主張することが重要である。この勧告は，実務家や組織による研究紹介資料や研修教材の著作権を否定するものではないが，面接プロトコルは要請に応じて入手可能であり，検証可能であるべきだというメッセージにはなるだろう。検証可能なプロトコルは隅々まで複写され，研究チームによって実験室で再現される。過度に一般的な記述や頻繁に変更されるプロトコルは——特に，プロトコル作成者が，推奨事項から少しでも逸脱したら研究成果に反するなどと主張するときには——エビデンスに基づく実践とはいえない。

プロトコルの構造化の程度の高低

　どのプロトコルも，面接者が一連の段階を経て面接を行えるように構造化されているが，面接で実際に言うべき文言に関しては，プロトコル間で助言の程度に開きがある。高度に構造化されたプロトコルでは——緩やかな構造のプロトコルに比べ——教示や質問を例示する台本が提供されていることが多い。面接の初期の段階は，通常，行うべき手順が定められているので，特に台本化に適している。たとえば，年少児，あるいは年長児に対する導入の仕方，ラポール形成を開始する発話，段階を移行するときの発話，思い出して話す練習のための教示やグラウンドルールの段階は，台本をつくっておくのが有益である。

　面接で生じうる問題に対処する方法を提案している台本は，特に有用である。たとえば，私の研究では，「私が間違ったことを言ったら，教えてください」というグラウンドルールでの最初の質問に子どもがつまずいても教示を続けら

れるように，台本化した発話を追加した。その結果，このルールの質問に正しく答えられる5歳児の割合は，50％から81％に上昇した（Dickinson et al., 2015）〔訳注：この研究では，次のような文言を加えている。たとえば，5歳児に対し「2歳になった気分ってどう？」と尋ね，子どもが「間違っている」と言わない場合，「○○さんは2歳じゃないでしょう。○○さんを2歳って言ったのは，私の間違い」（といって自分の頭を軽く叩いて見せる）。「では，もう1回聴きますね。今日，水遊び公園で何をしたかな？」。ここで子どもが「間違っているよ」と言ったならば，「そうですね。○○さんは水遊び公園に行かなかったものね。教えてくれてありがとう」と言う〕。効果的でないプロトコルを使用した面接者は，子どもがつまずいても教示を続けるよう求められていたし，そのように訓練もされていたが，台本がないとしどろもどろになり，時期尚早に先へ進むことがしばしばあった。

　高度に構造化されたプロトコルが面接を向上させ，訓練を簡潔にすることに疑いの余地はない（Lamb, 2014; Lamb et al., 2008）。一方で，緩やかな構造のプロトコルに人気がある理由の1つは，面接者が導入，グラウンドルール，そして他の細かい点について，自分のアプローチに深い愛着を感じている傾向があるからである。また，高度に構造化され，会話が例示されていると，文字化された指示を厳密に順守しなかった面接者が批判されやすくなる，という懸念がある。最後に，プロトコルが多様な目的に使用されたり，あるいは，よく訓練された面接者が使用するとき，政策策定者は，緩やかに構造化されたアプローチの柔軟さに引きつけられる傾向がある，ということがある（Poyer, n.d.）。緩やかに構造化されたプロトコルを用いるCAC（児童権利擁護センター）や政府機関は，推奨される移行コメントにより，面接の輪郭を提供することが可能である。そうすれば，面接者は他のプロトコルのガイドラインに沿う形で，カスタマイズした台本を作成しやすくなる。以下の例は，メイン州の児童養護施設で用いられている「児童事実調査面接」（Fact Finding Child Interview; State of Maine Child and Family Services, 2010）の本題の段階である。

5. 子どもの観点からの意識と心配事の調査
　　「では，別のことについて話しましょう」（たとえば，「○○さんが家にいるとき／家族といるとき／学校にいるときのことを聴きたいです」）

この段階の目的は，3つのトピックについて子どもに尋ねることである。

   (i)　養育環境のポジティブな面（強み：たとえば，「＿＿のことでは，何が楽しいですか？ここでの生活のどういうところが好きですか？」）

   (ii)　養育環境のネガティブな面（心配事：たとえば，「心配なことは何ですか？ここでの生活のどういうところが好きじゃないですか？」）

   (iii)　心配事の解決策（たとえば，「どうすれば心配事が少なくなりますか？ここでの生活で何かを変えることができるとしたら，何を変えたいですか？」）

それぞれのトピックについて，3つの段階を踏みなさい。

  a. オープン質問でトピックを開始する。

  b. 子どもが言及した認識／懸念について自由報告を引き出す。

  c. 子どもが言及した認識／懸念について補充質問を行う。子どもが虐待の申し立てをしたならば，対立仮説を検証し，他の証拠も探究する（証人，身体的証拠，医学的証拠など）。子どもへの影響を評価する。

6. 面接者の観点から関心のあるトピックについて調査する（チェックリストにある関連するトピックなど）

「さて，他にもお話したいことがあります」

  a. 極力誘導的でない質問を用い，関心のあるトピックを開始する（性的，身体的，もしくは心理的虐待，ネグレクト）（たとえば，「＿＿さんがあなたのことを心配していたので，私は，あなたとお話しするためにここに来ました。＿＿さんが心配していたことについて，どう思いますか？」）。**嫌な，痛い，虐待，悪い**といった誘導的な単語の使用は避ける。

  b. 懸念される最初のトピックについて，自由報告を引き出す（たとえば，子ども：「顔にアザができた」，面接者：「顔，どうしたの？」，子ども：「ビルが私のことを触る」，面接者：「ビルと何がありましたか」）。

  c. 懸念される最初のトピックを精査するために，補充質問を行う。対立仮説を検証し，他の証拠も探究する（証人，身体的証拠，医学的証拠など）。子どもへの影響を評価する。

  d. 面接者の観点からの他のトピックについて，a から c を繰り返す。

  e. 面接を休止し，チェックリストや面接計画を再検討する。見逃した問題を見つけ，探索する。(p. 49)

一般的か特定の地域（司法管轄区）に特化したものか

一般的なプロトコルは，地域を通じて使用できるようにつくられているので，地域に特有な実践についての詳細は含まれていない。これに対し，特定の司法管轄区に特化したプロトコルは，その地域の指針や手続きに関する内容も含まれており，より長いものとなることが多い。

プロトコルの概観

面接プロトコルが急激に増えたため，それぞれのプロトコルがどのように関連しているのか，混乱が生じることが多い。実際には，いくつかの親モデルが現場を独占しており，その親モデルから —— 政策策定者が地域特有のプロトコルから関係のないものを省いたり，地域に特有の内容を一般的なプロトコルに足したり，また，異なるモデルの技法を組み合わせてハイブリッドな面接法をつくったりすることで —— 多くの子モデルが生まれているのである。有名なプロトコルをめぐる以下のツアーは，新参の実務家が，現在使われている多くのプロトコルを理解するのに役立つだろう。

よき実践のためのメモ

イギリスの「よき実践のためのメモ」（「最良の証拠を得るために」〔Achieving Best Evidence in Criminal Proceeding〕として更新された）やカナダの「子どもの面接のためのステップワイズ・ガイドライン」（カナダ）〔The Step-Wise Guideline for Child Interview〕は，法廷での子どもの証言を補完するために面接を録音録画することを認めた法改正を受けてつくられた。イギリスでは，1991 年の刑事司法法により，不適切な面接の全体または一部を法廷が棄却することが可能となり，実務基準に対する圧力となった（Bull & Barnes, 1995）。内務省（Home Office）からの要請を受けて，レイ・ブルとディ・バーチはよき実践のためのメモを起草し，このガイドラインは 1992 年に公表された[2]。

ドイツの研究（たとえば，Steller & Köhnken, 1989; Trankell, 1972; Undeutsch, 1982）

---

[2] 開発の過程に関する詳細は，ブルとデイヴィス（Bull & Davies, 1996）を参照。

や児童精神科医であるデヴィッド・ジョーンズによる提言（Jones & McQuiston, 1988）にヒントを得て，イギリスの研究チームは，ラポール形成，自由報告，質問，そしてクロージングという段階的な構造を採用した（R. Bull，2011 年 6 月 15 日の私信）。このような構造は，のちのほとんどのプロトコルで踏襲されている。また，質問の階層性という考え方――すなわち，オープン質問を頂点に，具体的だが誘導的ではない質問，クローズド質問，そして誘導質問とへ続く（誘導質問は避けるよう推奨されている）―― も大きな影響力をもった。「最良の証拠を得るために」（Ministry of Justice, 2011）はオンラインで入手できる。そこには，障害をもつ子どもやグラウンドルールを使いこなすための提案，強化認知面接に関する議論など，有益な付録が含まれている。

ステップワイズ面接

カナダの研究者ジョン・ユーイは，ステップワイズ面接（現在は「子どもの面接のためのステップワイズ・ガイドライン」という）を開発した。「**供述妥当性分析**」（SVA: statement validity analysis; Steller & Köhnken, 1989; Undeutsch, 1982）という供述の信頼性を評価する技法があるが（記憶の報告に見られる典型的特徴を集計し，それに基づき評価する）〔訳注：SVA では，報告に含まれる視知覚情報，文脈情報などをカウントする〕，ステップワイズ面接は，この SVA を行うのに必要な，質の高い報告を得られるように面接者を支援する面接法である（Yuille, 1988）。初期のステップワイズ・プロトコルに含まれる主たる段階――すなわち，①ラポール形成，②2 つの具体的な出来事の想起を求める，③本当にあったことを話す，④本題への導入，⑤自由報告，⑥一般的な質問，⑦（必要ならば）具体的な質問，⑧（必要ならば）小道具の利用，そして面接のクロージング――は，司法面接の一般的な枠組みとして残っている（Yuille et al., 1993, p. 99）。

1990 年代後半，ユーイは，子どもの発達水準に配慮した柔軟なアプローチ，という目的を強調するために，プロトコルの名称を「子どもの面接のためのステップワイズ・ガイドライン」へと改めた（Yuille et al., 2009）。他の変更点としては，面接の初期に，必要に応じて子どもの言語的概念を査定できるようにしたこと，初期の広範囲にわたるグラウンドルールを削除したこと，アナトミカルドールの使用にはより慎重な立場をとるようになったこと，その代わりより

広い範囲の面接技法を取り入れたこと（たとえば，思春期，青年期の子どもには認知面接の技法を用いる〔訳注：認知面接では，たとえば，文脈をよく思い出してもらう，などの教示が含まれる〕），などがある。現場での評価研究により，ステップワイズ・ガイドラインの訓練を受けることで誘導的，暗示的な質問の頻度が減少すること，面接者の面接への満足度が高まること，そして捜査過程に対する子どもや家族の意識が改善することが確認されている。

認 知 面 接
　イギリスとカナダの国をまたいだ協力により，子ども重視のプロトコルの開発が進んでいた頃，アメリカでは，協力的な大人の被面接者への面接を改善する取り組みが進行中であった。何年も経ったあと，認知心理学者のロン・フィッシャー（Fisher, 2014）は，彼と同僚のエド・ガイゼルマンがいかにして面接研究に従事するようになったのかを記述している。

　友人が私のアパートを訪れ，去ったすぐあとに電話をしてきて，財布が見当たらないと言う（「私が財布を見つけていたら返してくれ」と言いたかったのだろう）。私は財布を探したが，アパートでは見つからず，それから友人と数分間電話で話した。15分ほど話していると，友人が財布を置き忘れた場所を思い出した。この経験はここで終わり，このようなことはそう多くはないだろうと思っていたら，2週間ほどして，今度は別の友人のメガネが見当たらなくなり，15分ほど電話で話したあと，彼女も思い出した。そのようなことから，私は，自分が通話中に話したことが，記憶を刺激し新たな想起をもたらしたのだろうかといぶかしく思ったが，やがて，自分が記憶に関する講義で話している記憶の原理を通話に組み込んでいたことに気がついた。間もなくして，（応用認知のすばらしい研究をしてきた）エド・ガイゼルマンと話し，どういう人たちであれば，この技術を使って他者の想起を助けることができるだろうかと考え始めた。エドは即座に「警察官だ」と言った。警察官は主として被面接者から情報を引き出すことで犯罪を解決する。そこでエドと私は，ロサンゼルス市警察（LAPD）の犯罪行動科学部長に会いに行った。協力的な被面接者に面接をする際，警察官がどのような訓練を受けてい

るかを見るためであった。驚いたことに，LAPDでは——そして他のほぼすべての警察でも——，警察官たちは協力的な被面接者の面接について，控えめに言ったとしても最小限の（皆無に近い）訓練しか提供されていなかった。（pp. 615-616）

　結果として生まれたアプローチは，柔軟に組まれたひとまとまりの方略であった。これらの方略は，会話の社会的ダイナミクス〔訳注：誰が会話のコントロール権をもつか，など〕や面接で要請される明瞭なコミュニケーション，そして記憶の検索における認知の実情に対処するためのものであった（Fisher & Geiselman, 1992; Fisher et al., 2014）。たとえば，面接者は次のような方法で，被面接者の想起を促すことができる。被面接者に心の中で犯罪の文脈を再現してもらったり，出来事を複数回，異なる順序で——たとえば，最初は視覚情報に焦点を当てて，次は聴覚情報に焦点を当てて——思い出してもらう，などである。
　多くの研究が，認知面接の技法のさまざまな組み合わせを検討してきた——ただし，子どもを対象とした研究では，高度な心理的能力を要する技法は省かれていることもある（たとえば，Memon et al., 1996）。全体として，認知面接は構造面接〔訳注：ここでは「一般的に受け入れられている面接の原則から，認知面接の要素を抜いたもの」を構造面接と呼んでいる（Fisher et al., 2002）〕や現場の実践よりも，子どもや大人の被面接者から有意により詳細な情報を引き出す（Fisher et al., 2002）。子どもを対象とした研究では，不正確な情報の率が高まったとする研究もあるが（Köhnken et al., 1999），修正版プロトコル〔訳注：認知面接には心理的に難しい技法も含まれる。また，一般に，時間がかかることも知られている。修正版プロトコルは用いる技法を限定し，簡略化したものである〕を用いた場合，そのような結果は通常見られない（Memon et al., 2010）。幼児に対しても（Verkampt et al., 2014），知的障害児に対しても同様である（Gentle et al., 2013; Milne et al., 2013）。他のプロトコルと同じく，子どもの能力に見合った技法のセットを選ぶことが最適であり，そうすれば，過度に長い（そのため疲労をもたらす）面接にはならないだろう（Verkampt & Ginet, 2010）。このアプローチの成功を認め，子どもの面接プロトコルの多くが，認知面接の要素を取り入れていたり，認知面接は有益な面接ツールだと言及している（たとえば，Ministry of Justice, 2011）。

NICHD プロトコル

NICHD 捜査面接プロトコル（The National Institute of Child Health and Human Development〔NICHD〕; Investigative Interview Protocol）は最も広範囲に研究された子どもの面接プロトコルであり，新たな知見を反映するためにたえず更新されている（http://www.nichdprotocol.com を参照）。このプロトコルは1990年代に具体的な形になったが，そのとき，発達心理学者マイケル・ラムらは，面接の研修を提供するのと引き換えに，面接の書き起こしや事例の情報を研究のために利用する契約を，イスラエルの政府機関と結んだ（Lamb, 2014）。ラム（Lamb, 2014）はのちに，以下のように回想している。

　子どもを対象とする捜査官が行った面接を細部まで検討した結果に，私たちは驚き，落胆した。概して，これらの面接者は広く推奨されている手法を——私たちはそれを詳細に記述し，長々と説明してきたのに——ほとんど使っておらず，オープン質問で尋ねることはないに等しかった。そして，使用を控えるようにと言ってきた種々のクローズド質問をはるかに多く使用していた（Lamb et al., 1996〔Lamb, Hershkowitz, Sternberg, Esplin et al., 1996〕）。この最初の研究結果は，私たちが採用してきた研修の価値や実用性に疑問を投げかけ，私たちの懸念は世界中の仲間——面接者を訓練し，捜査実務の質を高めようと同様の取り組みをしていた人々——の共感を呼んだ。(p. 609)

チームは，高度に構造化されたプロトコルを開発し，子どもの被面接者や面接者に必要なことを明らかにするための研究プログラムを開始し，この落胆する結果に対応した。一貫して，NICHD プロトコルは面接を改善し（Lamb et al., 2008），現場に目に見える利益を生んでいることが研究から示されている。たとえば，プロトコル面接で得られる豊富な報告が信頼性の判断を向上させることや（Hershkowitz et al., 2007），被疑者の起訴や有罪判決の率を高めることが示されている（Pipe et al., 2013）。

テンステップ（10段階）捜査面接法

簡略化されたガイドラインの多くは，1つまたは複数の親プロトコルの一

般的構造やその実践を反映している。よく知られた例としては，心理学と法学の2つのバックグラウンドをもつ児童虐待の研究者トーマス・ライオンによるものがある。ライオンのテンステップ（10段階）捜査面接法（The Ten Step Investigative Interview）は，NICHDプロトコルに基づいており，教示が10のトピック──と各段階の質問例──に分割されている。ⓐ「知らない」と言う教示，ⓑ「わからない」と言う教示，ⓒ「間違っているよ」と言う教示，ⓓ「面接者は何も知らない」の教示，ⓔ本当のことを話す約束，ⓕ自由報告の練習，ⓖ疑われる事柄，ⓗ疑われる事柄についての補充質問，ⓘ「もっと話して」「それからどうなったの」の質問，ⓙ複数の出来事の探索，である（Lyon, 2005）。こういった簡略化されたプロトコルは，標準的な実践の全体像を知るうえで有用であり，新参の面接者の訓練では長いガイドラインに比べ負担が軽く，緩やかに構造化されたアプローチの柔軟さを好む地域（司法管轄区）に適している。

ナラティブ・エラボレーション（報告を精緻化する方法）

　カレン・セイヴィッツらは，ナラティブ・エラボレーション（The Narrative Elaboration Technique; 報告を精緻化する方法）を開発した。これは，子どもが一貫性のある報告，すなわち，関わりのある人物，出来事が起きた場所，聞こえたこと（会話），感じたことを伝えられるよう助ける技法である。この技術の中心的な特徴は，詳細な報告を促す教示と，上の4種類の情報を表すリマインダー・カードに答えられるようにするトレーニングである〔訳註：人物，場所，聞こえたこと，感じたことを表す線画のカードを用いる〕。初期の実証研究では，十分なトレーニングを行うと，面接での想起量が飛躍的に増加する──年少児（7〜8歳）の成績が，トレーニングを受けていない年長児（10〜11歳）の水準まで上がる──ことが示された（Saywitz & Snyder, 1996）。その後の研究では，簡略化されたトレーニングでも，さらに首尾一貫した報告が促されることが示されている（Bowen & Howie, 2002; Camparo et al., 2001）。

　セイヴィッツとカンパロ（Saywitz & Camparo, 2014）は，彼らの面接手引書において，エビデンスに基づく面接実践について広範に議論し，そこにナラティブ・エラボレーションを位置づけている。特に，年少児，年長児に応じた異なる教示や，虐待の捜査で重要なトピックに切り込むときに推奨される質問の一

覧，複写可能なリマインダー・カードは有用である。多くの補助的な技術と同様，ナラティブ・エラボレーションのどの特徴が想起の向上に最も寄与しているのかや，この技法が誤ったステレオタイプ〔訳注：たとえば，「誰々は悪いことをする」など〕や誤情報にさらされた子どもの証言にどのように影響するのか，といった問題の究明には，さらなる研究が必要である。

専門家の組織によるガイドラインと政策委員会によるガイドライン

本章で述べた親プロトコルから派生した実務への推奨事項は，数々の装いでまとめ直され，最終的に2種類の文書がつくられている。1つは実務家の組織によるガイドラインであり，もう1つは，地域特有の実践基準の開発を任務とする政策委員会によるプロトコルである。前者の例を2つ挙げるとすれば，アメリカ児童虐待専門家協会（the American Professional Society on the Abuse of Children, 2012）の「児童虐待が疑われる事案の司法面接」（Forensic Interviewing in Cases of Suspected Child Abuse）と「全米児童権利擁護センター（NCAC）司法面接」（National Children's Advocacy Center Child Forensic Interview Structure; National Children's Advocacy Center, 2012）がある。これらのガイドラインは新しい研究成果を反映させながらたえず発展しており，全米での研修プログラムの基礎となっている。一方で，世界中の多くの地域（司法管轄区）が，1つまたは複数の親プロトコルに由来する推奨事項を，現地の手続きや法的配慮事項と合体させ，それぞれの実践基準をつくり上げてきた（たとえば，オレゴン法務省〔Oregon Department of Justice, 2012〕やスコットランド政府〔Scottish Government, 2011〕を参照のこと）。

面接者のトレーニング^{訳注}

何年も前のことだが，私はある屈辱的な体験をし，面接スキルの重要性を思い知った。当時，私たちは，研究参加者（実験協力者）が研究から離脱する率を下げ，また，参加者の多様性を維持することを目指し，研究参加者の保護者に対して，（実験での）最後の面接を実験室に来て受けるか，実験者を派遣し，自宅で受けるか，選べるようにしていた。面接の直前に実験者であるアシスタ

訳注：トレーニングと研修を同義で用いる。

ントから病欠の連絡があったため，私は面接キットをもち，彼女の代理を務め
るために，自信満々で面接に向かった。私の自信は，見当違いだった。私は，
見知らぬ人の自宅を訪問することに慣れていなかったし，普段はアシスタント
が管理している録画機材をセッティングすることにも慣れていなかった。私は
床に座り，かわいらしい女の子に台本どおりの質問を行っている間も，気が動
転していた。そして，面接後に自分が行った面接をレビューする時点になって
やっと，私は自分が犯した多くのミスに気づいた。あの日私は，率直に言って，
ひどい面接者だった。

　どうしてこんなことが起きてしまったのか？　私はかねてより，プロトコル
に多くの時間を費やしてきた。共同研究者とともにプロトコルを書き，編集し，
自分の研究チームがそれを使えるようにトレーニングさえも行った。アシスタ
ントに対して継続的なフィードバックを行うために，何十もの面接の書き起こ
しを振り返った。私はプロトコルのすべてを記憶していて，簡単に再現するこ
とができた。しかし，私には，新規で感情が高ぶるような状況で実際に面接を
行った経験が，決定的に足りなかった。

　今日では，専門的なスキルは，さまざまな形の学習がフィードバックを伴う
練習の繰り返しを通じて，一定の時間をかけて緩やかに構築され形成されると
いうことが知られている。研究所長としての私の経験は，意識的に考え表現で
きる事実や原理などの，**顕在**学習と呼ばれる種類の学習に限定されていた。私
に欠けていたのは**潜在**学習，つまり，よく習得された習慣を構成する自動的な
反応を積み上げるトレーニングであった。私は，主として研究室で仕事をして
いたため，新規な環境で即座にリラックスするという術を知らなかった。また，
面接時に，深く考えずとも次の手続きがつながって出てくるような手続き的知
識が磨かれていなかった。その結果，少しでも邪魔が入ると居場所を失い，子
どもが「ノー」と答えた場合はこの質問，「イエス」と答えた場合は別の質問
に進むというようなことを，意識的に考えることなく行う能力がなかった。毎
朝飲むコーヒーを入れるように面接を行うことができず，「読んで考える」の
では乗り切れない状況で，読んで考えるということをせざるをえない。私の脳
は，意識的に考えて面接を進めるしかない形でプログラミングされていた。

　今日，世界中で見られる研修プログラムの失敗や成功は，職務技能の向上に

必要な体験について，貴重な教訓を提供してくれる。面接者が技能向上を促す体験に出会えるよう，支援的な環境を提供することは司法面接領域における継続的な目標である。

効果的なトレーニング・プログラムの特徴

エデュアド・サラスらは，機関でのトレーニングや開発に関する研究をまとめ，2つの結論を導き出した。それは，ⓐトレーニングは効果があるということとⓑトレーニングの設計，提供方法，そして，実施方法が重要だということである（Salas et al., 2012, p. 74）。彼らは，さまざまな職務上のスキルに関する研究に基づき，初期のトレーニング・プログラムに関する5つの提言を行った。

● **情報，例示（デモ），演習，フィードバックを含める**：よく知られていることだが，情報提供型の講義は，知識は得られたとしても，実務家が実際に行う業務にはほとんど影響を及ぼさない。したがって，講義形式の面接者向け研修が，面接の実務にほとんどまたはまったく影響を及ぼさないのは当然のことだろう。初期の研究例を挙げれば，エミー・ウォーレンら（Warren et al., 1999）は，10日間の研修プログラムを受けても，面接者（彼らは実務経験があった）のオープン質問数が増えないことを示した。同様にイギリスでの研修成果も残念なものであった。対照的に，認知面接の研修で成功した例を見ると，よい面接と悪い面接の例が動画で示され，練習とフィードバックを含むロールプレイが行われていた（これらの研究のレビューや研修に関する他の初期の研究については，Powel et al., 2005 を参照）。

● **期待される行動を示し記述する行動モデリングを用いる**：学習すべきポイントを行動志向の命題，すなわち規則（ルールコード）の形で示すと，最良の成果が得られることが多い。たとえば，研修講師は，オープン質問をたくさん用いる熟達面接者の動画を研修者に示し，「オープン質問をし続ける」という規則のおさらいをしてもよいだろう。動詞を使った表現（例：「伝える」「沈黙に耐える」）は，研修者に何をすべきか明確に伝えることができる。また，（ポジティブのみではなく）ポジティブとネガティブ両方のモデルを対比させて示し，習得したスキルをすぐに練習できる機会を与え，練習後は（研修者の行動の例を用いながら）フィードバックを行い，

新しいスキルを職務でどのように用いるか個々の研修者に目標を立てさせると効果が高まる (Taylor et al., 2005)。

● **職場で直面する認知的な課題を提供する**：短時間での初期研修は，必ずしも ―― 実務家が研修後に出会うさまざまな環境での ―― スキルの使用を促さない (Soderstrom & Bjork, 2015)。たしかに，1 つの問題をマスターしてから次の問題に取り組む方が個々のスキルをより早く習得できるということもある。しかし，このような「一区切りごと」の練習によって学習した人は，研修後，現実の問題に対して適切なスキルを適切なタイミングで使用する必要が生じたときに苦戦することが多い (Rohrer & Taylor, 2007)。一方で，多様な事例に取り組む学習を構成するというアプローチもある。このようなアプローチは，初期の学習には時間がかかるが，新しい状況にそのスキルを適用する能力を高める。サラスら (Salas et al., 2012) は，「練習は，研修者が仕事に戻ったときに必要とするものと同じ認知プロセスを要求する内容でなくてはならない。多くの場合，それは研修において十分な課題を設けることを意味する」(p. 86) と説明している。面接者にとっての「十分な課題」とは，個別の面接段階だけをロールプレイするのではなく，面接全体の演習を行う機会をもつことだといえる。

● **研修にエラーを組み込む**：人は誤りを犯し，その間違いを修正することでより多くのことを学ぶことができる (Huelser & Metcalfe, 2012)。そのため，多少は誤りが生じるような内容の演習を設定することが有効である（そのような研修の例については，本章の実践のための原則の部分を参照）。ただしそれは，面接者が悪い習慣を繰り返し練習してしまうような，難しすぎる演習であってはならない。

● **内省を促す**：研修で十分な効果を得るには，実務家は自分のパフォーマンスが基準と比べてどうなのかを正確に評価し，必要に応じて学習方略や行動を調整する必要がある。これらのより高次なレベルの認知活動は，**自己調整プロセス**または**メタ認知**と呼ばれるものである。自己調整プロセスに関する端的な活動としては，研修参加者に個々の目標を設定させたり，テストやロールプレイの準備ができているかを尋ねることなどがある (Sitzmann et al., 2009)。

よく練られたカリキュラムであっても，研修の効果が発揮されるのは，研修参加者が現場に出てしばらくし，追加の研修を受けたあとであることが多い。たとえば，ある研修チームは，児童保護局の職員と警察官の研修前のパフォーマンスを測定したうえで，オープン質問や，子どもに話させる時間をとる練習に関する2日間のプログラムを実施した。その後の2カ月の間，研修者らは毎週面接を実施し，電話によるフィードバック・セッションに加えて書面によるフィードバックを受けた。その後，トレーナーは2日間の復習コースを提供し，さらに2カ月間，面接のフィードバックを行い，その後は要求に応じて個別のフィードバックを行った。かなりの個別対応を行ったにもかかわらず，大幅な改善が見られたのは復習コースのあとであった。この例が示すように，行動に永続的な変化をもたらすためには，通常，時間的な間隔を空けて複数の学習機会を設ける必要がある（Rischke et al., 2011）。

　今日では，初期のワークショップは，現場で必要となる学習の基礎を提供するだけだということがわかっている（Tannenbaum, 1997）。そのため，面接者のトレーニングを成功させるには，しっかりと構成された学習モジュールを，導入プログラムのあとの何カ月にもわたる実践とフィードバックの機会と組み合わせる必要がある（面接者向け研修に関する評価のレビュー，研修で扱われる中心的なトピックのリスト，および，主としてコンピュータに基づく面接研修プログラムの有効性を示すエビデンスについては，Benson & Powell, 2015 を参照）。

テクノロジーに基づくトレーニング

　指導内容が一定である場合には，ウェブでのトレーニングは教室でのトレーニングと同等の効果がある（Salas et al., 2012）。特に期待されているのは，実務家が新しいスキルを練習し，フィードバックを受けることができるようなシミュレーションである。たとえば，ソーニャ・ブルーバッカーらは，教師に多くの自由報告を引き出す質問の特徴について書かれた短い記事を示したのち，子どものアバターに対して繰り返し「面接」してもらった。その結果，教師のオープン質問の使用率が劇的に増加した（Brubacher, Powell et al., 2015）。このオンライン・プログラムでは，研修者は（アバターによる）各発話に対し4つの質問のどれを用いるかを選択する。そして，アバターはその質問タイプに対して典型

的な応答を返し，研修者はなぜ自分の選択がよかったのか／よくなかったのかのフィードバックを受けた。その後，子ども役を演じる（リアルの）アシスタントとの対面式の面接が行われたが，オープン質問の割合は，研修前の面接時の 13％から研修後には 51％に向上した。同様に，練習とフィードバックを提供するコンピュータ教材を体験した司法面接官には，顕著な改善が見られた（Benson & Powell, 2015; Pompedda et al., 2015 も参照）。

継続的なスーパービジョンとフィードバック

　効果的な学習を促すコーチになるには，熟達化とは何か，時間とともに学習はどう進むか，そして，効果的なフィードバックの特徴とは何かを理解することが有用である。こういった情報は，学習に対する理解—なぜ面接初心者はエラーを犯すのか，なぜ学習には時間がかかるのか，そして，スキルアップを促すフィードバックはどのように行えばよいか—を助けてくれる。

　熟達者が課題に特化した知識を大量に蓄えているというのは明らかだが，熟達者は以下の点でも初心者とは異なっている（Donovan et al., 2015）。

- 専門知識は"重要なアイデア（または概念）"という形で組織化されている：専門家は，ささいな詳細にこだわらず，概念的に理解するため，重要な情報に注意を向けることができる。たとえば，初心者は質問方法の形式や面接段階などの観点から司法面接を捉えることが多いが，専門家は子どもの安全を評価する必要性や，面接の包括的な目標という視点から司法面接を捉える。その結果，面接中に予想外の情報が出てきたとしても，専門性の高い面接者は初心者よりも柔軟に対応できる。

- 専門的知識は条件づけられている：専門家には，特定の知識がその状況に関連するかしないかがよくわかる。熟達した面接者は必要な情報を探す際，学習した事柄すべてをサーチする必要がないため，初心者よりもよい質問ができる。

- 専門家は，少ない労力で関連情報をすばやく検索する：よい面接の習慣が身についていれば，基本的な教示を行うのに必要な心理的資源〔訳注：心理的な活動を行うための容量，能力〕は少なくてすむ。その結果，熟達した面接者は初心者よりも，子どもの行動の変化により効果的に対応し，また，

子どもの答えが曖昧になりそうなときにも，よりよく気づくことができる。

● **専門家は意味のあるパターンに気づく**：専門家の知識は体制化されており，
知識の検索が容易である。そのため，経験のある実務家は，熟達していな
い人が見逃すような詳細情報やパターンを見つけやすい。たとえば，専門
性の高い面接者は，子どもが特定の人物について話すときに動揺したり，
年齢にそぐわない言葉を使ったりすることに気がつく。このような事柄に
気づくことができるため，熟達した面接者は，熟達していない同僚が見落
してしまうような懸念事項を調査することができる。

専門家の心理に関するこの簡単な概説を読めば，なぜ一度のワークショップ
では，熟達した面接者を育成できないかがわかるだろう。知識が効率的に整理
され，熟達した知覚と行動を支えるようになるには，経験とフィードバックの
繰り返しが必要である。

専門家になるための旅路は，"時間がかかり，困難だ"（Fischer et al., 2004, p. 1）。
新しく得られた知識は，しばしば不活性である。つまり，新しい知識を用いる
のが適切であるような状況が発生しても，実務家はそれを活用しない傾向があ
る（Renkl et al., 1996）。たとえば，子どもによる概括的な応答（例：「おじいちゃん
が触ってくる」）に対し，面接者は，それをフォローする概括的な質問（例：「お
じいちゃんがすることを話して」）を行うのが最善であるとわかっていても，それ
ができない〔訳注：「いつ触るの」「どんなふうに触るの」など，焦点化した質問を行
いがちである〕，ということが繰り返し見られる。概括的な質問が関連する面接
状況と強く結びつき，すぐに思い浮かぶようになるには，練習とフィードバッ
クを繰り返す必要がある。

学習は時間がかかり，難しいことのもう1つの理由は，古い方略を記憶から
消去するための削除ボタンがないからである。古い方略は常に新しい方略と競
合し，望ましくない習慣が定期的に再現される（Siegler, 2006）。経験とフィード
バックにより，面接者が新しい方略を用いる確率は徐々に高まるが，短期間で
改善が見られるとは限らない。むしろ，新しいスキルを習得している最中の学
習の軌跡は不規則であり，知識が拡大したり再編成されたりする過程で，ス
キルが向上する期間と崩壊する期間が繰り返される（Fischer & Bidell, 2006）。ス
ーパーバイザーは面接者に，研修を受けただけでは新しい知識は使えないこと，

パフォーマンスは時間とともに変動すること，スキルは新規な状況では崩壊することを理解させ，面接者が現実的な目標を設定し，モチベーションを維持し，改善策を立てることができるように，支援的な学習環境をつくり出す必要がある。

　学習プロセスに対する現実的な見方を身につけ，面接者とスーパーバイザーは定期的にミーティングをもち，強力な改善プロセスに取り組むことができる。これは，**デブリーフィング**と呼ばれるプロセスであり，面接者とスーパーバイザーは面接を見直し，"何がよかったか，どこを改善すればいいか"を話し合う（Salas et al., 2012, p. 90）。このデブリーフィングがスキルアップに最も効果があるのは，研修者の職務環境が学びを尊重し，誰もが学べるという自信を与え，スキルの向上が実務家にとっていかに有益かが明示されているような場合である。また，研修後のフィードバックにおける教育目標は，「（事案に対して影響力のある）足りないスキル」は何かという情報に基づいていることが重要である。ただし，これらの目標は，実務家の経験レベルや仕事の性質により異なる。クイックガイド 7.1 には，面接者による会話の習慣を評価するための目標が記述されているが，同様のリストに，標準的な内容に対応する，あるいは事案に応じた調査を行ううえで鍵となる目標を記述することもできるだろう。

　一連の学習目標を設定したあと，スーパーバイザーは，エビデンスに基づく実践に沿う形でフィードバックの時間をとる必要がある。フィードバック介入理論の中心となるのは，フィードバックに埋め込まれた手がかりが，課題成績を規定する 3 つの認知レベルのいずれかに実務家の注意を向けるという考え方である。3 つのレベルとは，課題そのものよりも高いレベル（自己概念などを含む），中間レベル（課題に取り組むための動機づけなど），低いレベル（課題を実行するための詳細情報への焦点化；Kluger & DeNisi, 1996, 1998），である。実務家は通常，中間レベルに注意を向けるが，フィードバックのあり方により，高いレベルや低いレベルに注意をシフトさせることができる。自己に注意を向ける手がかりは，たとえそれが賞賛であったとしても，フィードバックの効果を低下させることが多い。一方，効果的なフィードバックは，学習者の注意を学習プロセスに向けさせ，学習者に基準と現在のパフォーマンスレベルとのギャップを認識させ，改善するための具体的な方略を伝え，多すぎず扱いやすい量の情報を提

　学習すべきポイントの表（以下は，会話の習慣を例としたものである）は面接でコメントを行う際の手引きとなる。面接演習の最中，オーディエンスとなる研修者は，面接を観察し，ノートをとり，のちのグループ・ディスカッションに備える。フィードバックのセッションでは，スーパーバイザーは，新人の面接者，熟達した面接者のために，異なる発達目標のリストをつくることができる。

基準	面接の例	
	基準に合っている	うまくできなかった
リラックスして親しみやすく。面接に支障のない行動は無視しなさい。		
まだあなたの番ですよというフィードバックを用いなさい。関心を示し，「そうか」「うんうん」や子どもが言ったことの一部を繰り返す形で，発話の番（ターン）を子どもに返しなさい。		
子どもに，考え，さらに話すのに十分な時間を与えなさい。		
オープン質問を優先させなさい。オープン質問を続け，WH 質問やクローズド質問をしたらオープン質問に戻るサイクルを常に行いなさい。		
トピックシフターと，トピックマーカーを用いなさい。トピックを変える前は，移行を示す発話をしなさい（例：「今度は，別のことを聴きますね」）。質問では〔訳注：代名詞ではなく〕人の名前／行動を繰り返しなさい。		
発達に適した言葉を用いなさい。年齢に応じた言葉や，単純な質問を用いなさい。一度に 1 つのことを尋ねなさい。		

示し，（受け身の解決策を提供するのではなく）学習者自身が解決策を生み出し問題を解決するように促す（フィードバックの推奨事項と禁止事項に関する有益なまとめについては Shute, 2008 を参照）。以下のデブリーフィングの雛形は，これらの知見を実践に生かす1つの方法を示している。

- **事案の紹介**：まずは面接者に，（具体的な）この特定の子ども，あるいは事案で直面した課題について話してもらう。このプロセスでは，面接スキルの足りない点というよりも，課題をどう乗り越えるかという議論に焦点を当てる。

- **基準を満たす2つの行動を特定する**：面接者とスーパーバイザー（もしくは，ピア）のそれぞれが，この面接の長所だと思われる事柄を挙げる。これらは面接者が継続し，より頻繁に行うべき行動である。それぞれの長所について，面接の一部を採点し，基準と比較してみるとよい。たとえば，子どもの応答と面接者の発話の間の「間（ま）」を測定することで，典型的な間の長さがわかる。この検証プロセスは，過度の楽観的認識を是正し，基準の意味についての誤解を修正する機会となる。

- **改善のための機会を1つか2つ特定する**：面接者とスーパーバイザー（もしくは，ピア）のそれぞれが，面接中に生じた課題や，練習することで向上する可能性があるスキルを1つ指摘する。次に，どのように対処すればよかったのか，また，そのスキルを日常会話や他の戦略の中で（たとえば，オンライン・シミュレーションなどで）どのように練習すればよいかを話し合う。初期のフィードバック・セッションでは，短時間で改善する可能性があるスキルを選択するとよい。初期の改善率は，フィードバックに対する努力と関わっているからである（Salas et al., 2012）。

軍隊では，効果的なデブリーフィングを行うことで，大きな成果をあげることができる。また，公安や医療などの領域でも，発達段階に応じたパフォーマンスの振り返りがますます重要な役割を果たしている（Salas et al., 2012）。司法面接の領域では，次の4つの柱が熟達したパフォーマンスを支える。すなわち，明確なパフォーマンス基準を定めたプロトコル，新人面接者への必須トレーニング，定期的な復習トレーニング，そして，明確に定義された面接スキルに焦点を当てた，パフォーマンスへの継続的なフィードバックである。

変化を受け入れる
マットの物語

　私はこの本を，銃の乱射事件など，人命が脅かされるような事件の対応を訓練する立場にある警察官，マット・ソンダースの紹介から始めた。多くの分野と同様，マットの世界での専門的な反応には，人が自然に反応する方法とは著しく異なる，構造化された一連の行動が含まれている。インタビューの中で，マットはトレーナーとしての彼の経験，新しいガイドラインがどのようにして生まれるのか，そして，変化を受け入れることの重要性について語った。

　プール：あなたの学生は，現実的なシミュレーションに参加します。どうして，これは重要なのでしょうか？

　ソンダース：ある方法で訓練したあと，「でもね，これが実際の銃撃戦だったらこうしてくださいよ」とは言えません。プレッシャーの下では，人は訓練でしたことを実践します。私たちはそれをマッスル・メモリー（筋肉の記憶）と呼び，うまくいかないときは，訓練の傷と言います。

　プール：新しいアプローチを教えるときに抵抗を示されることはありますか？

　ソンダース：たくさんあります。シンプルな例としては，銃の持ち方があります。建物の中を移動する場合，「低い射撃準備姿勢」で武器を持つように訓練することが多いです。まあ，昔の「低い射撃準備姿勢」というのはいつもこの位置でした。ひじを固定して腕を伸ばして下に向け，そして，ターゲットへの攻撃準備をして，このように歩きまわります。要は，ターゲットを狙うには，ただ単に銃をすばやく上に持ち上げるだけでいい，というものでした。

　その後，私たちは特殊部隊の人たちと一緒に訓練を始めたのですが，彼らはそんなことはしていませんでした。彼らは拳銃を胸に近づけて，このように下に向けて持っていました。だからいまでは，角を曲がるときに，ピストルを誰かにつかまれるような場所には出さないようにしています。

銃器を伸ばした状態で部隊の中にいると，目の前の警察官に銃口を向けてしまう可能性がありますし，横を向いていたら，ターゲットに対し構えの姿勢をとれないかもしれません。つまり，新しい方法が最適なんです。コントロールできている状態です。

プール：最初にそのことを誰かに説明したとき，彼らは「おお，そうか，なるほど……そうすべきなんだね（皮肉っぽく）」とは言わなかったんですか？

ソンダース：昔ながらの方法でやっている人たちは，「そんなのナンセンスだ。人を撃たなければならないときは，すぐに武器構えて撃てるようにしておきたい」と言っていました。しかし，時間の差はごくわずかです。新しい方法では，1秒の何分の1か，追加の時間を要しますが，その時間を適切な射撃ができるかどうか判断するのに使うことができます。

プール：訓練を受けても，昔の方法で武器を構え続ける人はいましたか？

ソンダース：はい，彼らははっきりと拒否しますね。「射撃の準備でない姿勢はとりたくない」と言います。でも，新しい方法は，射撃準備姿勢ではない，というわけではありません。射撃準備姿勢なんです。もっとよい方法だというだけのことなんです。

プール：その人たちは，訓練を受けて，他の人たちが自分よりもうまくやっているのを見たら何と言いますか？

ソンダース：それが，いつもだいたい彼らの方略を変えさせるために必要なことです。

プール：人は，他の技術の方が優れていると気づくまで，旧来の技術を長く使い続けてきました。最終的にガイドラインを変更するまでには，どのような経緯がありましたか？

ソンダース：特殊部隊や海兵隊など，軍隊から戻ってきた人たちが日常的にこの方法を採用するようになっていったことと，海外での戦闘状況を分析した統計的な結果などからです。それに，いまでは多くの襲撃や警察の射撃が車のドライブレコーダーのビデオに収められており，その結果を見ることができます。また，模擬弾薬を使用してより多くの訓練も行います。そこでは痛みという罰もありますから，これにより，実際の戦闘ではない

場で，人がどのような反応をしやすいかを調べることができます。実際に私たちの SWAT チームでは，何か技法を変えようとする場合には，家屋を手に入れ，訓練用の弾薬を用意し，実際に試してみて，どのように機能するかを確認します。[3] 方略は常に進化しています。

プール：訓練で同僚よりも成績がよい人たちの特徴は何ですか？

ソンダース：唯一言えることは，定期的に訓練している部署の人たちは，たいてい最高のパフォーマンスを発揮するということです。これはスキルなので……鈍りやすいんです。

マットに別れを告げながら，私は自分たちの経験が似かよっていることに驚いた。何が効果的で何が機能しないかに関する情報が複数の源泉から集まってくること，ガイドラインの改訂とそれに伴う初期の抵抗のパターン，高度に自動化されていながら柔軟性のある持続的な行動を開発するという課題。お互いの背景や日々の課題によらず，今日，専門的な世界は常に変化する世界なのである。

ま と め

子どもへの熟達した面接技術は，4 本の柱 —— 実践の指針となるプロトコル，新人面接者への必須トレーニング，定期的な再教育，継続的なフィードバック —— により支えられている。面接プロトコルは，面接冒頭の自己紹介からクロージングまで，面接を進めていくための基準を示している。実験室での記憶・認知の研究に実務家の経験が加わり，現在のプロトコルのもととなった。プロトコルには，商標で守られたものと公開されたもの，緩やかに構造化されたものと高度に構造化されたもの，一般的なものと司法管轄区域に特化したものなどがある。一握りのプロトコル，すなわち「よき実践のためのメモ」（現在は

---

[3] マットは，トレーニングのために選択される方略が文脈に依存する点も指摘した。たとえば，ある状況でうまく機能する方略は別の状況ではうまく機能しない可能性があり，優れたテクニックだけど専門家が熟達するのに多くのトレーニング時間が必要な場合は，簡単に学習できるが，最適ではない方略の方がよりうまく機能する可能性もある。

「最良の証拠を得るために」），「ステップワイズ面接」（現在の「子どもの面接のためのステップワイズ・ガイドライン」），「認知面接」「NICHD プロトコル」が，現在活用されているその他の多くのプロトコルのもととなった。

　対面式か，テクノロジーを用いたものかによらず，効果的なプログラムには以下のような特徴がある。ⓐ情報，デモ（例示），演習，フィードバックを含んでいること，ⓑ学習すべきポイントを行動志向の規則（ルールコード）として表現し，望ましい行動をモデル化し，練習とフィードバックの機会を直後に提供し，研修者が個々の目標を設定するように促すこと，ⓒ現場で直面する認知的な課題を提供すること，ⓓトレーニングの中にエラーが組み込まれていること，そして，ⓔ内省を促すことである。効果的な面接研修は学習モジュールと，練習とフィードバックの機会――それは導入プログラムのあと何カ月も続く――が組み合わされたものである。

　学習には時間がかかる。それは，新しい知識は往々にして不活性であり，古くから使用している方略は新しい方略と競合し，せっかく学んだ事柄は定期的に崩壊するからである。デブリーフィングは実務の面接を振り返り，長所や改善点について話し合うプロセスであり，強力な学習活動となる。フィードバックは，以下のようなときにより効果的である。すなわち，スーパーバイザーが学習プロセスに注意を払い，学習者が基準と現在のパフォーマンス・レベルとのギャップを認識できるよう助け，改善方法の具体的な方略を伝え，多すぎず扱いやすい量の情報を提示し，学習者に解決策を生み出し問題を解決するように促すというようなときである。実践のスタンダードは常に進化しているため，トレーニングや発達のための機会は，面接者の職業人生の一部とならなければならない。

実践のための原則
実務家に自由報告を尽くさせるにはどうすればよいか？

　スーパーバイザーやトレーナーは，実務家の面接スキルのギャップへの対応に苦労することがある。以下は，面接における難しい段階，すなわち質問と明確化の段階に関する質問である。

福祉省の研修責任者からの質問

　報告書からうかがわれることとして，うちの職員はプロトコルの質問と明確化の段階で苦労しているようです。特に，子どもの発言を明確化したり，法的に重要な事柄について尋ねる時間を確保することに苦労しているようです。何かアドバイスはありますか？

私 の 回 答

　どんな面接でも，必要な情報をチェックするための短いブレイク（休憩）を入れると，面接者は重要なトピックを飛ばすことが少なくなります。とはいえ，チェックリストがあっても，面接者にはプレッシャーのもとで判断する練習が必要です。このスキルを身につけるため，私の研究室では，新人の面接者（研修者）が子どもに面接する前の最後の体験として，"投球（スローイング）"というロールプレイを行います。そこでは，子どもになりきったアシスタントが，予想外の答えを返したり，非協力的な態度をとったりして，研修者を脱線させようとします。最初，研修者はいらだち，役割を忘れ，面接の各段階の原則に沿った行動ができなくなることもあります。でも，やがては自信を取り戻し，全体的な目標を念頭に置き，困難を柔軟に乗り越えることができるようになります。研修者たちは，この演習をおおいに楽しんでいる様子ですが，それはおそらくこのプロセスが面白く，面接段階の背後にある理論的根拠を深く理解することにつながり，研修後はどんな状況でも対応できるという自信を飛躍的に高めることができるからでしょう。

訳者あとがき

　司法面接（investigative interviews, forensic interviews）とは，虐待や犯罪被害にあったとされる供述弱者，すなわち未成年者や障害のある人から，何があったかという事実に関する情報を，できるだけ正確に負担なく聴取することを目指す面接法である。

　被害児，被害者から話を聴くのは容易ではない。年齢や障害による制約だけでなく，恥ずかしい，罪悪感，家族に迷惑をかける，脅されている等の理由から話をしないということもある。面接者が WH 質問やクローズド質問による一問一答で回答を求めたり，「……されたんだね」と仮説を押しつけたりすれば，被面接者の言葉を正確に聴き取ることができない。また，面接を繰り返せば，精神的な二次被害が生じることになる。このようなことから，欧米では1990 年代頃より，正確性と精神的負担を重視した司法面接の方法が開発されてきた。

　司法面接の特徴を端的にまとめるとすれば，次の 2 つである。第 1 に，多くの誘導や暗示が「触られたの？」などの具体的な文言を含む質問によって伝えられるため，司法面接ではオープン質問（「何があったか話してください」「そして，それで？」「そのことをもっと話して」等）を用い，被面接者本人の言葉（自由報告）を引き出すことを目指す。第 2 に，自由報告を最大限引き出せるように，面接が挨拶やラポール形成（話しやすい関係性の構築），面接での約束事，思い出して話す練習などを含む，緩やかな形で構造化されている。

　本書（*Interviewing Children: The Science of Conversation in Forensic Contexts*）は，こういった司法面接を支える科学的なエビデンスと実践上の留意点を，特にコミュニケーションの観点から論じたガイドラインである。著者のデブラ・プール博士は子どもの認知発達を専門とする心理学者であり，子どもや親を対象とした研究を数多く行ってきた。オープン質問の効果，質問を繰り返すことの影響，偽りの記憶，小道具（身体図やドール）の影響，親からの事前の聴き取りの影響，開示に関わる要因等の多岐にわたるトピックについて，「ミスター・サイエン

ス」を用いた実験などを通し（子どもはミスター・サイエンスやバイキン刑事とともにさまざまな体験をし，暗示のある条件やない条件でこの出来事を思い出すよう求められる），面接の推奨事項や注意事項を支えるエビデンスを示してきた。

　ここで，日本での司法面接の利用，現状についても述べておきたい。司法面接の方法は2000年代に，まずは児童相談所で，そして2010年代に入ってからは取調べの可視化の流れとともに警察，検察でも用いられるようになった（児童相談所では被害確認面接，警察では被害児童からの客観的聴取技法，検察では司法面接などと呼ばれる）。従来，被害の疑いのある子どもは児童相談所，警察，そして検察でと繰り返し面接を受けることが多かった。しかし，面接を繰り返すことは児童の精神的負担や供述の信頼性という観点から望ましくない。このことから2015年10月，厚生労働省，警察庁，最高検察庁は，児童相談所，警察，検察が連携して司法面接を行う取り組みを開始した。これを協同面接，代表者聴取という。法務省の資料によれば，2015年以降，協同面接の件数は増加し，2019年4月1日〜12月31日では全国で1600余の面接が，主として3，4歳〜18歳未満の子どもに対して行われている[1]。司法面接に関する知識やスキルは，ますます重要になってきているといえるだろう。

　翻訳を行ったのは司法面接研究会（法と心理学，認知心理学，発達心理学，臨床心理学等の研究者の集まりで，司法面接や実務に関わる知識をもち，司法面接研修を行っている者もいる[2]）の有志である。私たちは日本科学技術振興機構（JST/RISTEX）のプロジェクト「犯罪から子どもを守る司法面接法の開発と訓練」（2008〜2012年度），文部科学省新学術領域「法と人間科学」の計画研究「子どもへの司法面接——改善その評価」（2011〜2015年度），日本科学技術振興機構のプロジェクト「多専門連携による司法面接の実施を推進する研究」（2015〜2019年度[3]）において，司法面接の基礎研究や司法面接の研修プログラムの開発に携わってきた。プロジェクトは2019年度で終了し，成果はいくつかの事業に引き継がれている。本書の翻訳を行った司法面接研究会のほか，立命館大学司法面接研修事業（児童相談所，警察，検察等の専門家に対し，本書にも言及のある

[1]　http://www.moj.go.jp/content/001331469.pdf

[2]　https://japan-forensic-interview.jimdosite.com

[3]　https://www.jst.go.jp/ristex/pp/project/h30_2.html

NICHD プロトコルに基づく研修を提供している[4]），司法面接トレーナーの会（司法面接のトレーニング研修を受けた実務家を中心とする研究会），司法面接支援室（司法面接関連の資料を提示している[5]）などである。翻訳にあたっては，勉強会を重ね，訳した章を交換しながらチェックを行い，最後に筆者が全体の統一を図った。

　本書を読み翻訳するなかで印象深かったこととして，日本では面接を繰り返すことによる精神的負担が強調されることが多いが，本書ではそれは当然のこととされ，その上で，子どもの安全を守り，事件を解決／予防するために正確な情報を得ることが強調されている。特に，事案や子どもの状況等に応じて標準的な面接を調整することや，事件化のみならず福祉的な観点からも子どもの安全を守れるように，周到に，曖昧さの少ない情報を得ることの重要性が述べられている。また，世界で広く用いられている多数のプロトコル──日本でも使用されている NICHD プロトコルの他，英国の「よき実践のためのメモ[6]」やその後継である「最良の証拠を得るために」，ユーイ教授らによるステップワイズ面接，ライオン教授によるテンステップ，プール教授が策定に携わった州のプロトコル等々──を振り返り，地域に特化しているか一般的か，科学的な知見を重視しているか，実務家によりつくり出されてきたかという観点から整理していることも，司法面接を理解するうえで有用だと感じた。

　司法面接の研修を行ううえで心強く思ったこととして，──もともと私たちがプール博士らの知見を踏まえて研究を進めてきたこと，司法面接の研究は広く研究者コミュニティで共有され循環していることにもよるが──本書の推奨事項は，私たちが司法面接研修で強調していることと合致する，ということがある。言語，文化，法のシステムが異なっても，子どもから話を聴くためのエッセンスは共通であることをあらためて認識することができた。

　本書は，児童相談所，警察，検察の実務家のみならず，教育場面でのいじめや違反行為やさまざまな場面での事故の調査，家事事件における事実の調査に

---

[4]　http://www.ritsumei.ac.jp/research/forensic/
[5]　https://forensic-interviews.jp
[6]　英国内務省英国保健省，仲真紀子・田中周子訳 (2007).『子どもの司法面接 ── ビデオ録画面接のためのガイドライン』誠信書房

関しても多くの示唆を与えてくれる。家庭や職場で話を聴くときも，「うんうん，聴いてるよ」という聴き手の態度は，子どもやパートナーや同僚の話をよりよく理解する鍵となるだろう。本書の知見を広くいろいろな場面で役立てていただくとともに，司法面接の研究がさらに活性化することを望むところである。

司法面接研究会を代表して

仲 真 紀 子

引 用 文 献

Afshar, H., Baradaran Nakhjavani, Y., Mahmoudi-Gharaei, J., Paryab, M., & Zadhoosh, S. (2011). The effect of parental presence on the 5-year-old children's anxiety and cooperative behavior in the first and second dental visit. *Iranian Journal of Pediatrics*, *21*, 193-200.

Almerigogna, J., Ost, J., Akehurst, L., & Fluck, M. (2008). How interviewers' nonverbal behaviors can affect children's perceptions and suggestibility. *Journal of Experimental Child Psychology*, *100*, 17-39. http://dx.doi.org/10.1016/j.jecp.2008.01.006

Almerigogna, J., Ost, J., Bull, R., & Akehurst, L. (2007). A state of high anxiety: How nonsupportive interviewers can increase the suggestibility of child witnesses. *Applied Cognitive Psychology*, *21*, 963-974. http://dx.doi.org/10.1002/acp.1311

American Professional Society on the Abuse of Children. (2012). *Practice guidelines: Forensic interviewing in cases of suspected child abuse*. Chicago, IL: Author.

American Psychiatric Association. (2013). *Diagnostic and statistical manual of mental disorders* (5th ed.). Washington, DC: Author.

American Psychological Association. (1994). *Resolution on facilitated communication*. Retrieved from http://www.apa.org/about/policy/chapter-11.aspx

Anderson, J., Ellefson, J., Lashley, J., Miller, A. L., Olinger, S., Russell, A., ... Weigman, J. (2010). The CornerHouse forensic interview protocol: RATAC®. *Thomas M. Cooley Journal of Practical and Clinical Law*, *12*, 193-331.

Andrews, S. J., & Lamb, M. E. (2014). The effects of age and delay on responses to repeated questions in forensic interviews with children alleging sexual abuse. *Law and Human Behavior*, *38*, 171-180. http://dx.doi.org/10.1037/lhb0000064

Andrews, S. J., Lamb, M. E., & Lyon, T. D. (2015). Question types, responsiveness, and self-contradictions when prosecutors and defense attorneys question alleged victims of child sexual abuse. *Applied Cognitive Psychology*, *29*, 253-261. http://dx.doi.org/10.1002/acp.3103

APA Presidential Task Force on Evidence-Based Practice. (2006). Evidence-based practice in psychology. *American Psychologist*, *61*, 271-285. http://dx.doi.org/10.1037/0003-066X.61.4.271

Argyle, M. (1986). Rules for social relationships in four cultures. *Australian Journal of Psychology*, *38*, 309-318. http://dx.doi.org/10.1080/00049538608259017

Bakoyiannis, I., Gkioka, E., Pergialiotis, V., Mastroleon, I., Prodromidou, A., Vlachos, G. D., & Perrea, D. (2014). Fetal alcohol spectrum disorders and cognitive functions of young children. *Reviews in the Neurosciences*, *25*, 631-639. http://dx.doi.org/10.1515/revneuro-2014-0029

Beall, P. M., Moody, E. J., McIntosh, D. N., Hepburn, S. L., & Reed, C. L. (2008). Rapid facial reactions to emotional facial expressions in typically developing children and children with autism spectrum disorder. *Journal of Experimental Child Psychology, 101,* 206-223. http://dx.doi.org/10.1016/j.jecp.2008.04.004

Bello, A., Sparaci, L., Stefanini, S., Boria, S., Volterra, V., & Rizzolatti, G. (2014). A developmental study on children's capacity to ascribe goals and intentions to others. *Developmental Psychology, 50,* 504-513. http://dx.doi.org/10.1037/a0033375

Benson, M. S., & Powell, M. B. (2015). Evaluation of a comprehensive interactive training system for investigative interviewers of children. *Psychology, Public Policy, and Law, 21,* 309-322. http://dx.doi.org/10.1037/law0000052

Berliner, L., & Barbieri, M. K. (1984). The testimony of the child victim of sexual assault. *Journal of Social Issues, 40,* 125-137. http://dx.doi.org/10.1111/j.1540-4560.1984.tb01097.x

Bishop, G., Spence, S. H., & McDonald, C. (2003). Can parents and teachers provide a reliable and valid report of behavioral inhibition? *Child Development, 74,* 1899-1917. http://dx.doi.org/10.1046/j.1467-8624.2003.00645.x

Bjorklund, D. F. (2007). *Why youth is not wasted on the young: Immaturity in human development.* Malden, MA: Wiley-Blackwell.

Borsutzky, S., Fujiwara, E., Brand, M., & Markowitsch, H. J. (2008). Confabulations in alcoholic Korsakoff patients. *Neuropsychologia, 46,* 3133-3143. http://dx.doi.org/10.1016/j.neuropsychologia.2008.07.005

Bottoms, B. L., Quas, J. A., & Davis, S. L. (2007). The influence of the interviewerprovided social support on children's suggestibility, memory, and disclosures. In M.-E. Pipe, M. E. Lamb, Y. Orbach, & A.-C. Cederborg (Eds.), *Child sexual abuse: Disclosure, delay, and denial* (pp. 135-157). New York, NY: Routledge.

Bouquard, T. L. (2004). *Arson investigation: The step-by-step procedure* (2nd ed.). Springfield, IL: Charles C Thomas.

Bowen, C. J., & Howie, P. M. (2002). Context and cue cards in young children's testimony: A comparison of brief narrative elaboration and context reinstatement. *Journal of Applied Psychology, 87,* 1077-1085.

Broaders, S. C., & Goldin-Meadow, S. (2010). Truth is at hand: How gesture adds information during investigative interviews. *Psychological Science, 21,* 623-628. http://dx.doi.org/10.1177/0956797610366082

Brown, D. A. (2011). The use of supplementary techniques in forensic interviews with children. In M. E. Lab, D. J. La Rooy, L. C. Malloy, & C. Katz (Eds.), *Children's testimony: A handbook of psychological research and forensic practice* (2nd ed., pp. 217-249). http://dx.doi.org/10.1002/9781119998495.ch12

Brown, D. A., Lamb, M. E., Lewis, C., Pipe, M.-E., Orbach, Y., & Wolfman, M. (2013). The NICHD Investigative Interview Protocol: An analogue study. *Journal of Experimental Psychology: Applied, 19,* 367-382. http://dx.doi.org/10.1037/a0035143

Brown, D. A., Lewis, C. N., Lamb, M. E., & Stephens, E. (2012). The influences of delay and severity of intellectual disability on event memory in children. *Journal of Consulting and Clinical Psychology, 80,* 829-841. http://dx.doi.org/10.1037/a0029388

Brown, L. (2015). *Identity-first language.* Retrieved from Autistic Self Advocacy Network website: http://autisticadvocacy.org/home/about-asan/identity-firstlanguage/

Brubacher, S. P., & La Rooy, D. J. (2014). Witness recall across repeated interviews in a case of repeated abuse. *Child Abuse & Neglect, 38*, 202-211. http://dx.doi.org/10.1016/j.chiabu.2013.06.010

Brubacher, S. P., Malloy, L. C., Lamb, M. E., & Roberts, K. P. (2013). How do interviewers and children discuss individual occurrences of alleged repeated abuse in forensic interviews? *Applied Cognitive Psychology, 27*, 443-450. http://dx.doi.org/10.1002/acp.2920

Brubacher, S. P., Poole, D. A., & Dickinson, J. J. (2015). The use of ground rules in investigative interviews with children: A synthesis and call for research. *Developmental Review, 36*, 15-33. http://dx.doi.org/10.1016/j.dr.2015.01.001

Brubacher, S. P., Powell, M. B., & Roberts, K. P. (2014). Recommendations for interviewing children about repeated experiences. *Psychology, Public Policy, and Law, 20*, 325-335. http://dx.doi.org/10.1037/law0000011

Brubacher, S. P., Powell, M. B., Skouteris, H., & Guadagno, B. (2014). An investigation of the question-types teachers use to elicit information from children. *The Australian Educational and Developmental Psychologist, 31*, 125-140. http://dx.doi.org/10.1017/edp.2014.5

Brubacher, S. P., Powell, M. B., Skouteris, H., & Guadagno, B. (2015). The effects of e-simulation interview training on teachers' use of open-ended questions. *Child Abuse & Neglect, 43*, 95-103. http://dx.doi.org/10.1016/j.chiabu.2015.02.004

Brubacher, S. P., Roberts, K. P., & Powell, M. B. (2011). Effects of practicing episodic versus scripted recall on children's subsequent narratives of a repeated event. *Psychology, Public Policy, and Law, 17*, 286-314. http://dx.doi.org/10.1037/a0022793

Brubacher, S. P., Roberts, K. P., & Powell, M. B. (2012). Retrieval of episodic versus generic information: Does the order of recall affect the amount and accuracy of details reported by children about repeated events? *Developmental Psychology, 48*, 111-122. http://dx.doi.org/10.1037/a0025864

Bruck, M., Ceci, S. J., & Francoeur, E. (1999). The accuracy of mothers' memories of conversations with their preschool children. *Journal of Experimental Psychology: Applied, 5*, 89-106. http://dx.doi.org/10.1037/1076-898X.5.1.89

Bruck, M., Kelley, K., & Poole, D. (2016). Children's reports of body touching in medical examinations: The benefits and risks of using body diagrams. *Psychology, Public Policy, & Law, 22*, 1-11. https://doi.org/10.1037/law0000076

Bruck, M., Melnyk, L., & Ceci, S. J. (2000). Draw it again Sam: The effect of drawing on children's suggestibility and source monitoring ability. *Journal of Experimental Child Psychology, 77*, 169-196. http://dx.doi.org/10.1006/jecp.1999.2560

Buda, M., Fornito, A., Bergström, Z. M., & Simons, J. S. (2011). A specific brain structural basis for individual differences in reality monitoring. *The Journal of Neuroscience, 31*, 14308-14313. http://dx.doi.org/10.1523/JNEUROSCI.3595-11.2011

Bull, R., & Barnes, P. (1995). Children as witnesses. In D. Bancroft & R. Carr (Eds.), *Influencing children's development* (pp. 116-149). Oxford, England: Blackwell.

Bull, R., & Davies, G. (1996). The effect of child witness research on legislation in Great Britain. In B. L. Bottoms & G. S. Goodman (Eds.), *International perspectives on child abuse and children's testimony: Psychological research and law* (pp. 96-113). Thousand Oaks, CA: Sage.

引用文献

Burrows, K. S., & Powell, M. B. (2014). Prosecutor's perspectives on clarifying terms for genitalia in child sexual abuse interviews. *Australian Psychologist, 49,* 297-304. http://dx.doi.org/10.1111/ap.12068

Butler, S., Gross, J., & Hayne, H. (1995). The effect of drawing on memory performance in young children. *Developmental Psychology, 31,* 597-608. http://dx.doi.org/10.1037/0012-1649.31.4.597

Camparo, L. B., Wagner, J. T., & Saywitz, K. J. (2001). Interviewing children about real and fictitious events: Revisiting the narrative elaboration procedure. *Law and Human Behavior, 25,* 63-80. http://dx.doi.org/10.1023/A:1005691926064

Cantlon, J., Payne, G., & Erbaugh, C. (1996). Outcome-based practice: Disclosure rates of child sexual abuse comparing allegation blind and allegation informed structured interviews. *Child Abuse & Neglect, 20,* 1113-1120. http://dx.doi.org/10.1016/0145-2134(96)00100-7

Carnes, C. N., Nelson-Gardell, D., Wilson, C., & Orgassa, U. C. (2001). Extended forensic evaluation when sexual abuse is suspected: A multisite field study. *Child Maltreatment, 6,* 230-242. http://dx.doi.org/10.1177/1077559501006003004

Carter, C. A., Bottoms, B. L., & Levine, M. (1996). Linguistic and socioemotional influences on the accuracy of children's reports. *Law and Human Behavior, 20,* 335-358. http://dx.doi.org/10.1007/BF01499027

Ceci, S. J., & Bruck, M. (1995). *Jeopardy in the courtroom: A scientific analysis of children's testimony.* http://dx.doi.org/10.1037/10180-000

Ceci, S. J., Kulkofsky, S., Klemfuss, J. Z., Sweeney, C. D., & Bruck, M. (2007). Unwarranted assumptions about children's testimonial accuracy. *Annual Review of Clinical Psychology, 3,* 311-328. http://dx.doi.org/10.1146/annurev.clinpsy.3.022806.091354

Centers for Disease Control and Prevention. (2013). *Developmental disabilities.* Retrieved from http://www.cdc.gov/ncbddd/developmentaldisabilities/index.html

Chapman, L. J., & Chapman, J. P. (1967). Genesis of popular but erroneous psychodiagnostic observations. *Journal of Abnormal Psychology, 72,* 193-204. http://dx.doi.org/10.1037/h0024670

Child Advocacy Center. (2014). *Forensic interviews.* Retrieved from http://www.smvoices.org/what_we_do/forensic_interviews.html

Churchland, P. S. (2008). The impact of neuroscience on philosophy. *Neuron, 60,* 409-411. http://dx.doi.org/10.1016/j.neuron.2008.10.023

Ciaramelli, E., Ghetti, S., & Borsotti, M. (2009). Divided attention during retrieval suppresses false recognition in confabulation. *Cortex, 45,* 141-153. http://dx.doi.org/10.1016/j.cortex.2007.10.006

Clark, C. R. (2009). Professional roles: Key to accuracy and effectiveness. In K. Kuehnle & M. Connell (Eds.), *The evaluation of child sexual abuse allegations: A comprehensive guide to assessment and testimony* (pp. 69-79). Hoboken, NJ: Wiley.

Connell, M. (2009). The extended forensic evaluation. In K. Kuehnle & M. Connell (Eds.), *The evaluation of child sexual abuse allegations: A comprehensive guide to assessment and testimony* (pp. 451-487). Hoboken, NJ: Wiley.

Connolly, D. A., & Gordon, H. M. (2014). Can order of general and specific memory prompts help children to recall an instance of a repeated event that was different from the others? *Psychology, Crime*

& Law, 20, 852-864. http://dx.doi.org/10.1080/1068316X.2014.885969

Connolly, D. A., Hockley, W. E., & Pratt, M. W. (1996). A developmental evaluation of frequency memory for actions presented in lists, scripts, and stories. *Memory, 4*, 243-264. http://dx.doi. org/10.1080/096582196388942

Connolly, D. A., Price, H. L., & Gordon, H. M. (2009). Judging the credibility of historic child sexual abuse complainants: How judges describe their decisions. *Psychology, Public Policy, and Law, 15*, 102-123. http://dx.doi.org/10.1037/a0015339

Connolly, D. A., Price, H. L., & Gordon, H. M. (2010). Judicial decision making in timely and delayed prosecutions of child sexual abuse in Canada: A study of honesty and cognitive ability in assessments of credibility. *Psychology, Public Policy, and Law, 16*, 177-199. http://dx.doi.org/10.1037/a0019050

Connolly, D. A., Price, H. L., Lavoie, J. A., & Gordon, H. M. (2008). Perceptions and predictors of children's credibility of a unique event and an instance of a repeated event. *Law and Human Behavior, 32*, 92-112. http://dx.doi.org/10.1007/s10979-006-9083-3

Cowan, N. (2010). The magical mystery four: How is working memory capacity limited, and why? *Current Directions in Psychological Science, 19*, 51-57. http://dx.doi.org/10.1177/0963721409359277

Cross, T. P., Whitcomb, D., & De Vos, E. (1995). Criminal justice outcomes of prosecution of child sexual abuse: A case flow analysis. *Child Abuse & Neglect, 19*, 1431-1442. http://dx.doi.org/10.1016/0145-2134(95)00106-2

Danby, M. C., Brubacher, S. P., Sharman, S. J., & Powell, M. B. (2015). The effects of practice on children's ability to apply ground rules in a narrative interview. *Behavioral Sciences & the Law, 33*, 446-458. http://dx.doi.org/10.1002/bsl.2194

Davies, G. M., Wilson, C., Mitchell, R., & Milsom, J. (1995). *Videotaping children's evidence: An evaluation*. London, England: Home Office.

Davis, S. L., & Bottoms, B. L. (2002). Effects of social support on children's eyewitness reports: A test of the underlying mechanism. *Law and Human Behavior, 26*, 185-215. http://dx.doi.org/10.1023/A:1014692009941

DeLoache, J. S. (2000). Dual representation and young children's use of scale models. *Child Development, 71*, 329-338. http://dx.doi.org/10.1111/1467-8624.00148

DeLoache, J. S. (2005). Mindful of symbols. *Scientific American, 293*, 72-77. http://dx.doi.org/10.1038/scientificamerican0805-72

Dent, H. (1982). The effects of interviewing strategies on the results of interviews with child witnesses. In A. Trankell (Ed.), *Reconstructing the past: The role of psychologists in criminal trials* (pp. 278-297). Deventer, Netherlands: Kluwer.

de Villiers, J. G., & de Villiers, P. A. (1978). *Language acquisition*. Cambridge, MA: Harvard University Press.

Dickinson, J. J., Brubacher, S. P., & Poole, D. A. (2015). Children's performance on ground rules questions: Implications for forensic interviewing. *Law and Human Behavior, 39*, 87-97. http://dx.doi. org/10.1037/lhb0000119

Dickinson, J. J., Del Russo, J. A., & D'Urso, A. (2008, March). *Children's disclosure of sex abuse: A new approach to answering elusive questions.* Paper presented at the annual conference of the American Psychology and Law Society, Jacksonville, FL.

Dilalla, L. F., Kagan, J., & Reznick, J. S. (1994). Genetic etiology of behavioral inhibition among 2-year-old children. *Infant Behavior and Development, 17,* 405-412. http://dx.doi.org/10.1016/0163-6383(94)90032-9

Dodge, K. A. (1983). Behavioral antecedents of peer social status. *Child Development, 54,* 1386-1399. http://dx.doi.org/10.2307/1129802

Donovan, M. S., Bransford, J. D., & Pellegrino, J. W. (Eds.). (2015). *How people learn: Brain, mind, experience, and school.* Washington, DC: National Academies Press.

Drummey, A. B., & Newcombe, N. S. (2002). Developmental changes in source memory. *Developmental Science, 5,* 502-513. http://dx.doi.org/10.1111/1467-7687.00243

DuPre, D. P., & Sites, J. (2015). *Child abuse investigation field guide.* Oxford, England: Elsevier.

Erskine, A., Markham, R., & Howie, P. (2001). Children's script-based inferences: Implications for eyewitness testimony. *Cognitive Development, 16,* 871-887. http://dx.doi.org/10.1016/S0885-2014(01)00068-5

Evans, A. D., Lee, K., & Lyon, T. D. (2009). Complex questions asked by defense lawyers but not prosecutors predicts convictions in child abuse trials. *Law and Human Behavior, 33,* 258-264. http://dx.doi.org/10.1007/s10979-008-9148-6

Evans, A. D., & Roberts, K. P. (2009). The effects of different paraphrasing styles on the quality of reports from young child witnesses. *Psychology, Crime & Law, 15,* 531-546. http://dx.doi.org/10.1080/10683160802385398

Evans, A. D., Roberts, K. P., Price, H. L., & Stefek, C. P. (2010). The use of paraphrasing in investigative interviews. *Child Abuse & Neglect, 34,* 585-592. http://dx.doi.org/10.1016/j.chiabu.2010.01.008

Evans, A. D., Stolzenberg, S. N., Lee, K., & Lyon, T. D. (2014). Young children's difficulty with indirect speech acts: Implications for questioning child witnesses. *Behavioral Sciences & the Law, 32,* 775-788. http://dx.doi.org/10.1002/bsl.2142

Evarts, B. (2011, November). *Children playing with fire.* Retrieved from National Fire Protection Association website: http://www.nfpa.org/research/reports-andstatistics/fire-causes/arson-and-juvenile-firesetting/children-playing-with-fire

Faller, K. C. (2003). *Understanding and assessing child sexual maltreatment* (2nd ed.). Thousand Oaks, CA: Sage.

Faller, K. C. (2007). Interviewing children about sexual abuse: Controversies and best practice. http://dx.doi.org/10.1093/acprof:oso/9780195311778.001.0001

Faller, K. C. (2015). Forty years of forensic interviewing of children suspected of sexual abuse, 1974-2014: Historical benchmarks. *Social Sciences, 4,* 34-65. http://dx.doi.org/10.3390/socsci4010034

Farran, D. C., & Kasari, C. (1990). A longitudinal analysis of the development of synchrony in mutual gaze in mother-child dyads. *Journal of Applied Developmental Psychology, 11,* 419-430. http://dx.doi.org/10.1016/0193-3973(90)90018-F

Fawcett, C., & Liszkowski, U. (2012). Mimicry and play initiation in 18-monthold infants. *Infant Behavior* and *Development, 35,* 689-696. http://dx.doi.org/10.1016/j.infbeh.2012.07.014

Feltovich, P. J., Spiro, R. J., & Coulson, R. L. (1997). Issues of expert flexibility in contexts characterized by complexity and change. In P. J. Feltovich, K. M. Ford, & R. R. Hoffman (Eds.), *Expertise in context: Human and machine* (pp. 125-146). Menlo Park, CA: MIT Press.

Fischer, K. W., & Bidell, T. R. (2006). Dynamic development of action and thought. In W. Damon & R. M. Lerner (Eds.), *Handbook of child psychology: Vol. 1. Theoretical models of human development* (6th ed., pp. 313-399). New York, NY: Wiley.

Fischer, K. W., Schwartz, M., & Connell, M. W. (2004, October). *Analyzing the building of skills in classrooms and neural systems.* Paper presented at the Useable Knowledge Conference, Harvard Graduate School of Education, Cambridge, MA.

Fisher, R. P. (2014). How I got started: Intellectual challenges, excellent colleagues, and some serendipity. *Applied Cognitive Psychology, 28,* 615-616. http://dx.doi.org/10.1002/acp.2992

Fisher, R. P., Brennan, K. H., & McCauley, M. R. (2002). The cognitive interview method to enhance eyewitness recall. In M. L. Eisen, J. A. Quas, & G. S. Goodman (Eds.), *Memory and suggestibility in the forensic interview* (pp. 265-286). Mahwah, NJ: Erlbaum.

Fisher, R. P., & Geiselman, R. E. (1992). *Memory-enhancing techniques for investigative interviewing: The cognitive interview.* Springfield, IL: Charles C Thomas.〔宮田洋監訳, 2012『認知面接 —— 目撃者の記憶想起を促す心理学的テクニック』関西学院大学出版会〕

Fisher, R. P., Schreiber Compo, N., Rivard, J., & Hirn, D. (2014). Interviewing witnesses. In T. Perfect & D. S. Lindsay (Eds.), *The Sage handbook of applied memory* (pp. 559-578). http://dx.doi.org/10.4135/9781446294703.n31

Fivush, R., Berlin, L., Sales, J. M., Mennuti-Washburn, J., & Cassidy, J. (2003). Functions of parent-child reminiscing about emotionally negative events. *Memory, 11,* 179-192. http://dx.doi.org/10.1080/741938209

Flavell, J. H., Botkin, P. T., Fry, C. L., Jr., Wright, J. W., & Jarvis, P. E. (1975). *The development role-taking and communication skills in children.* Huntington, NY: Robert E. Krieger.

Foley, M. A. (2014). Children's memory for source. In P. J. Bauer & R. Fivush (Eds.), *The Wiley handbook on the development of children's memory* (Vol. 1, pp. 427-452). Sommerset, NJ: Wiley-Blackwell.

Fox, N. A., Nichols, K. E., Henderson, H. A., Rubin, K., Schmidt, L., Hamer, D., ... Pine, D. S. (2005). Evidence for a gene-environment interaction in predicting behavioral inhibition in middle childhood. *Psychological Science, 16,* 921-926. http://dx.doi.org/10.1111/j.1467-9280.2005.01637.x

Franklin, A., Clifford, A., Williamson, E., & Davies, I. (2005). Color term knowledge does not affect categorical perception of color in toddlers. *Journal of Experimental Child Psychology, 90,* 114-141. http://dx.doi.org/10.1016/j.jecp.2004.10.001

Friedman, W. J. (1991). The development of children's memory for the time of past events. *Child Development, 62,* 139-155. http://dx.doi.org/10.2307/1130710

Friedman, W. J. (2014). The development of memory for the times of past events. In P. J. Bauer & R. Fivush (Eds.), *The Wiley handbook on the development of children's memory* (Vol. 1, pp. 394-407). Chichester, England: Wiley.

Friedman, W. J., Reese, E., & Dai, X. (2011). Children's memory for the times of events from the past years. *Applied Cognitive Psychology, 25*, 156-165. http://dx.doi.org/10.1002/acp.1656

Fusaro, M., & Harris, P. L. (2008). Children assess informant reliability using bystanders' nonverbal cues. *Developmental Science, 11*, 771-777. http://dx.doi.org/10.1111/j.1467-7687.2008.00728.x

Garven, S., Wood, J. M., Malpass, R. S., & Shaw, J. S., III. (1998). More than suggestion: The effect of interviewing techniques from the McMartin Preschool case. *Journal of Applied Psychology, 83*, 347-359. http://dx.doi.org/10.1037/0021-9010.83.3.347

Gawande, A. (2009). *The checklist manifesto: How to get things right.* New York, NY: Metropolitan Books. 〔吉田竜訳, 2011『アナタはなぜチェックリストを使わないのか？──重大な局面で"正しい決断"をする方法』晋遊舎〕

Gaynor, J. (2002). *The juvenile firesetter intervention handbook* (ERIC No. ED449407). Washington, DC: Federal Emergency Management System. Retrieved from http://eric.ed.gov/?id=ED449407

Gentle, M., Milne, R., Powell, M. B., & Sharman, S. J. (2013). Does the Cognitive Interview promote the coherence of narrative accounts in children with and without an intellectual disability? *International Journal of Disability, Development and Education, 60*, 30-43. http://dx.doi.org/10.1080/103491 2X.2013.757138

Ghetti, S., & Angelini, L. (2008). The development of recollection and familiarity in childhood and adolescence: Evidence from the dual-process signal detection model. *Child Development, 79*, 339-358. http://dx.doi.org/10.1111/j.1467-8624.2007.01129.x

Gillian, T. D., & Sekeres, M. A. (2014, February 14). Can doctors be taught how to talk to patients? *The New York Times.* Retrieved from http://well.blogs.nytimes.com/2014/02/27/can-doctors-be-taught-how-to-talk-to-patients/

Goldman, J. G. (2010, October 18). The thoughtful animal: Ed Tronick and the "Still Face Experiment" [Web log post]. Retrieved from http://scienceblogs.com/thoughtfulanimal/2010/10/18/ed-tronick-and-the-still-face/

Gomes, D. M., Sheahan, C., Fitzgerald, R. J., Connolly, D. A., & Price, H. L. (2015, March). *A meta-analysis examining differences in children's memory for single and repeat events.* Paper session presented at the American Psychology-Law Society Conference, San Diego, CA.

Goodman, G. S., Aman, C., & Hirschman, J. (1987). Child sexual and physical abuse: Children's testimony. In S. J. Ceci, M. P. Toglia, & D. F. Ross (Eds.), *Children's eyewitness memory* (pp. 1-23). http://dx.doi.org/10.1007/978-1-4684-6338-5_1

Goodman, G. S., Ogle, C. M., McWilliams, K., Narr, R. K., & Paz-Alonso, P. (2014). Memory development in the forensic context. In P. J. Bauer & R. Fivush (Eds.), *The Wiley handbook on the development of children's memory* (Vol. 2, pp. 920-941). Chichester, England: Wiley.

Goodman, G. S., Sharma, A., Thomas, S. F., & Considine, M. G. (1995). Mother knows best: Effects of relationship status and interviewer bias on children's memory. *Journal of Experimental Child Psychology, 60*, 195-228. http://dx.doi.org/10.1006/jecp.1995.1038

Goodman, G. S., Taub, E. P., Jones, D. P., England, P., Port, L. K., Rudy, L., ... Melton, G. B. (1992). Testifying in criminal court: Emotional effects on child sexual assault victims. *Monographs of the*

Society for Research in Child Development, 57(5), i, iii, v, 1-142. http://dx.doi.org/10.2307/1166127

Grant, J. B., & Suddendorf, T. (2011). Production of temporal terms by 3-, 4-, and 5-year-old children. *Early Childhood Research Quarterly, 26,* 87-95. http://dx.doi.org/10.1016/j.ecresq.2010.05.002

Gross, A. M., Stern, R. M., Levin, R. B., Dale, J., & Wojnilower, D. A. (1983). The effect of mother-child separation on the behavior of children experiencing a diagnostic medical procedure. *Journal of Consulting and Clinical Psychology, 51,* 783-785. http://dx.doi.org/10.1037/0022-006X.51.5.783

Gross, J., & Hayne, H. (1999). Drawing facilitates children's verbal reports after long delays. *Journal of Experimental Psychology: Applied, 5,* 265-283. http://dx.doi.org/10.1037/1076-898X.5.3.265

Gross, J., Hayne, H., & Drury, T. (2009). Drawing facilitates children's reports of factual and narrative information: Implications for educational contexts. *Applied Cognitive Psychology, 23,* 953-971. http://dx.doi.org/10.1002/acp.1518

Gueguen, M., Jacob, C., & Martin, A. (2009). Mimicry in social interaction: Its effect on human judgment and behavior. *European Journal of Soil Science, 8,* 253-259.

Heath, C., & Heath, D. (2007). *Made to stick: Why some ideas survive and others die.* New York, NY: Random House.

Henry, L. A., Bettenay, C., & Carney, D. P. J. (2011). Children with intellectual disabilities and developmental disorders. In M. E. Lamb, D. J. La Rooy, L. C. Malloy, & C. Katz (Eds.), *Children's testimony: A handbook of psychological issues and forensic practice* (pp. 251-283). http://dx.doi.org/10.1002/9781119998495.ch13

Henry, L. A., & Gudjonsson, G. H. (2003). Eyewitness memory, suggestibility, and repeated recall sessions in children with mild and moderate intellectual disabilities. *Law and Human Behavior, 27,* 481-505. http://dx.doi.org/10.1023/A:1025434022699

Herman, S. (2010). The role of corroborative evidence in child sexual abuse evaluations. *Journal of Investigative Psychology and Offender Profiling, 7,* 189-212. http://dx.doi.org/10.1002/jip.122

Hershkowitz, I. (2002). The role of facilitative prompts in interviews of alleged sex and abuse victims. *Legal and Criminological Psychology, 7,* 63-71. http://dx.doi.org/10.1348/135532502168388

Hershkowitz, I., Fisher, S., Lamb, M. E., & Horowitz, D. (2007). Improving credibility assessment in child sexual abuse allegations: The role of the NICHD Investigative Interview Protocol. *Child Abuse & Neglect, 31,* 99-110. http://dx.doi.org/10.1016/j.chiabu.2006.09.005

Hershkowitz, I., Lamb, M. E., & Katz, C. (2014). Allegation rates in forensic child abuse investigations: Comparing the revised and standard NICHD protocols. *Psychology, Public Policy, and Law, 20,* 336-344. http://dx.doi.org/10.1037/a0037391

Hershkowitz, I., Lamb, M. E., Katz, C., & Malloy, L. (2015). Does enhanced rapportbuilding alter the dynamics of investigative interviews with suspected victims of intrafamilial abuse? *Journal of Police and Criminal Psychology, 30,* 6-14. http://dx.doi.org/10.1007/s11896-013-9136-8

Hershkowitz, I., Lamb, M. E., Orbach, Y., Katz, C., & Horowitz, D. (2012). The development of communicative and narrative skills among preschoolers: Lessons from forensic interviews about child abuse. *Child Development, 83,* 611-622.

Hershkowitz, I., Orbach, Y., Lamb, M. E., Sternberg, K. J., & Horowitz, D. (2006). Dynamics of forensic interviews with suspected abuse victims who do not disclose abuse. *Child Abuse & Neglect, 30*, 753-769. http://dx.doi.org/10.1016/j.chiabu.2005.10.016

Hoff, E. (2014). *Language development*. Belmont, CA: Wadsworth Cengage Learning.

Home Office and the Department of Health in England and Wales. (1992). *Memorandum of Good Practice on video recorded interviews with child witnesses for criminal proceedings*. London, England: Author.〔仲真紀子・田中周子訳，2007『子どもの司法面接 —— ビデオ録画面接のためのガイドライン』誠信書房〕

Howie, P., Kurukulasuriya, N., Nash, L., & Marsh, A. (2009). Inconsistencies in children's recall of witnessed events: The role of age, question format and perceived reason for question repetition. *Legal and Criminological Psychology, 14*, 311-329. http://dx.doi.org/10.1348/135532508X383879

Howie, P., Nash, L., Kurukulasuriya, N., & Bowman, A. (2012). Children's event reports: Factors affecting responses to repeated questions in vignette scenarios and event recall interviews. *The British Journal of Developmental Psychology, 30*, 550-568. http://dx.doi.org/10.1111/j.2044-835X.2011.02064.x

Howie, P., Sheehan, M., Mojarrad, T., & Wrzesinska, M. (2004). 'Undesirable' and 'desirable' shifts in children's responses to repeated questions: Age differences in the effect of providing a rationale for repetition. *Applied Cognitive Psychology, 18*, 1161-1180. http://dx.doi.org/10.1002/acp.1049

Hrdy, S. B. (2009). *Mothers and others: The evolutionary origins of mutual understanding*. Cambridge, MA: Harvard University Press.

Huelser, B. J., & Metcalfe, J. (2012). Making related errors facilitates learning, but learners do not know it. *Memory & Cognition, 40*, 514-527. http://dx.doi.org/10.3758/s13421-011-0167-z

Hulse, D. A. (1994). *Linguistic complexity in child abuse interviews* (Unpublished master's thesis). University of Tennessee at Chattanooga.

Hunt, J. S., & Borgida, E. (2001). Is that what I said? Witnesses' responses to interviewer modifications. *Law and Human Behavior, 25*, 583-603. http://dx.doi.org/10.1023/A:1012754207074

Hupbach, A., Gomez, R., Hardt, O., & Nadel, L. (2007). Reconsolidation of episodic memories: A subtle reminder triggers integration of new information. *Learning & Memory, 14*, 47-53. http://dx.doi.org/10.1101/lm.365707

Imhoff, M. C., & Baker-Ward, L. (1999). Preschoolers' suggestibility: Effects of developmentally appropriate language and interviewer supportiveness. *Journal of Applied Developmental Psychology, 20*, 407-429. http://dx.doi.org/10.1016/S0193-3973(99)00022-2

Jefferson, G. (1989). Notes on a possible metric which provides for a 'standard maximum' silence of approximately one second in conversation. In D. Roger & P. Bull (Eds.), *Conversation: An interdisciplinary perspective* (pp. 166-192). Clevedon, England: Multilingual Matters.

Johnson, M. K., Hashtroudi, S., & Lindsay, D. S. (1993). Source monitoring. *Psychological Bulletin, 114*, 3-28. http://dx.doi.org/10.1037/0033-2909.114.1.3

Jones, C. H., & Powell, M. B. (2005). The effect of event context on children's recall of nonexperienced events across multiple interviews. *Legal and Criminological Psychology, 10*, 83-101.

Jones, D. P. H., & McQuiston, M. G. (1988). *Interviewing the sexually abused child* (3rd ed.). London, England: Gaskell.

Jones, L., Bellis, M. A., Wood, S., Hughes, K., McCoy, E., Eckley, L., ... Officer, A. (2012, September 8). Prevalence and risk of violence against children with disabilities: A systematic review and meta-analysis of observational studies. *The Lancet, 380*, 899-907. http://dx.doi.org/10.1016/S0140-6736(12)60692-8

Kagan, J., Reznick, S., Clarke, C., Snidman, N., & Garcia-Coll, C. (1984). Behavioral inhibition to the unfamiliar. *Child Development, 55*, 2212-2225. http://dx.doi.org/10.2307/1129793

Kahneman, D. (2011). *Thinking, fast and slow*. New York, NY: Farrar, Straus & Giroux.

Kalichman, S. C. (1999). *Mandated reporting of suspected child abuse: Ethics, law, & policy* (2nd ed.). http://dx.doi.org/10.1037/10337-000

Kassin, S. M., Dror, I. E., & Kukucka, J. (2013). The forensic confirmation bias: Problems, perspectives, and proposed solutions. *Journal of Applied Research in Memory and Cognition, 2*, 42-52. http://dx.doi.org/10.1016/j.jarmac.2013.01.001

Kassin, S. M., & Gudjonsson, G. H. (2004). The psychology of confessions: A review of the literature and issues. *Psychological Science in the Public Interest, 5*, 33-67. http://dx.doi.org/10.1111/j.1529-1006.2004.00016.x

Katz, C., Hershkowitz, I., Malloy, L. C., Lamb, M. E., Atabaki, A., & Spindler, S. (2012). Non-verbal behavior of children who disclose or do not disclose child abuse in investigative interviews. *Child Abuse & Neglect, 36*, 12-20. http://dx.doi.org/10.1016/j.chiabu.2011.08.006

Kaye, K., & Charney, R. (1981). Conversational asymmetry between mothers and children. *Journal of Child Language, 8*, 35-49. http://dx.doi.org/10.1017/S0305000900002993

Kim, G., Walden, T. A., & Knieps, L. J. (2010). Impact and characteristics of positive and fearful emotional messages during infant social referencing. *Infant Behavior and Development, 33*, 189-195. http://dx.doi.org/10.1016/j.infbeh.2009.12.009

Kluger, A. M., & DeNisi, A. (1996). The effects of feedback interventions on performance: A historical review, a meta-analysis, and a preliminary feedback intervention theory. *Psychological Bulletin, 119*, 254-284. http://dx.doi.org/10.1037/0033-2909.119.2.254

Kluger, A. M., & DeNisi, A. (1998). Feedback interventions: Toward the understanding of a double-edged sword. *Current Directions in Psychological Science, 7*, 67-72. http://dx.doi.org/10.1111/1467-8721.ep10772989

Köhnken, G., Milne, R., Memon, A., & Bull, R. (1999). The cognitive interview: A meta-analysis. *Psychology, Crime & Law, 5*, 3-27. http://dx.doi.org/10.1080/10683169908414991

Koocher, G. P. (2009). Ethical issues in child sexual abuse evaluations. In K. Kuehnle & M. Connell (Eds.), *The evaluation of child sexual abuse allegations: A comprehensive guide to assessment and testimony* (pp. 81-98). Hoboken, NJ: Wiley.

Krähenbühl, S., Blades, M., & Eiser, C. (2009). The effect of repeated questioning on children's accuracy and consistency in eyewitness testimony. *Legal and Criminological Psychology, 14*, 263-278. http://dx.doi.org/10.1348/135532508X398549

Kuczaj, S. A., II, & Lederberg, A. R. (1977). Height, age, and function: Differing influences on children's comprehension of 'younger' and 'older.' *Journal of Child Language, 4*, 395-416. http://dx.doi.

引用文献

org/10.1017/S0305000900001768

Kuehnle, K., & Connell, M. (Eds.). (2009). *The evaluation of child sexual abuse allegations: A comprehensive guide to assessment and testimony*. Hoboken, NJ: Wiley.

Kuehnle, K., & Connell, M. (2010). Child sexual abuse suspicions: Treatment considerations during investigation. *Journal of Child Sexual Abuse, 19*, 554-571. http://dx.doi.org/10.1080/10538712.2010.512554

Lamb, M. E. (2014). How I got started: Drawn into the life of crime: Learning from, by, and for child victims and witnesses. *Applied Cognitive Psychology, 28*, 607-611. http://dx.doi.org/10.1002/acp.3031

Lamb, M. E., Hershkowitz, I., Orbach, Y., & Esplin, P. W. (2008). *Tell me what happened: Structured investigative interviews of child victims and witnesses*. http://dx.doi.org/10.1002/9780470773291

Lamb, M. E., Hershkowitz, I., Sternberg, K. J., Boat, B., & Everson, M. D. (1996). Investigative interviews of alleged sexual abuse victims with and without anatomical dolls. *Child Abuse & Neglect, 20*, 1251-1259. http://dx.doi.org/10.1016/S0145-2134(96)00121-4

Lamb, M. E., Hershkowitz, I., Sternberg, K. J., Esplin, P. W., Hovav, M., Manor, T., & Yudilevitch, L. (1996). Effects of investigative utterance types on Israeli children's responses. *International Journal of Behavioral Development, 19*, 627-637. http://dx.doi.org/10.1177/016502549601900310

Lamb, M. E., & Malloy, L. C. (2013). Child development and the law. In R. M. Lerner, M. A. Easterbrooks, & J. Mistry (Eds.), *Handbook of psychology: Vol. 6. Developmental psychology* (2nd ed., pp. 571-593). Hoboken, NJ: Wiley.

Lamb, M. E., Orbach, Y., Hershkowitz, I., Esplin, P. W., & Horowitz, D. (2007). A structured forensic interview protocol improves the quality and informativeness of investigative interviews with children: A review of research using the NICHD Investigative Interview Protocol. *Child Abuse & Neglect, 31*, 1201-1231. http://dx.doi.org/10.1016/j.chiabu.2007.03.021

Lamb, M. E., Orbach, Y., Hershkowitz, I., Horowitz, D., & Abbott, C. B. (2007). Does the type of prompt affect the accuracy of information provided by alleged victims of abuse in forensic interviews? *Applied Cognitive Psychology, 21*, 1117-1130. http://dx.doi.org/10.1002/acp.1318

Lamb, M. E., Orbach, Y., Sternberg, K. J., Hershkowitz, I., & Horowitz, D. (2000). Accuracy of investigators' verbatim notes of their forensic interviews with alleged child abuse victims. *Law and Human Behavior, 24*, 699-708. http://dx.doi.org/10.1023/A:1005556404636

La Rooy, D. J., Brown, D., & Lamb, M. E. (2012). Suggestibility and witness interviewing using the Cognitive Interview and NICHD protocol. In A. M. Ridley, F. Gabbert, & D. J. La Rooy (Eds.), *Suggestibility in legal contexts: Psychological research and forensic implications* (pp. 197-216). http://dx.doi.org/10.1002/9781118432907.ch10

La Rooy, D. J., Katz, C., Malloy, L. C., & Lamb, M. E. (2010). Do we need to rethink guidance on repeated interviews? *Psychology, Public Policy, and Law, 16*, 373-392. http://dx.doi.org/10.1037/a0019909

La Rooy, D., & Lamb, M. E. (2011). What happens when interviewers ask repeated questions in forensic interviews with children alleging abuse? *Journal of Police and Criminal Psychology, 26*, 20-25. http://dx.doi.org/10.1007/s11896-010-9069-4

La Rooy, D., Lamb, M. E., & Pipe, M.-E. (2009). Repeated interviewing: A critical evaluation of the risks and potential benefits. In K. Kuehnle & M. Connell (Eds.), *The evaluation of child sexual abuse allegations: A comprehensive guide to assessment and testimony* (pp. 327-361). Hoboken, NJ: Wiley.

Leander, N. P., Chartrand, T. L., & Bargh, J. A. (2012). You give me the chills: Embodied reactions to inappropriate amounts of behavioral mimicry. *Psychological Science, 23*, 772-779. http://dx.doi.org/10.1177/0956797611434535

Leichtman, M. D., & Ceci, S. J. (1995). The effects of stereotypes and suggestions on preschoolers' reports. *Developmental Psychology, 31*, 568-578. http://dx.doi.org/10.1037/0012-1649.31.4.568

Lilienfeld, S. O. (2007). Psychological treatments that cause harm. *Perspectives on Psychological Science, 2*, 53-70. http://dx.doi.org/10.1111/j.1745-6916.2007.00029.x

Loftus, E. F., Garry, M., & Feldman, J. (1994). Forgetting sexual trauma: What does it mean when 38% forget? *Journal of Consulting and Clinical Psychology, 62*, 1177-1181. http://dx.doi.org/10.1037/0022-006X.62.6.1177

London, K., Bruck, M., Wright, D. B., & Ceci, S. J. (2008). Review of the contemporary literature on how children report sexual abuse to others: Findings, methodological issues, and implications for forensic interviewers. *Memory, 16*, 29-47. http://dx.doi.org/10.1080/09658210701725732

Lowenstein, J. A., Blank, H., & Sauer, J. D. (2010). Uniforms affect the accuracy of children's eyewitness identification decisions. *Journal of Investigative Psychology and Offender Profiling, 7*, 59-73. http://dx.doi.org/10.1002/jip.104

Lukomski, J. (2014). Best practices in planning effective instruction for children who are deaf or hard of hearing. In P. Harrison & A. Thomas (Eds.), *Best practices in school psychology* (pp. 367-376). Bethesda, MD: National Association of School Psychologists.

Lum, J. A. G., Powell, M. B., Timms, L., & Snow, P. (2015). A meta-analysis of cross sectional studies investigating language in maltreated children. *Journal of Speech, Language, and Hearing Research, 58*, 961-976. http://dx.doi.org/10.1044/2015_JSLHR-L-14-0056

Lyon, T. D. (2005). *Ten step investigative interview*. Retrieved from http://works.bepress.com/thomaslyon/5

Lyon, T. D. (2011). Assessing the competency of child witnesses: Best practice informed by psychology and law. In M. E. Lamb, D. J. La Rooy, L. C. Malloy, & C. Katz (Eds.), *Children's testimony: A handbook of psychological research and forensic practice* (2nd ed., pp. 69-85). http://dx.doi.org/10.1002/9781119998495.ch4

Lyon, T. D., & Ahern, E. C. (2011). Disclosure of child sexual abuse. In J. E. B. Myers (Ed.), *The APSAC handbook on child maltreatment* (3rd ed., pp. 233-252). Los Angeles, CA: Sage.

Lyon, T. D., Carrick, N., & Quas, J. A. (2010). Young children's competency to take the oath: Effects of task, maltreatment, and age. *Law and Human Behavior, 34*, 141-149. http://dx.doi.org/10.1007/s10979-009-9177-9

Lyon, T. D., & Evans, A. D. (2014). Young children's understanding that promising guarantees performance: The effects of age and maltreatment. *Law and Human Behavior, 38*, 162-170. http://dx.doi.org/10.1037/lhb0000061

Lyon, T. D., Malloy, L. C., Quas, J. A., & Talwar, V. A. (2008). Coaching, truth induction, and young maltreated children's false allegations and false denials. *Child Development, 79*, 914-929. http://dx.doi. org/10.1111/j.1467-8624.2008.01167.x

Lyon, T. D., Quas, J. A., & Carrick, N. (2013). Right and righteous: Children's incipient understanding and evaluation of true and false statements. *Journal of Cognition and Development, 14*, 437-454. http://dx.doi.org/10.1080/15248372.2012.673187

Lyon, T. D., & Saywitz, K. J. (1999). Young maltreated children's competence to take the oath. *Applied Developmental Science, 3*, 16-27. http://dx.doi.org/10.1207/s1532480xads0301_3

Lyon, T. D., Scurich, N., Choi, K., Handmaker, S., & Blank, R. (2012). "How did you feel?": Increasing child sexual abuse witnesses' production of evaluative information. *Law and Human Behavior, 36*, 448-457. http://dx.doi.org/10.1037/h0093986

Lyon, T. D., Wandrey, L., Ahern, E., Licht, R., Sim, M. P. Y., & Quas, J. A. (2014). Eliciting maltreated and nonmaltreated children's transgression disclosures: Narrative practice rapport building and a putative confession. *Child Development, 85*, 1756-1769. http://dx.doi.org/10.1111/cdev.12223

Lytle, N., London, K., & Bruck, M. (2015). Young children's ability to use twodimensional and three-dimensional symbols to show placements of body touches and hidden objects. *Journal of Experimental Child Psychology, 134*, 30-42. http://dx.doi.org/10.1016/j.jecp.2015.01.010

Macleod, E., Gross, J., & Hayne, H. (2013). The clinical and forensic value of information that children report while drawing. *Applied Cognitive Psychology, 27*, 564-573.

Macleod, E., Gross, J., & Hayne, H. (2014). Drawing conclusions: The effect of instructions on children's confabulation and fantasy errors. *Memory, 24*, 21-31. http://dx.doi.org/10.1080/09658211.2014.982656

Malloy, L. C., Shulman, E. P., & Cauffman, E. (2014). Interrogations, confessions, and guilty pleas among serious adolescent offenders. *Law and Human Behavior, 38*, 181-193. http://dx.doi.org/10.1037/lhb0000065

Matsumoto, D. (2006). Culture and nonverbal behavior. In V. Manusov & M. L. Patterson (Eds.), *The Sage handbook of nonverbal communication* (pp. 219-236). http://dx.doi.org/10.4135/9781412976152.n12

Mattison, M. L. A., Dando, C. J., & Ormerod, T. C. (2015). Sketching to remember: Episodic free recall task support for child witnesses and victims with autism spectrum disorder. *Journal of Autism and Developmental Disorders, 45*, 1751-1765. http://dx.doi.org/10.1007/s10803-014-2335-z

Memon, A., Holley, A., Wark, L., Bull, R., & Köhnken, G. (1996). Reducing suggestibility in child witness interviews. *Applied Cognitive Psychology, 10*, 503-518. http://dx.doi.org/10.1002/(SICI)1099-0720(199612)10:6<503::AIDACP416>3.0.CO;2-R

Memon, A., Meissner, C. A., & Fraser, J. (2010). The cognitive interview: A metaanalytic review and study space analysis of the past 25 years. *Psychology, Public Policy, and Law, 16*, 340-372. http://dx.doi.org/10.1037/a0020518

Mesman, J., van IJzendoorn, M. K., & Bakermans-Kranenburg, M. K. (2009). The many faces of the Still-Face Paradigm: A review and meta-analysis. *Developmental Review, 29*, 120-162. http://dx.doi.org/10.1016/j.dr.2009.02.001

Miller, G. (2012). Mysteries of the brain. *How are memories retrieved? Science, 338*, 30-31. http://dx.doi.org/10.1126/science.338.6103.30-b

Milne, R., Sharman, S. J., Powell, M. B., & Mead, S. (2013). Assessing the effectiveness of the cognitive interview for children with severe intellectual disabilities. *International Journal of Disability, Development and Education*, *60*, 18-29. http://dx.doi.org/10.1080/1034912X.2013.757137

Ministry of Justice. (2011). *Achieving best evidence in criminal proceedings: Guidance on interviewing victims and witnesses, and guidance on using special measures*. Retrieved from https://www.cps.gov.uk/publications/docs/best_evidence_in_criminal_proceedings.pdf

Moody, E. J., McIntosh, D. N., Mann, L. J., & Weisser, K. R. (2007). More than mere mimicry? The influence of emotion on rapid facial reactions to faces. *Emotion*, *7*, 447-457. http://dx.doi.org/10.1037/1528-3542.7.2.447

Moore, D. K. (1998). Prosecuting child sexual abuse in rural Kentucky: Factors influencing case acceptance by prosecuting attorneys. *American Journal of Criminal Justice*, *22*, 207-234. http://dx.doi.org/10.1007/BF02887258

Morgan, M. (1995). *How to interview sexual abuse victims: Including the use of anatomical dolls*. http://dx.doi.org/10.4135/9781483326849

Nahum, L., Bouzerda-Wahlen, A., Guggisberg, A., Ptak, R., & Schnider, A. (2012). Forms of confabulation: Dissociations and associations. *Neuropsychologia*, *50*, 2524-2534. http://dx.doi.org/10.1016/j.neuropsychologia.2012.06.026

National Association of Certified Child Forensic Interviewers. (2014). *The child centered approach to investigative child forensic interviewing*. Retrieved from http://www.naccfi.com/2014%20Course%20Curriculum%20%20FEB%20No%20Live%20Links.pdf

National Center for Education Statistics. (2015). *The condition of education: Children and youth with disabilities*. Retrieved from http://nces.ed.gov/programs/coe/indicator_cgg.asp

National Center for Prosecution of Child Abuse. (1993). *Investigation and prosecution of child abuse* (2nd ed.). Alexandria, VA: American Prosecutors Research Institute.

National Center for Prosecution of Child Abuse. (2004). *Investigation and prosecution of child abuse* (3rd ed.). Thousand Oaks, CA: Sage.

National Children's Advocacy Center. (2010). *NCAC renames the extended forensic evaluation protocol*. Retrieved from http://www.nationalcac.org/professionals/images/stories/pdfs/final%20-%20ncac%20renames%20extended%20forensic%20evaluation%20training-revised.pdf

National Children's Advocacy Center. (2012). *National Children's Advocacy Center Child Forensic Interview structure*. Huntsville, AL: Author.

National Children's Advocacy Center. (2014). *Update to the National Children's Advocacy Center's Child Forensic Interview structure*. Retrieved from http://www.nationalcac.org/ncac-training/update-to-ncac-cfis-2014.html

National Children's Advocacy Center. (2015). *Position paper on the use of human figure drawings in forensic interviews*. Retrieved from http://calio.org/images/position-paper-human-figure-drawings.pdf

Nelson, N. W. (1976). Comprehension of spoken language by normal children as a function of speaking rate, sentence difficulty, and listener age and sex. *Child Development*, *47*, 299-303. http://dx.doi.org/10.2307/1128319

Newcombe, N. S., Lloyd, M. E., & Balcomb, F. (2012). Contextualizing the development of recollection: Episodic memory and binding in young children. In G. Simona & P. Bauer (Eds.), *Origins and development of recollection: Perspectives from psychology and neuroscience* (pp. 73-100). http://dx.doi.org/10.1093/acprof:oso/9780195340792.003.0004

Newcombe, N. S., Lloyd, M. E., & Ratliff, K. R. (2007). Development of episodic and autobiographical memory: A cognitive neuroscience perspective. In R. V. Kail (Ed.), *Advances in child development and behavior* (Vol. 35, pp. 37-85). http://dx.doi.org/10.1016/B978-0-12-009735-7.50007-4

Niec, L. N., Eyberg, S., & Chase, R. M. (2012). Parent-child interaction therapy: Implementing and sustaining a treatment program for families of young children with disruptive behavior disorders. In A. Rubin (Ed.), *Programs and interventions for maltreated children and families at risk* (pp. 61-69). Hoboken, NJ: Wiley.

Orbach, Y., Lamb, M. E., La Rooy, D. J., & Pipe, M.-E. (2012). A case study of witness consistency and memory recovery across multiple investigative interviews. *Applied Cognitive Psychology, 26,* 118-129. http://dx.doi.org/10.1002/acp.1803

Orbach, Y., & Pipe, M.-E. (2011). Investigating substantive issues. In M. E. Lamb, D. J. La Rooy, L. C. Malloy, & C. Katz (Eds.), *Children's testimony: A handbook of psychological research and forensic practice* (2nd ed., pp. 147-164). http://dx.doi.org/10.1002/9781119998495.ch8

Orbach, Y., Shiloach, H., & Lamb, M. E. (2007). Reluctant disclosers of child sexual abuse. In M.-E. Pipe, M. E. Lamb, Y. Orbach, & A.-C. Cederborg (Eds.), *Child sexual abuse: Disclosure, delay, and denial* (pp. 115-134). New York, NY: Routledge.

Oregon Department of Justice. (2012). *Oregon interviewing guidelines* (3rd ed.). Retrieved from http://www.doj.state.or.us/victims/pdf/oregon_interviewing_guidelines.pdf

Over, H., Carpenter, M., Spears, R., & Gattis, M. (2013). Children selectively trust individuals who have imitated them. *Social Development, 22,* 215-224. http://dx.doi.org/10.1111/sode.12020

Pathman, T., Larkina, M., Burch, M., & Bauer, P. J. (2013). Young children's memory for the times of personal past events. *Journal of Cognition and Development, 14,* 120-140. http://dx.doi.org/10.1080/15248372.2011.641185

Patterson, T., & Hayne, H. (2011). Does drawing facilitate older children's reports of emotionally laden events? *Applied Cognitive Psychology, 25,* 119-126. http://dx.doi.org/10.1002/acp.1650

Perry, N. W., McAuliff, B. D., Tam, P., Claycomb, L., Dostal, C., & Flanagan, C. (1995). When lawyers question children: Is justice served? *Law and Human Behavior, 19,* 609-629. http://dx.doi.org/10.1007/BF01499377

Perry, N. W., & Teply, L. (1985). Interviewing, counseling, and in-court examination of children: Practical approaches for attorneys. *Creighton Law Review, 18,* 1369-1426.

Peterson, C. (2002). Children's long-term memory for autobiographical events. *Developmental Review, 22,* 370-402. http://dx.doi.org/10.1016/S0273-2297(02)00007-2

Peterson, C. (2011). Children's memory reports over time: Getting both better and worse. *Journal of Experimental Child Psychology, 109,* 275-293. http://dx.doi.org/10.1016/j.jecp.2011.01.009

Peterson, C. (2012). Children's autobiographical memories across the years: Forensic implications of childhood amnesia and eyewitness memory for stressful events. *Developmental Review*, *32*, 287-306. http://dx.doi.org/10.1016/j.dr.2012.06.002

Peterson, C., & Biggs, M. (1997). Interviewing children about trauma: Problems with "specific" questions. *Journal of Traumatic Stress*, *10*, 279-290. http://dx.doi.org/10.1002/jts.2490100208

Peterson, C., & Rideout, R. (1998). Memory for medical emergencies experienced by 1- and 2-year-olds. *Developmental Psychology*, *34*, 1059-1072. http://dx.doi.org/10.1037/0012-1649.34.5.1059

Piaget, J. (1928). *Judgment and reasoning in the child*. http://dx.doi.org/10.4324/9780203207260

Pipe, M.-E., Lamb, M. E., Orbach, Y., & Cederborg, A.-C. (Eds.). (2007). *Child sexual abuse: Disclosure, delay, and denial*. New York, NY: Routledge.

Pipe, M.-E., Orbach, Y., Lamb, M. E., Abbott, C. B., & Stewart, H. (2013). Do case outcomes change when investigative interviewing practices change? *Psychology, Public Policy, and Law*, *19*, 179-190. http://dx.doi.org/10.1037/a0030312

Pipe, M.-E., & Wilson, J. C. (1994). Cues and secrets: Influences on children's event reports. *Developmental Psychology*, *30*, 515-525. http://dx.doi.org/10.1037/0012-1649.30.4.515

Pompedda, F., Zappalà, A., & Santtila, P. (2015). Simulations of child sexual abuse interviews using avatars paired with feedback improves interview quality. *Psychology, Crime & Law*, *21*, 28-52. http://dx.doi.org/10.1080/1068316X.2014.915323

Poole, D. A., Brubacher, S. P., & Dickinson, J. J. (2015). Children as witnesses. In B. L. Cutler & P. A. Zapf (Eds.), *APA handbook of forensic psychology: Vol. 2. Criminal investigation, adjudication, and sentencing outcomes* (pp. 3-31). Washington, DC: American Psychological Association.

Poole, D. A., & Bruck, M. (2012). Divining testimony? The impact of interviewing props on children's reports of touching. *Developmental Review*, *32*, 165-180. http://dx.doi.org/10.1016/j.dr.2012.06.007

Poole, D. A., & Dickinson, J. J. (2011). Evidence supporting restrictions on uses of body diagrams in forensic interviews. *Child Abuse & Neglect*, *35*, 659-669. http://dx.doi.org/10.1016/j.chiabu.2011.05.004

Poole, D. A., & Dickinson, J. J. (2013). Investigative interviews of children. In R. Holliday & T. Marche (Eds.), *Child forensic psychology: Victim and eyewitness memory* (pp. 157-178). New York, NY: Palgrave Macmillan.

Poole, D. A., & Dickinson, J. J. (2014). Comfort drawing during investigative interviews: Evidence of the safety of a popular practice. *Child Abuse & Neglect*, *38*, 192-201. http://dx.doi.org/10.1016/j.chiabu.2013.04.012

Poole, D. A., Dickinson, J. J., & Brubacher, S. P. (2014). Sources of unreliable testimony from children. *Roger Williams University Law Review*, *19*, 382-410.

Poole, D. A., Dickinson, J. J., Brubacher, S. P., Liberty, A. E., & Kaake, A. M. (2014). Deficient cognitive control fuels children's exuberant false allegations. *Journal of Experimental Child Psychology*, *118*, 101-109. http://dx.doi.org/10.1016/j.jecp.2013.08.013

Poole, D. A., & Lamb, M. E. (1998). *Investigative interviews of children: A guide for helping professionals*. http://dx.doi.org/10.1037/10301-000

Poole, D. A., & Lindsay, D. S. (2001). Children's eyewitness reports after exposure to misinformation from parents. *Journal of Experimental Psychology: Applied*, *7*, 27-50. http://dx.doi.org/10.1037/1076-

898X.7.1.27

Poole, D. A., & Lindsay, D. S. (2002). Reducing child witnesses' false reports of misinformation from parents. *Journal of Experimental Child Psychology, 81*, 117-140. http://dx.doi.org/10.1006/jecp.2001.2648

Poole, D. A., & White, L. T. (1991). Effects of question repetition on the eyewitness testimony of children and adults. *Developmental Psychology, 27*, 975-986. http://dx.doi.org/10.1037/0012-1649.27.6.975

Powell, M. B. (2003, December). A guide to introducing the topic of an interview about abuse with a child. *Australian Police Journal, 57*, 259-263.

Powell, M. B., Fisher, R. P., & Wright, R. (2005). Investigative interviewing. In N. Brewer & K. D. Williams (Eds.), *Psychology and law: An empirical perspective* (pp. 11-42). New York, NY: Guilford Press.

Powell, M. B., & Guadagno, B. (2008). An examination of the limitations in investigative interviewers' use of open-ended questions. *Psychiatry, Psychology and Law, 15*, 382-395. http://dx.doi.org/10.1080/13218710802101621

Powell, M. B., Hughes-Scholes, C. H., & Sharman, S. J. (2012). Skill in interviewing reduces confirmation bias. *Journal of Investigative Psychology and Offender Profiling, 9*, 126-134. http://dx.doi.org/10.1002/jip.1357

Powell, M. B., Hughes-Scholes, C. H., Smith, R., & Sharman, S. J. (2014). The relationship between investigative interviewing experience and open-ended question usage. *Police Practice and Research: An International Journal, 15*, 283-292. http://dx.doi.org/10.1080/15614263.2012.704170

Powell, M. B., & Snow, P. C. (2007). Guide to questioning children during the freenarrative phase of an investigative interview. *Australian Psychologist, 42*, 57-65. http://dx.doi.org/10.1080/00050060600976032

Poyer, K. L. (n.d.). *Investigative interviews of children.* Washington, DC: U.S. Department of Justice, Federal Bureau of Investigation, Office for Victim Assistance.

Pozzulo, J. D. (2007). Person description and identification by child witnesses. In R. C. L. Lindsay, D. F. Ross, J. D. Read, & M. P. Toglia (Eds.), *Handbook of eyewitness psychology: Vol. 2. Memory for people* (pp. 283-307). Mahwah, NJ: Erlbaum.

Pozzulo, J. D. (2013). Child eyewitness person descriptions and lineup identifications. In R. Holliday & T. Marche (Eds.), *Child forensic psychology: Victim and eyewitness memory* (pp. 209-240). New York, NY: Palgrave Macmillan.

Pratt, C. (1990). On asking children—and adults—bizarre questions. *First Language, 10*, 167-175. http://dx.doi.org/10.1177/014272379001002905

Price, G. R., Mazzocco, M. M. M., & Ansari, D. (2013). Why mental arithmetic counts: Brain activation during single digit arithmetic predicts high school math scores. *The Journal of Neuroscience, 33*, 156-163. http://dx.doi.org/10.1523/JNEUROSCI.2936-12.2013

Price, H. L., Connolly, D. A., & Gordon, H. M. (2015). *Children who have experienced a repeated event only appear less consistent than those who experienced a unique event.* Manuscript submitted for publication.

Price, H. L., Ornstein, P. A., & Poole, D. A. (2015). *The influence of prior "knowledge" on inexperienced interviewers' questioning.* Manuscript in preparation.

Price, H. L., Roberts, K. P., & Collins, A. (2013). The quality of children's allegations of abuse in investigative interviews containing practice narratives. *Journal of Applied Research in Memory and Cognition*, *2*, 1-6. http://dx.doi.org/10.1016/j.jarmac.2012.03.001

Principe, G. F., DiPuppo, J., & Gammel, J. (2013). Effects of mothers' conversation style and receipt of misinformation on children's event reports. *Cognitive Development*, *28*, 260-271. http://dx.doi.org/10.1016/j.cogdev.2013.01.012

Principe, G. F., Greenhoot, A. F., & Ceci, S. J. (2014). Young children's eyewitness memory. In T. J. Perfect & D. S. Lindsay (Eds.), *The Sage handbook of applied memory* (pp. 633-653). http://dx.doi.org/10.4135/9781446294703.n35

Principe, G. F., & Schindewolf, E. (2012). Natural conversations as a source of false memories in children: Implications for the testimony of young witnesses. *Developmental Review*, *32*, 205-223. http://dx.doi.org/10.1016/j.dr.2012.06.003

Putallaz, M., & Gottman, J. M. (1981). An interactional model of children's entry into peer groups. *Child Development*, *52*, 986-994. http://dx.doi.org/10.2307/1129103

Quas, J. A., Bauer, A., & Boyce, W. T. (2004). Physiological reactivity, social support, and memory in early childhood. *Child Development*, *75*, 797-814. http://dx.doi.org/10.1111/j.1467-8624.2004.00707.x

Quas, J. A., & Lench, H. C. (2007). Arousal at encoding, arousal at retrieval, interviewer support, and children's memory for a mild stressor. *Applied Cognitive Psychology*, *21*, 289-305. http://dx.doi.org/10.1002/acp.1279

Raj, V., & Bell, M. A. (2010). Cognitive processes supporting episodic memory formation in childhood: The role of source memory, binding, and executive functioning. *Developmental Review*, *30*, 384-402. http://dx.doi.org/10.1016/j.dr.2011.02.001

Reich, P. A. (1986). *Language development*. Englewood Cliffs, NJ: Prentice-Hall.

Renkl, A., Mandl, H., & Gruber, H. (1996). Inert knowledge: Analyses and remedies. *Educational Psychologist*, *31*, 115-121. http://dx.doi.org/10.1207/s15326985ep3102_3

Rischke, A. E., Roberts, K. P., & Price, H. L. (2011). Using spaced learning principles to translate knowledge into behavior: Evidence from investigative interviews of alleged child abuse victims. *Journal of Police and Criminal Psychology*, *26*, 58-67. http://dx.doi.org/10.1007/s11896-010-9073-8

Roberts, K. P., Brubacher, S. P., Powell, M. B., & Price, H. L. (2011). Practice narratives. In M. E. Lamb, D. J. La Rooy, L. Malloy, & C. Katz (Eds.), *Children's testimony: A handbook of psychological research and forensic practice* (2nd ed., pp. 129-145). http://dx.doi.org/10.1002/9781119998495.ch7

Roberts, K. P., & Duncanson, S. (2011, March). *Enhancing children's testimony with the facilitative interview technique*. Paper presented at the annual meeting of the American Psychology-Law Society, Miami, FL.

Roberts, K. P., & Lamb, M. E. (1999). Children's responses when interviewers distort details during investigative interviews. *Legal and Criminological Psychology*, *4*, 23-31. http://dx.doi.org/10.1348/135532599167752

Roberts, K. P., & Lamb, M. E. (2010). Reality-monitoring characteristics in confirmed and doubtful allegations of child sexual abuse. *Applied Cognitive Psychology*, *24*, 1049-1079. http://dx.doi.org/10.1002/acp.1600

Roberts, K. P., Lamb, M. E., & Sternberg, K. J. (2004). The effects of rapport-building style on children's reports of a staged event. *Applied Cognitive Psychology, 18,* 189-202. http://dx.doi.org/10.1002/acp.957

Rogers, M. A. (2009, June). *What are the phases of intervention research? Access Academics and Research.* Retrieved from http://asha.org/academic/questions/PhasesClinicalResearch/

Rohrer, D., & Taylor, K. (2007). The shuffling of mathematics problems improves learning. *Instructional Science, 35,* 481-498. http://dx.doi.org/10.1007/s11251-007-9015-8

Rotenberg, K. J., Eisenberg, N., Cumming, C., Smith, A., Singh, M., & Terlicher, E. (2003). The contribution of adults' nonverbal cues and children's shyness to the development of rapport between adults and preschool children. *International Journal of Behavioral Development, 27,* 21-30. http://dx.doi.org/10.1080/01650250143000571

Rush, E. B., Quas, J. A., Yim, I. S., Nikolayev, M., Clark, S. E., & Larson, R. P. (2014). Stress, interviewer support, and children's eyewitness identification accuracy. *Child Development, 85,* 1292-1305. http://dx.doi.org/10.1111/cdev.12177

Salas, E., Tannenbaum, S. I., Kraiger, K., & Smith-Jentsch, K. A. (2012). The science of training and development in organizations: What matters in practice. *Psychological Science in the Public Interest, 13,* 74-101. http://dx.doi.org/10.1177/1529100612436661

Salmon, K., & Pipe, M.-E. (2000). Recalling an event one year later: The impact of props, drawing and a prior interview. *Applied Cognitive Psychology, 14,* 99-120. http://dx.doi.org/10.1002/(SICI)1099-0720 (200003/04)14:2<99::AIDACP639>3.0.CO;2-5

San Diego Child Protection Team. (2013). *Child victim witness checklists.* Retrieved from http://www.chadwickcenter.org/Documents/Checklist-%20Online%20version%20-%2001.2013.pdf

Sattler, J. M. (2002). *Assessment of children: Behavioral and clinical applications* (4th ed.). La Mesa, CA: Author.

Saywitz, K. J. (1988). The credibility of child witnesses. *Family Advocate, 10*(3), 38-41.

Saywitz, K. J., & Camparo, L. B. (2014). *Evidence-based child forensic interviewing: The developmental narrative elaboration interview.* Oxford, England: Oxford University Press.

Saywitz, K. J., & Moan-Hardie, S. (1994). Reducing the potential for distortion of childhood memories. *Consciousness and Cognition, 3,* 408-425. http://dx.doi.org/10.1006/ccog.1994.1023

Saywitz, K. J., & Snyder, L. (1996). Narrative elaboration: Test of a new procedure for interviewing children. *Journal of Consulting and Clinical Psychology, 64,* 1347-1357. http://dx.doi.org/10.1037/0022-006X.64.6.1347

Saywitz, K. J., Snyder, L., & Nathanson, R. (1999). Facilitating the communicative competence of the child witness. *Applied Developmental Science, 3,* 58-68. http://dx.doi.org/10.1207/s1532480xads0301_7

Schacter, D. L., Kagan, J., & Leichtman, M. D. (1995). True and false memories in children and adults: A cognitive neuroscience perspective. *Psychology, Public Policy, and Law, 1,* 411-428. http://dx.doi.org/10.1037/1076-8971.1.2.411

Schneider, L., Price, H. L., Roberts, K. P., & Hedrick, A. M. (2011). Children's episodic and generic reports of alleged abuse. *Applied Cognitive Psychology, 25,* 862-870. http://dx.doi.org/10.1002/acp.1759

Schnider, A. (2003). Spontaneous confabulation and the adaptation of thought to ongoing reality. *Nature*

Reviews Neuroscience, 4, 662-671. http://dx.doi.org/10.1038/nrn1179

Schofield, T. J., Parke, R. D., Castañeda, E. K., & Coltrane, S. (2008). Patterns of gaze between parents and children in European American and Mexican American families. *Journal of Nonverbal Behavior, 32,* 171-186. http://dx.doi.org/10.1007/s10919-008-0049-7

Scoboria, A., & Fisico, S. (2013). Encouraging and clarifying "don't know" responses enhances interview quality. *Journal of Experimental Psychology: Applied, 19,* 72-82. http://dx.doi.org/10.1037/a0032067

Scoboria, A., Mazzoni, G., & Kirsch, I. (2008). "Don't know" responding to answerable and unanswerable questions during misleading and hypnotic interviews. *Journal of Experimental Psychology: Applied, 14,* 255-265. http://dx.doi.org/10.1037/1076-898X.14.3.255

Scottish Government. (2011). *Guidance on joint investigative interviewing of child witnesses in Scotland.* Retrieved from http://www.gov.scot/Resource/Doc/365398/0124263.pdf

Shapiro, L. R. (2009). Eyewitness testimony for a simulated juvenile crime by male and female criminals with consistent or inconsistent gender-role characteristics. *Journal of Applied Developmental Psychology, 30,* 649-666. http://dx.doi.org/10.1016/j.appdev.2009.07.007

Shelton, K., Bridenbaugh, H., Farrenkopf, M., & Kroeger, K. (2010). *Project Ability: Demystifying disability in child abuse interviewing.* Retrieved from http://www.oregon.gov/DHS/CHILDREN/ADVISORY/CJA/Documents/Project-Ability.pdf

Shute, V. J. (2008). Focus on formative feedback. *Review of Educational Research, 78,* 153-189. http://dx.doi.org/10.3102/0034654307313795

Siegler, R. S. (2006). Microgenetic analyses of learning. In D. Kuhn & R. S. Siegler (Eds.), *Handbook of child psychology: Vol. 2. Cognition, perception, and language* (6th ed., pp. 464-510). Hoboken, NJ: Wiley.

Sitzmann, T., Bell, B. S., Kraiger, K., & Kanar, A. M. (2009). A multilevel analysis of the effect of prompting self-regulation in technology-delivered instruction. *Personnel Psychology, 62,* 697-734. http://dx.doi.org/10.1111/j.1744-6570.2009.01155.x

Smith, K., & Milne, R. (2011). Planning the interview. In M. E. Lamb, D. J. La Rooy, L. C. Malloy, & K. Carmit (Eds.), *Children's testimony: A handbook of psychological research and forensic practice* (2nd ed., pp. 87-107). http://dx.doi.org/10.1002/9781119998495.ch5

Smith, R. M., Powell, M. B., & Lum, J. (2009). The relationship between job status, interviewing experience, gender, and police officers' adherence to openended questions. *Legal and Criminological Psychology, 14,* 51-63. http://dx.doi.org/10.1348/135532507X262360

Soderstrom, N. C., & Bjork, R. A. (2015). Learning versus performance: An integrative review. *Perspectives on Psychological Science, 10,* 176-199. http://dx.doi.org/10.1177/1745691615569000

Spiro, R. J., Feltovich, P. J., & Coulson, R. L. (1996). Two epistemic world-views: Prefigurative schemas and learning in complex domains. *Applied Cognitive Psychology, 10,* 51-61. http://dx.doi.org/10.1002/(SICI)1099-0720(199611)10:7<51::AIDACP437>3.0.CO;2-F

Staller, K. M., & Faller, K. C. (Eds.). (2010). *Seeking justice in child sexual abuse: Shifting burdens and sharing responsibilities.* New York, NY: Columbia University Press.

State of Maine Child and Family Services. (2010). *State of Maine Child and Family Services fact-finding child interview protocol.* Augusta, ME: Author.

引用文献

State of Michigan Governor's Task Force on Child Abuse and Neglect and Department of Human Services. (2011). *Forensic interviewing protocol.* Retrieved from https://www.michigan.gov/documents/dhs/DHS-PUB-0779_211637_7.pdf

Steller, M., & Köhnken, G. (1989). Criteria-based statement analysis. In D. C. Raskin (Ed.), *Psychological methods in criminal investigation and evidence* (pp. 217-245). New York, NY: Springer.

Sternberg, K. J., Lamb, M. E., Hershkowitz, I., Esplin, P. W., Redlich, A., & Sunshine, N. (1996). The relationship between investigative utterance types and the informativeness of child witnesses. *Journal of Applied Developmental Psychology, 17,* 439-451. http://dx.doi.org/10.1016/S0193-3973(96)90036-2

Sternberg, K. J., Lamb, M. E., Hershkowitz, I., Yudilevitch, L., Orbach, Y., Esplin, P. W., & Hovav, M. (1997). Effects of introductory style on children's abilities to describe experiences of sexual abuse. *Child Abuse & Neglect, 21,* 1133-1146. http://dx.doi.org/10.1016/S0145-2134(97)00071-9

Sternberg, K. J., Lamb, M. E., Orbach, Y., Esplin, P. W., & Mitchell, S. (2001). Use of a structured investigative protocol enhances young children's responses to freerecall prompts in the course of forensic interviews. *Journal of Applied Psychology, 86,* 997-1005.

Steward, M. S., Steward, D. S., Farquhar, L., Myers, J. E. B., Reinhart, M., Welker, J., ... Morgan, J. (1996). Interviewing young children about body touch and handling. *Monograph of the Society for Research in Child Development, 61*(4-5, Serial No. 248).

St. Jacques, P. L., & Schacter, D. L. (2013). Modifying memory: Selectively enhancing and updating personal memories for a museum tour by reactivating them. *Psychological Science, 24,* 537-543. http://dx.doi.org/10.1177/0956797612457377

Strange, D., Garry, M., & Sutherland, R. (2003). Drawing out children's false memories. *Applied Cognitive Psychology, 17,* 607-619. http://dx.doi.org/10.1002/acp.911

Stuart, R. B., & Lilienfeld, S. O. (2007). The evidence missing from evidence-based practice. *American Psychologist, 62,* 615-616. http://dx.doi.org/10.1037/0003-066X62.6.615

Tannen, D. (1990). *You just don't understand: Men and women in conversation.* New York, NY: Morrow.

Tannenbaum, S. I. (1997). Enhancing continuous learning: Diagnostic findings from multiple companies. *Human Resource Management, 36,* 437-452. http://dx.doi.org/10.1002/(SICI)1099-050X(199724)36:4<437::AID-HRM7>3.0.CO;2-W

Taylor, M., Esbensen, B. M., & Bennett, R. T. (1994). Children's understanding of knowledge acquisition: The tendency for children to report that they have always known what they have just learned. *Child Development, 65,* 1581-1604. http://dx.doi.org/10.2307/1131282

Taylor, P. J., Russ-Eft, D. F., & Chan, D. W. L. (2005). A meta-analytic review of behavior modeling training. *Journal of Applied Psychology, 90,* 692-709. http://dx.doi.org/10.1037/0021-9010.90.4.692

Teoh, Y. S., & Lamb, M. (2013). Interviewer demeanor in forensic interviews of children. *Psychology, Crime & Law, 19,* 145-159. http://dx.doi.org/10.1080/1068316X.2011.614610

Thierry, K. L., Lamb, M. E., Orbach, Y., & Pipe, M.-E. (2005). Developmental differences in the function and use of anatomical dolls during interviews with alleged sexual abuse victims. *Journal of Consulting and Clinical Psychology, 73,* 1125-1134. http://dx.doi.org/10.1037/0022-006X.73.6.1125

Tickle-Degnen, L., & Rosenthal, R. (1990). The nature of rapport and its nonverbal correlates. *Psychologi-*

cal Inquiry, 1, 285-293. http://dx.doi.org/10.1207/s15327965pli0104_1

Tomasello, M. (2014). The ultrasocial animal. *European Journal of Social Psychology, 44,* 187-194. http://dx.doi.org/10.1002/ejsp.2015

Trankell, A. (1972). *Reliability of evidence: Methods for analyzing and assessing witness statements.* Stockholm, Sweden: Beckmans.

Trocmé, N., Fallon, B., MacLaurin, B., Sinha, V., Black, T., Fast, E., ... Holryod, J. (2010). *Canadian incidence study of reported child abuse and neglect—2008: Executive summary & chapters 1-5.* Ottawa, Canada: Public Health Agency of Canada.

Undeutsch, U. (1982). Statement reality analysis. In A. Trankell (Ed.), *Reconstructing the past: The role of psychologists in criminal trials* (pp. 27-56). Deventer, Netherlands: Kluwer.

U.S. Department of Education. (2015). *Building the legacy: IDEA 2004.* Retrieved from http://idea.ed.gov/explore/home

U.S. National Institutes of Health. (2007). *Understanding clinical trials.* Retrieved from http://clinicaltrials.gov/ct2/info/understand

Valenti-Hein, D. (2002). Use of visual tools to report sexual abuse for adults with mental retardation. *Mental Retardation, 40,* 297-303. http://dx.doi.org/10.1352/0047-6765(2002)040<0297:UOVTTR>2.0.CO;2

Vallano, J. P., & Schreiber Compo, N. (2015). Rapport-building with cooperative witnesses and criminal suspects: A theoretical and empirical review. *Psychology, Public Policy, and Law, 21,* 85-99. http://dx.doi.org/10.1037/law0000035

van Schaik, J. E., van Baaren, R., Bekkering, H., & Hunnius, S. (2013). *Evidence for nonconscious behavior-copying in young children.* Retrieved from http://mindmodeling.org/cogsci2013/papers/0284/paper0284.pdf

Verkampt, F., & Ginet, M. (2010). Variations of the cognitive interview: Which one is the most effective in enhancing children's testimonies? *Applied Cognitive Psychology, 24,* 1279-1296. http://dx.doi.org/10.1002/acp.1631

Verkampt, F., Ginet, M., & Colomb, C. (2014). The influence of social instructions on the effectiveness of a cognitive interview used with very young child witnesses. *European Review of Applied Psychology/ Revue Européenne de Psychologie Appliquée, 64,* 323-333. http://dx.doi.org/10.1016/j.erap.2014.09.003

Walker, A. G. (1993). Questioning young children in court: A linguistic case study. *Law and Human Behavior, 17,* 59-81. http://dx.doi.org/10.1007/BF01044537

Walker, A. G. (with Kenniston, J., Inada, S. S., & Caldwell, C.). (2013). *Handbook on questioning children* (3rd ed.). Washington, DC: American Bar Association Center on Children and the Law.

Walker, S. (2009). Sociometric stability and the behavioral correlates of peer acceptance in early childhood. *The Journal of Genetic Psychology: Research and Theory on Human Development, 170,* 339-358. http://dx.doi.org/10.1080/00221320903218364

Walsh, W. A., Jones, L. M., Cross, T. P., & Lippert, T. (2010). Prosecuting child sexual abuse: The importance of evidence type. *Crime & Delinquency, 56,* 436-454. http://dx.doi.org/10.1177/0011128708320484

引用文献

255

Wandrey, L., Lyon, T. D., Quas, J. A., & Friedman, W. J. (2012). Maltreated children's ability to estimate temporal location and numerosity of placement changes and court visits. *Psychology, Public Policy, and Law, 18*, 79-104. http://dx.doi.org/10.1037/a0024812

Wang, Q. (2013). *The autobiographical self in time and culture.* http://dx.doi.org/10.1093/acprof:oso/9780199737833.001.0001

Warren, A. R., & Woodall, C. E. (1999). The reliability of hearsay testimony: How well do interviewers recall their interviews with children? *Psychology, Public Policy, and Law, 5*, 355-371. http://dx.doi.org/10.1037/1076-8971.5.2.355

Warren, A. R., Woodall, C. E., Hunt, J. S., & Perry, N. W. (1996). "It sounds good in theory, but ... ": Do investigative interviewers follow guidelines based on memory research? *Child Maltreatment, 1*, 231-245. http://dx.doi.org/10.1177/1077559596001003006

Warren, A. R., Woodall, C. E., Thomas, M., Nunno, M., Keeney, J. M., Larson, S. M., & Stadfeld, J. A. (1999). Assessing the effectiveness of a training program for interviewing child witnesses. *Applied Developmental Science, 3*, 128-135. http://dx.doi.org/10.1207/s1532480xads0302_6

Warren-Leubecker, A., Tate, C. S., Hinton, I. D., & Ozbek, I. N. (1989). What do children know about the legal system and when do they know it? First steps down a less traveled path in child witness research. In S. J. Ceci, D. F. Ross, & M. P. Toglia (Eds.), *Perspectives on children's testimony* (pp. 158-183). http://dx.doi.org/10.1007/978-1-4613-8832-6_8

Wason, P. C., & Johnson-Laird, P. N. (1972). *Psychology of reasoning: Structure and content.* Cambridge, MA: Harvard University Press.

Wason, P. C., & Shapiro, D. (1971). Natural and contrived experience in a reasoning problem. *The Quarterly Journal of Experimental Psychology, 23*, 63-71. http://dx.doi.org/10.1080/00335557143000068

Waterman, A. H., & Blades, M. (2011). Helping children correctly say "I don't know" to unanswerable questions. *Journal of Experimental Psychology: Applied, 17*, 396-405. http://dx.doi.org/10.1037/a0026150

White, T. L., Leichtman, M. D., & Ceci, S. J. (1997). The good, the bad, and the ugly: Accuracy, inaccuracy, and elaboration in preschoolers' reports about a past event. *Applied Cognitive Psychology, 11*, S37-S54. http://dx.doi.org/10.1002/(SICI)1099-0720(199712)11:7<S37::AID-ACP546>3.0.CO;2-4

Wood, J. M., McClure, K. A., & Birch, R. A. (1996). Suggestions for improving interviews in child protection agencies. *Child Maltreatment, 1*, 223-230. http://dx.doi.org/10.1177/1077559596001003005

Wood, J. M., Nathan, D., Nezworski, M. T., & Uhl, E. (2009). Child sexual abuse investigations: Lessons learned from the McMartin and other daycare cases. In B. L. Bottoms, C. J. Najdowski, & G. S. Goodman (Eds.), *Children as victims, witnesses, and offenders: Psychological science and the law* (pp. 81-101). New York, NY: Guilford Press.

Woolford, J., Patterson, T., Macleod, E., Hobbs, L., & Hayne, H. (2015). Drawing helps children to talk about their presenting problems during a mental health assessment. *Clinical Child Psychology and Psychiatry, 20*, 68-83. http://dx.doi.org/10.1177/1359104513496261

World Health Organization. (2014). *Classifications: International classification of functioning, disability and health (ICF).* Retrieved from http://www.who.int/classifications/icf/en/

Yuille, J. C. (1988). The systematic assessment of children's testimony. *Canadian Psychology/Psychologie Canadienne, 29*, 247-262. http://dx.doi.org/10.1037/h0079769

Yuille, J. C., Cooper, B. S., & Hervé, H. F. (2009). The Step-Wise Guidelines for Child Interviews: The new generation. In M. Casonato & F. Pfafflin (Eds.), *Pedoparafile: Psychological perspectives, forensic psychiatric* (Giulia Cordano, Trans., pp. 120-141). Milan, Italy: Franco Angeli.

Yuille, J. C., Hunter, R., Joffe, R., & Zaparniuk, J. (1993). Interviewing children in sexual abuse cases. In G. S. Goodman & B. L. Bottoms (Eds.), *Child victims, child witnesses: Understanding and improving testimony* (pp. 95-115). New York, NY: Guilford Press.

Zajonc, R. B. (2001). Mere exposure: A gateway to the subliminal. *Current Directions in Psychological Science, 10*, 224-228. http://dx.doi.org/10.1111/1467-8721.00154

訳注追加文献

バトラー，E. W.・フクライ，H.・ディミトリウス，J.-E.・クルース，R.（黒沢香・庭山英雄編訳）(2004).『マクマーチン裁判の深層 —— 全米史上最長の子ども性的虐待事件裁判』北大路書房

Fulcher, G. (2004). Litigation-induced Trauma Sensitisation (LITS): A potential negative outcome of the process of litigation. *Psychiatry, Psychology and Law, 11*(1), 79-86.

事 項 索 引

人名索引

ラム，マイケル（M. E. Lamb）　7, 9, 25, 32,
　　35, 46, 67, 211
リトル，ニコル（N. Lytle）　175
ローテンバーグ（K. J. Rotenberg）　55, 56
ロバーツ，キム（K. P. Roberts）　136

ワンドレイ，リンジー（L. Wandrey）　156,
　　157

著　者

　D. A. プール（Debra A. Poole）博士は，セントラル・ミシガン大学の心理学の教授である。アイオワ大学で発達心理学の学位を取得したのち，子どもの目撃証言や面接法の研究を行ってきた。アメリカ国立精神衛生研究所やアメリカ国立科学財団の研究助成を受け，質問を繰り返すことの効果，子どもは異なる形式の質問にどのように応答するのか，親からの誤情報が子どもの出来事の語りに及ぼす影響，知識の情報源（ソース）について報告する子どもの能力，面接で小道具を用いることのリスクと利点，などを探究してきた。プール博士は面接プロトコルの作成のためにミシガン州，メイン州の施策者らと協働し，また，学術誌 *Law and Human Behavior* や *Psychology, Public Policy and Law* の編集委員でもある。

訳　者

司法面接研究会

仲　真紀子（なか・まきこ）　　　　　　　　　　　　　　　第 1 章
　　立命館大学 OIC 総合研究機構教授，北海道大学名誉教授，理化学研究所理事

安田　裕子（やすだ・ゆうこ）　　　　　　　　　　　　　　第 2 章
　　立命館大学総合心理学部教授

羽渕　由子（はぶち・よしこ）　　　　　　　　　　　　　　第 3 章
　　周南公立大学福祉情報学部教授

田中　晶子（たなか・あきこ）　　　　　　　　　　　　　第 4 章前半
　　四天王寺大学人文社会学部准教授

田中　周子（たなか・しゅうこ）　　　　　　　　　　　　第 4 章後半
　　立正大学心理臨床センター相談員

佐々木真吾（ささき・しんご）　　　　　　　　　　　　　　第 5 章
　　名古屋女子大学文学部講師

田鍋　佳子（たなべ・よしこ）　　　　　　　　　　　　　第 6 章前半
　　北海道科学大学非常勤講師

赤嶺　亜紀（あかみね・あき）　　　　　　　　　　　　　第 6 章後半
　　名古屋学芸大学ヒューマンケア学部教授

山本　渉太（やまもと・しょうた）　　　　　　　　　　　第 7 章前半
　　北海道警察本部刑事部科学捜査研究所研究員

上宮　愛（うえみや・あい）　　　　　　　　　　　　　　第 7 章後半
　　金沢大学人間社会研究域講師

子どもの話を聴く
司法面接の科学と技法

2022 年 6 月 10 日　第 1 刷発行

著　者　　デブラ・A. プール
訳　者　　司法面接研究会
発行者　　櫻 井 堂 雄
発行所　　株式会社ちとせプレス
　　　　　〒 157-0062
　　　　　東京都世田谷区南烏山 5-20-9-203
　　　　　電話　03-4285-0214
　　　　　http://chitosepress.com
装　幀　　野 田 和 浩
印刷・製本　中央精版印刷株式会社